高职建设类专业工学结合校企合作教学改革研究与实践

丁夏君 著

中国建筑工业出版社

图书在版编目（CIP）数据

高职建设类专业工学结合校企合作教学改革研究与实践/丁夏君著．
北京：中国建筑工业出版社，2011.5
ISBN 978-7-112-13241-6

Ⅰ.①高… Ⅱ.①丁… Ⅲ.①建筑工业-高等职业教育-产学合作-教学改革-研究 Ⅳ.①G718.5

中国版本图书馆CIP数据核字（2011）第088139号

本书涉及建设类专业"工学结合、校企合作"培养人才的探索与实践。主要内容包括建设行业背景、建设类专业的特性，校企合作的开放办学，工学结合的人才培养、专业建设、师资队伍和教学团队建设、课程改革与实践，校内外实训基地和优质教学资源库建设，社会服务，学生素质养成体系，教学管理改革以及国际合作与交流。本书对高等职业教育人才培养有借鉴意义。本书可供高等职业院校教师参考。

责任编辑：杨 虹 朱首明
责任校对：陈晶晶

高职建设类专业工学结合校企合作教学改革研究与实践
丁夏君 著

*

中国建筑工业出版社出版、发行（北京西郊百万庄）
各地新华书店、建筑书店经销
北京嘉泰利德公司制版
北京云浩印刷有限责任公司印刷

*

开本：787×960毫米 1/16 印张：17 字数：400千字
2011年12月第一版 2011年12月第一次印刷
定价：65.00元
ISBN 978-7-112-13241-6
(20671)

版权所有 翻印必究
如有印装质量问题，可寄本社退换
（邮政编码 100037）

前言

本书以浙江建设职业技术学院多年的办学改革实践为主要素材，同时注重结合国内外高等职业教育的最新研究成果，特别是对当前国内外高等职业教育改革与发展中的某些热点、难点问题作了思考和探讨，是对建设类高职"工学结合、校企合作"人才培养的一些理解、思考和感悟，是在一定的历史条件下对高职教育人才培养规律的探索、认识和经验的总结。其中不成熟和不完善之处，敬请专家同行指教。

作为浙江省唯一一所公办建设类高职院校，学校为浙江建设行业和地方经济建设输送了数万名建设类高素质、高技能型专门人才，特别是在2009年申报成为浙江省示范性高等职业院校建设计划立项建设单位后，这所学校的发展改革和实践探索为建设水利类高职的人才培养提供了有益的经验。2008年在浙江省新世纪高等教育教学改革项目（zx08004）的资助下，我们对学院自2002年创办高职以来的教学改革实践进行了全面综合的总结、提炼和研究。本书共分十一个部分：

第一章论述了高等职业教育在我国高等教育体系中的地位和作用，建设类专业的特点和建筑业的行业背景。第二章探讨了校企合作的开放办学，坚持走产学研结合的建设行业人才培养必由之路，系统设计了建设类高职"工学结合、校企合作"培养人才的3-3-4模式，介绍了建设职教集团的运行机制，并给出了校企合作的实现途径和典型案例。第三章介绍了育人为本的"专项—综合—顶岗"3阶段人才培养模式的内涵和理念，并用学院的人才培养实践阐明了3阶段人才培养模式在不同专业的具体实现。第四章指出专业建设是立校之本，专业建设应确立明确的指导思想，制订具体目标，加强重点专业建设，注重内涵发展，从实际出发，形成特点、抓住重点、突破难点、形成亮点。第五章介绍了师资队伍和教学团队建设。第六章是课程改革与实践，重点介绍了学院首创的综合实务模拟系列教材的开发与实践。第七章介绍了学院基于真实情境、仿真模拟和实物模型的建设类专业群共享型校内实训基地的建设方案和校外实训基地的管理办法。第八章介绍了教学、技术、培训和对口支援四大社会服务平台的建设。第九章从大学生心理健康教育、第二课堂活动、学生社团活动和学生创业四方面阐述了学校构建的学生素质养成体系。第十章从创新管理文化、教学制度改革与创新、工学结合的学分制运行机制和顶岗实习的管理机制等方面系统阐述了教学管理改革的理论和实践。第十一章是国际交流与合作，介绍了作者考察德国职业教育后的一些启示和我院中德合作项目楼宇智能专业的办学实践以及国际合作、多元发展的态势。

本书是浙江建设职业技术学院三百多名教职员工智慧的结晶，许多老师创造性的劳动为本书提供了珍贵的素材。这本著作是浙江省新世纪高等教育教学改革项目的成果，同时也是浙江省示范性高职院校和国家骨干高职院校建设的重要成果之一。

本书得以出版与以下领导、前辈和同仁的支持与帮助分不开。浙江建设职业技术学院党委书记徐公芳研究员、副书记刘建军副教授、副院长何辉教授、副院长李伟国教授等对我院"工学结合、校企合作"的教学改革作出了重要贡献；浙江建设职业技术学院各系部和处室的教学实践是学院发展的动力和源泉。浙江建设职业技术学院院长助理邓文华、院长办公室主任汤宗礼、人事保卫处处长宫克、组织统战部部长向亦明、教务处处长张志成、学生处处长叶玲、科研处处长胡颖、财务处处长蔡素颖、资产设备和基建处处长朱勇年、发展合作处处长和产学研办公室主任吴卓珈、图书馆馆长周云、建筑与艺术系主任徐哲民、建筑工程系主任刘俊龙、经济管理系主任陈旭平任、城市建设工程系来丽芳、人文与信息系社会科学部军事体育部主任李中、实验实训部主任林伟军等对学院"工学结合、校企合作"教学改革付出了很多劳动，提出了很多真知灼见。

中国高教学会产学研合作教育分会会长朱传礼教授、浙江省住房和城乡建设厅张苗根前厅长、贾宝林副厅长、浙江建筑业管理局张奕局长、浙江省建筑协会赵如龙会长、浙江房地产业协会唐世宝会长、浙江省建筑装饰协会恽稚荣会长、浙江省住房和城乡建设厅人教处卓春雷处长、浙江建设职业技术学院顾问鲁世杰教授、浙江金融职业技术学院院长周建松教授、宁波职业技术学院院长苏志刚教授、浙江旅游职业技术学院院长王昆欣教授、浙江机电职业技术学院院长管平教授等给予了许多启发性和建设性的指导。本书的出版得到了浙江建设职业技术学院教师专著出版基金资助。在此一并表示衷心的感谢！

目 录

第一章 绪论
第一节 高等职业教育的地位和作用……………………………………001
第二节 建设类专业的基本特点…………………………………………005
第三节 建筑业的行业背景………………………………………………005
　■■■ 本章小结……………………………………………………………008

第二章 校企合作的开放办学
第一节 产学研结合：建设行业人才培养的必由之路…………………009
第二节 3-3-4模式：工学结合、校企合作的系统设计与实践…………014
第三节 工学结合、校企合作的实施方案………………………………019
第四节 建设职教集团的运行机制………………………………………028
第五节 校企合作的实现途径和典型案例………………………………046
　■■■ 本章小结……………………………………………………………070

第三章 工学结合的人才培养
第一节 育人为本的"专项—综合—顶岗"3阶段人才培养模式……072
第二节 "411"人才培养模式……………………………………………077
第三节 "行为导向"的工学一体化人才培养模式……………………084
第四节 工学结合、螺旋递进的人才培养模式…………………………086
　■■■ 本章小结……………………………………………………………089

第四章 专业建设
第一节 专业建设是立校之本……………………………………………090

第二节　加强重点专业建设　注重内涵发展……………………………097
■■■　本章小结………………………………………………………100

第五章　师资队伍和教学团队

第一节　师资队伍建设的途径和长效机制……………………………101
第二节　专业教学团队建设……………………………………………118
第三节　园林工程专业教学团队的实践………………………………129
■■■　本章小结………………………………………………………131

第六章　课程改革与实践

第一节　课程建设的总体规划…………………………………………132
第二节　综合实务仿真模拟课程的开发与实践………………………140
■■■　本章小结………………………………………………………150

第七章　实训基地

第一节　校外实习基地建设……………………………………………151
第二节　校内一体化实训基地建设……………………………………157
■■■　本章小结………………………………………………………166

第八章　社会服务

第一节　教学服务平台…………………………………………………169
第二节　技术服务平台…………………………………………………175
第三节　培训服务平台…………………………………………………180
第四节　对口支援平台…………………………………………………183

- 本章小结 ·· 189

第九章　学生素质养成体系
第一节　大学生心理健康教育 ··· 190
第二节　学生第二课堂活动 ··· 195
第三节　学生社团活动 ·· 200
第四节　大学生创业教育 ··· 204
- 本章小结 ·· 211

第十章　教学管理改革
第一节　创建新型管理文化，促进高职教育发展 ································· 212
第二节　教学制度的改革与创新 ·· 216
第三节　基于工学结合的高职学分制运行机制 ···································· 230
第四节　顶岗实习的全面质量管理方法 ··· 235
- 本章小结 ·· 240

第十一章　国际交流与合作
第一节　德国职业教育的启示 ··· 242
第二节　中德合作项目——楼宇智能专业 ·· 248
第三节　国际交流、多元发展 ··· 250
- 本章小结 ·· 258

参考文献 ··· 259

第一章 绪论

第一节 高等职业教育的地位和作用

高等职业教育,是在具有高中文化的基础上,培养生产、管理、服务第一线具备综合职业能力和全面素质的高级实用型人才。高等职业教育是我国高等教育体系中的重要组成部分,它的宗旨是为满足地方经济社会发展培养高素质高级技能型专门人才,为满足我国社会主义现代化建设对高等技术应用型人才的需要服务。高职教育在承担培养知识型劳动者,提高劳动者的科学文化、职业技术素质等方面具有不可替代的作用。

高等职业教育实践活动在我国"早已存在",近 20 年来获得大发展。回顾其发展历程,大致分为三个阶段:第一阶段,20 世纪 80 年代初期,十一届三中全会以后,我国社会经济随着改革形势的发展而发展,当时社会经济发展较快的城市,为培养本地区经济发展所需要的高素质高级技能型专门人才,先后建立了 126 所职业大学,设置相应的高等职业教育专业。1985 年《中共中央关于教育体制改革的决定》指出:"要建立从初等到高等的职业技术教育体系",使高职教育的发展有了政策上的保证。第二阶段,1996 年,召开全国职教会议,《职业教育法》正式颁布,原国家教委提出了"三改一补"发展高职的方针,即通过职业大学、成人高校和高等专科学校改革发展高职及在国家重点中专里办高职班作为补充发展高职,高职教育得到了新的发展。第三阶段,1998 年,新组建的教育部进行了机构改革和调整,普通高等教育、高等职业教育和成人高等教育有关人才宏观管理和质量监控等工作职能归并到高等教育司,从行政管理体制上理顺了关系。提出了"三多一改"发展高职的方针,即多渠道、多规格、多模式发展高职,重点是教学改革,真正办出特色,高职教育由此进入了大发展时期。纵观高职教育的发展,是与当前经济、科技的迅猛发展、社会经济结构的巨大变化密切相关的。由经济结构的变化导致职业结构的调适，因新职业岗位的复合和技术水平提升，中等层次的职业技术教育已无法适应培养新岗位人才的需要，高技能要求的技术应用型人才培养的使命历史性地落在高职教育的肩上。

党的十七大明确提出了"优先发展教育，建设人力资源强国"的重要战略决策。这是发挥我国人力资源优势、建设创新型国家、加快社会主义现代化建设的必然选择。胡锦涛总书记2007年8月31日在全国优秀教师座谈会上指出："中国的未来发展，中华民族的伟大复兴，归根结底靠人才，人才培养的基础在教育。教育是提高人民思想品德素质和科学文化素质的基本途径，是发展科学技术和培养人才的基础工程。"温家宝总理2008年8月与全国教育工作者代表座谈时强调指出："我们有一流的教育，才能有一流的国家实力，才能真正成为世界上一流的国家。"国以人兴，业以人兴。教育兴则国家兴，教育强则国家强。

《国务院关于大力推进职业教育改革与发展的决定》（国发[2002]16号）提出：大力发展职业教育，加快人力资源开发，是落实科教兴国战略和人才强国战略，推进我国走新型工业化道路、解决"三农"问题、促进就业再就业的重大举措；是全面提高国民素质，把我国巨大的人口压力转化为人力资源优势，提升我国综合国力、构建和谐社会的重要途径；是贯彻党的教育方针，遵循教育规律，实现教育事业全面协调可持续发展的必然要求。在新形势下，各级人民政府要以邓小平理论和"三个代表"重要思想为指导，落实科学发展观，把加快职业教育、特别是加快中等职业教育发展与繁荣经济、促进就业、消除贫困、维护稳定、建设先进文化紧密结合起来，增强紧迫感和使命感，采取强有力的措施，大力推动职业教育的快速健康发展。

《中华人民共和国职业教育法》明确规定：职业教育是国家教育事业的重要组成部分，是促进经济、社会发展和劳动就业的重要途径。大力发展职业教育是优化教育结构，提高整体效益的根本措施。发展多层次、多形式的职业教育，有利于推进义务教育的普及，有利于克服片面追求升学率，促进人的全面发展。

《国家中长期教育改革和发展规划纲要（2010—2020年）》中指出：发展职业教育是推动经济发展、促进就业、改善民生、解决"三农"问题的重要途径，是缓解劳动力供求结构矛盾的关键环节，必须摆在更加突出的位置。职业教育要面向人人、面向社会，着力培养学生的职业道德、职业技能和就业创业能力。到2020年，形成适应发展方式转变和经济结构调整要求、体现终身教育理念、中等和高等职业教育协调发展的现代职业教育体系，满足人民群众接受职业教育的需求，满足经济社会对高素质劳动者和技能型人才的需要。

高等职业教育是我国高等教育体系中的一种新型教育，有着不可替代的"半壁江山"的重要地位和作用。只有大力发展高职教育，做强做优高职教育，才能建成有中国特色的高教强国，主要体现在：

高职教育已经成为我国培养高素质高级技能型专门人才的强大生力军。加快我国工业化、信息化、城镇化、市场化、国际化进程，必须切实转变发展方式，走新型工业化道路，使经济发展尽快转到依靠科技进步和提高劳动者素质的轨道上来。高校扩招以来，我国高等教育大发展，培养了数以千万计的高素质技能型人才，不断满足了经济社会发展的生产、建设、管理、服务第一线岗位群人才需要。没有高职教育的大发展，高等教育就不能培养出千万高素质技能型人才，就不能适应经济社会发展的需要。

高职教育为我国高等教育实现大众化起到了重要作用。2005年以来，我国高职招生数已连续5年超过普通高校本科生的招生人数，标志着我国高职教育规模快速发展，已经成为高教发展新的增长点，成为我国高教跨越式发展的新亮点。为实现高等教育大众化起到了决定性作用，为满足广大青年接受高等教育的强烈愿望提供了入学机会，为高教毛入学率的提高和建设高教强国奠定了基础。

高职教育发展丰富和完善了我国现代高等教育体系。建设高教强国，必须建设学科门类齐全的高等教育体系。改革开放以来，为适应社会主义市场经济发展需要的高职教育，是一种新型的人才培养模式。2007年我国独立设置的高职院校达到1168所，占普通高校总数的60%以上，弥补了长期以来以学术性人才培养为主的单一结构体系的不足，形成了学术型、应用型和技能型人才培养的多形式、多层次的人才培养结构，办学趋于开放式、多元化，使学术型和技能型人才培养优势互补，能够更好地满足经济社会发展的不同需要，丰富和完善了我国现代高等教育体系。实践证明，没有高职教育的大发展，就不可能建成强大的现代高等教育体系，建设高教强国的目标就不可能实现。

高职教育发展推进了我国高等教育在区域经济中的合理布局。过去我国高等院校主要设置在大城市和经济发达地区，高等教育发展极不平衡。区域经济发展，迫切需要人才支撑。高职教育是我国高等教育结构调整，实现区域合理布局的主要力量。高职教育的大发展，推动了我国高等教育规模、结构、质量、效益的协调发展。现在，除西藏外，我国大部分地市州已经至少有一所高等职业学院，公办与民办高职学院相互促进、共同发展，初步形成了与经济社会发展相适应的高教结构体系，学科专业结构也趋于合理布局，为加快我国工业化进程和区域经济发展提供了重要的技术应用型人才资源，为社会和谐进步谱写了新篇章。

国家示范性高职院校建设对提高整个高职教育质量具有重要的引领和示范作用。一批有特色的高水平职业院校脱颖而出；抓住机遇，建设100所国家示范性高等职业院校，体现了党和国家对高等职业教育的高度重视。建设好国家示范性高职院校，对于树立先进的办学理念，在整个高职教育发展定位和办学方向上起到模范带头作用；在深化产学研结合、工学结合的人才培养模式改革和教学改革、服务社会等方面起到示范作用；在加强学校管理、提高学生素质、提升就业率等方面成为标杆，起到引领示范作用。加强国家示范性高职院校建设，对建设不同类型的高水平大学，同国际接轨，树立整个高职教育形象，建设高教强国，都将产生深远的影响，发挥重要的导向作用。

第二节 建设类专业的基本特点

一、建筑产品的固定性

一般的工业产品都在固定的工厂、车间内进行生产，建筑产品的建造和使用在空间上是固定的。固定性是建筑产品与一般工业产品最大的区别，一般的工业产品在规定的时间里，用统一的工艺流程进行批量生产，而建筑产品只能在选定的地点单独设计和施工。

二、生产人员的流动性

产品的固定性决定了生产人员的流动性，流动性不仅体现在施工人员在同一工程不同部位的流动，而且还体现在随建筑物所在地的不同而流动。

三、施工过程的长期性

产品的固定性决定的生产活动在空间上具有局限性和建筑产品体积庞大，导致产品生产周期长，从动工起到投产或交付使用少则 1～2 年、3～4 年，多则十几年。

建筑产品和其他产品截然不同的特点是建设类高职工学结合、校企合作教学改革的出发点和落脚点。

第三节 建筑业的行业背景

建筑业是国民经济举足轻重的支柱产业。改革开放以来，随着我国投资和建设管理体制改革的不断深化，建筑业得到了突飞猛进的发展。建筑业作为国民经济支柱产业的作用日益增强，在改善城乡面貌和人民居住环境、加快城镇化进程、增加就业机会、带动相关产业发展、建设和谐社会等方面发挥了重要的作用。

一是建筑业对国民经济的贡献日益明显。十几年来，我国建筑业增加值占 GDP 的比重一直在 5.5% 以上，2009 年建筑业完成总产值 75864 亿元，实现增加值 22333 亿元，比上年增长 18.2%，约占 GDP 的 6.7%，达到历史新高。

二是建筑业承担了公共建筑和基础设施建设的重要任务。20 世纪 90 年代以来，国家对农业、水利、能源、交通、原材料等行业的发展作出了一系列重大部署，基础产业和基础设施投资迅速增长。一大批重大基础产业和基础设施建设项目建成投产，并发挥效益，特别是大量高、大、精、尖的工程项目，如长江三峡水利枢纽、西气东输、青藏铁路、奥运工程、上海环球中心等大型工程的成功建设，为推动我国经济社会的发展发挥了重要作用。

三是建筑业为社会提供大量就业机会。建筑业吸纳了大量农村富余劳动力，为缓解我国就业压力作出了很大贡献。1978 年建筑业就业人数只占总就业人数的 2.13%，到 2009 年，建筑业从业人数达到 3598 万人，占全社会从业人数的比例上升为 4.62%，比 1978 年翻了一番多，在各行业中排名第 4 位。

四是建筑企业的国际竞争力显著增强。建筑业是落实国家"走出去"战略最先参与海外竞争的行业之一，进步巨大。2009 年对外工程承包完成营业额和新签合同额分别约为 1989 年的 60 倍和 46 倍，年均增长率达到 20% 以上。2009 年美国《工程新闻记录》（ENR）进行的全球 225 家最大国际承包商排名中，我国内地共有 50 家企业榜上有名。

一方面，随着建筑行业技术的不断进步和国家执业注册制度的推广，中专以下学历的专业技术人员将越来越难以适应建筑行业发展的需求；另一方面，随着建设规模的扩大，高新技术的应用，以及建筑市场的国际化趋势，对人才的素质、人才培养规格提出了更高的要求，需要大量的在第一线从事生产、管理、服务的高素质高级技能型专门人才为建筑行业的进一步发展提供人才和智力支持。因此，建设类高等职业教育发展迅速，先后有浙江、黑龙江、内蒙古、广东、四川、山西、上海、徐州、泰州、广西、江西、湖南、湖北等省、区、市独立设置建设类高等职业技术学院，辽宁、广州、上海等省市高等院校设立建设类高等职业技术学院（二级学院），建设类高等职业技术学院已发展到近20所，成为建筑企业科技发展、技术进步不可缺少的重要组成部分和人才培养基地。然而，我国目前的建筑类高职院校土建类专业在人才培养上普遍存在着人才培养规格定位不够准确，课程设置不够科学，教学模式不够开放灵活，以致人才培养方案还不能体现高职教育的特征，人才培养质量还不能完全满足用人单位的需要。

在这一社会背景下，中国高等职业教育肩负着培养当今建设业所需的具有专业技术实施能力和创新能力的高素质高级技能型专门人才、应用性技术人才的历史使命。如何探索高职建设类专业人才培养模式，提高高职建设类专业人才培养质量，满足日益增长的社会需求，是当前高职教育面临的重大现实课题。

浙江是建筑大省，建筑业是浙江的支柱产业。浙江省建筑行业在"十五"期间总产值已连续四年、利税连续五年全国领先，建筑业增加值占全省国民生产总值的6%以上，产值利税达到7%左右，国内市场占有率保持在15%以上。

浙江省"十一五"经济社会发展规划和省第十一届人代会政府工作报告中都提出要大力发展建筑业，培养数以万计的高素质、高技能建设类职业人才，使之成为促进浙江建设行业新一轮发展的重要生力军。《浙江省人民政府关于促进建筑业持续健康发展加快培育建筑强省的若干意见》提出：到2010年，浙江省建筑业产业规模将进一步壮大，产业结构更趋合理，从业人员素质明显提高；到2015年，全省建筑业经济社会效益、产业结构、技术水平、市场经营能力、质量安全管理等各项主要经济技术指标在国内全面领先，实现由建筑大省向建筑强省的跨越。住房和城乡建设部已提出在制定企业资质条件时不仅要看注册资金，更要考察企业的技术优势、人才优势，要求建筑企业在股份制改造中，特别注重培养高素质高技能的应用型人才。

作为浙江省唯一的一所建设类高职院校，浙江建设职业技术学院必须站在不仅为浙江、更要为长三角和全国作出更大贡献的历史高度，不断满足新的历史阶段对我们提出的工学结合、校企合作的新要求，为提升全国高等职业教育的整体水平作出我们更大、更直接的贡献。

本章小结

（1）高等职业教育是我国高等教育体系中的一种新类型教育，有着不可替代的重要地位和作用。党的十七大报告、《国务院关于大力推进职业教育改革与发展的决定》、《中华人民共和国职业教育法》、《国家中长期教育改革和发展规划纲要（2010—2020年）》等文件和报告都充分肯定了高等职业教育的地位和作用。

（2）高职教育是特色教育，特色就是水平。建筑产品和其他产品截然不同的三个特点：建筑产品的固定性、生产人员的流动性和施工过程的长期性是建设类高职工学结合、校企合作教学改革的出发点和落脚点。

（3）建筑业是国民经济举足轻重的支柱产业，是吸纳社会就业人员的主要行业，是劳动密集型和人才紧缺行业。但是，建设类专业技术人才出现严重短缺。浙江是建筑大省，作为浙江省唯一的一所建设类高职院校，浙江建设职业技术学院必须站在不仅为浙江、更要为长三角和全国作出更大贡献的历史高度，不断满足新的历史阶段对我们提出的工学结合、校企合作的新要求，为提升全国高等职业教育的整体水平作出我们更大、更直接的贡献。

第二章　校企合作的开放办学

第一节　产学研结合：建设行业人才培养的必由之路

在办学过程中，学院与浙江建设行业紧密结合，把产学研合作作为学院发展的基本定位和人才培养的必由之路，为浙江建设系统和地方经济建设输送了数万名建设类实用人才，为行业建设、地方经济和社会发展作出了重要贡献。

一、创新办学理念，努力展现高职教育人才培养的时代特色

（一）树立"求实"理念，明确人才培养目标

随着浙江省城市化进程的加快，对建设类人才需求十分迫切。在总结近50年来依托行业办学经验的基础上，学院明确提出了"服务浙江经济建设，依托浙江建设行业优势。保持以建设类专业为主的特色，根据社会需求适度扩大专业覆盖面。培养素质高、适应性强、安心在生产、建设、管理、服务第一线工作的高素质高级技能型专门人才，力争成为省内一流的高职学院"的办学目标和定位。

（二）树立"求新"理念，创新人才培养模式

在新形势下，高职人才培养面临着许多新情况和新问题，需要用新的思路、新的理念去探索新的人才培养模式，使人才培养更加符合社会需求。为此，学院积极探索产学研相结合的人才培养模式，采用了"411"、"2+1"等方式。"411"就是以培养高质量的建设类高等技术应用型人才为目的，以职业能力为支撑，以实际工程项目为载体，以仿真模拟和工程实践为手段，以实现就业为目标的人才培养模式。该模式获得了全国土建类高职专业指导委员会专家的一致好评。学院在积极完善人才培养模式的同时，还不断借鉴吸收先进的教育理念和现代教学管理制度，高起点地制订学院产学研办学计划，并成立了专门机构指导、管理该项工作。从而实现了以市场和职业需

求为导向，以技术应用能力和基本素质培养为核心，课堂教学与生产实践有机结合，并贯穿于学生培养全过程，以进一步提升学生的综合素质和就业竞争力的目标。

（三）树立"求精"理念，打造高职人才培养品牌

在办学过程中，学校始终如一地坚持"以建设行业为依托、以市场需求为导向；以技能教学为重点、以素质培养为根本"的办学理念，着力打造学院品牌。学院于2002年1月经省政府批准正式成立；2004年以良好的成绩通过了浙江省教育厅组织的"高职高专院校人才培养工作水平评估"；2006年以优秀的成绩通过了教育部高职高专院校人才培养工作水平评估。学院培养的毕业生已有一大批成长为建设行业的中坚力量。他们的良好素质和出色表现不仅得到了社会的广泛认可，而且也提升了学院的美誉度。学院被誉为"浙江建设行业人才培养的基地和摇篮"。

二、以强大的建筑产业为依托，创新产学研合作机制

浙江是一个建筑强省，"十五"期间，浙江建筑业总产值已连续四年、利税连续五年全国领先。随着城市化和城乡一体化进程加快，建筑行业也得到了飞速的发展，这为高职建设类人才提供了广阔的就业空间。以此为依托，学院积极归纳总结产学研方面的经验，走出了一条以"双体、双证、双师、双赢"为特征的新型高职人才培养道路。

（一）校企合作——双体

学院和企业双方作为育人主体共同承担对职业技能应用人才培育的重任（即"双体"）。

学院先后与130家省内知名建筑施工、装饰、房地产、建筑和规划设计、工程监理单位签订了产学合作协议。合作双方在培养目标、专业设置、课程设置等方面进行协商，企事业单位为学院教师和学生提供实习场所并选派人员进行实习指导；学院则优先推荐优秀毕业生到合作单位顶岗实习就业；学生在校学习与实训基地实习交替进行，理论与实践结合更加紧密。一些学生在企业实

习期间就与企业签订了就业协议。学院 2004～2006 届毕业生的初次就业率分别为：99.15%、98.18%、98.92%。建筑工程技术、建筑经济管理、建筑装饰工程技术等专业的毕业生更是供不应求，成为众多用人单位的"抢手货"。

（二）工学结合——双证

学生在取得学历证书的同时取得职业资格或执业能力证书（即"双证"）。

为使学生所学知识更好地与工作岗位对接。学院积极建设"国家职业技能鉴定所"，组织开展技能鉴定工作。目前，可以开展 12 个工种的初、中、高级技能考核与鉴定工作，基本覆盖学院开设的所有专业，为学生"毕业即能顶岗"奠定了基础。

（三）职教共进——双师

建设一支既有理论教学经验又兼具实践技能指导能力的师资队伍（即"双师"）。

学院一方面广泛吸引和鼓励企事业单位工程技术人员、管理人员和有特殊技能的人员到学院担任兼职教师；另一方面鼓励教师参加相应的专业技术资格和相关职业资格证书考试，并派其直接参与企业生产一线的实践。通过教师与企业科研管理人员相互间的业务交流等方式，把行业的新技术、新规范、新工艺带入课堂，加强了企业发展需求、技术发展趋势等信息对学院教育的渗入。

（四）互惠互利——双赢

实现企业和学院的双赢（即"双赢"）。

产学研结合使企业和学院取得了"双赢共荣"的可喜局面。学院通过技术和人才输出，促进企业的技术更新，为企业创造更大的经济效益；学院则从企业获得了人力、财力和物力的支持，推进了科研成果转化，加强了师资队伍建设，提高了人才培养质量。

三、以实践教学为基础，把产学研结合贯穿于教学工作的全过程

（一）紧扣社会需求，调整培养方向，突出专业特色

一是构建特色专业体系。学院按照"保持以建设类专业为主的特色，根

据社会需求适度扩大专业覆盖面"的专业建设指导思想，在充分调研论证的基础上，组织专家学者对专业建设工作进行评审，使教学内容能够紧跟行业的发展步伐。二是调整和完善教学计划。按照"培养目标的准确性、课程设置的应用性、培养过程的实践性、培养计划的可操作性"的要求，反复征求行业企业工程技术人员意见，整合教学内容，调整、合并、重组了一些课程，增强教学内容的实践性。三是推进重点专业建设工作。学院根据建设产业发展的新趋势，认真抓好基础较好、办学时间较长、符合社会需求的重点专业建设工作，形成了以建筑工程技术和建筑经济管理两个浙江省高职高专重点专业为龙头的多层次的重点特色专业。

（二）针对岗位要求，强化实践环节，突出技能培养

一是按照"理论够用、实践加强"的原则，建立了科学的实践教学体系。二是在重点抓好理论教学质量监控的同时，强化对实践教学质量的监控。对全院、各系的毕业实践环节教学、短期的实践教学、院内实验课教学等情况开展专项检查，旁听毕业生答辩，抽阅毕业生的毕业设计成果，并对暑假短期的实习实训计划安排、教学文件及执行情况进行全面检查。通过实践教学质量监控，有效保证了学院各专业实践教学活动的质量。三是加强职业能力考核。为加强学生职业能力的培养，学院积极推行职业资格证书制度，鼓励学生获取"双证"，并与社会职业资格证书制度接轨。学院 2006 届毕业生职业资格证书获证率达到 90% 以上。

（三）依托专业办产业，办好产业促专业

学院充分发挥自身的专业优势、智力优势和人才优势，按照市场规律和教学规律组建了与教学单位紧密结合的校办产业。例如：依托土建类专业建立了浙江建设职业技术学院建筑设计院、浙江建效建筑工程监理公司等。这些校办企业对外直接为生产建设服务，促进科研成果转化；对内则是学生实习、教师科研实训中心。校办产业在承接新的项目、拓展新的经营领域过程中，能够及时跟踪和掌握市场现状和发展趋势，这为学院改造传统专业、开辟新专业提供了直接的信息渠道。

四、科研与应用并举,推进产学研结合向纵深发展

(一)加大科研建设力度,以科研促进教学

学院注重发挥科研对教学的引领和促进作用。成立了高职教育、岩土工程、城乡规划、建筑经济、建筑节能技术和减灾防灾六个研究所,重点开展应用型、集成型、技术合作型课题的研究。学院在科研课题立项方面取得了较好的成绩,承担的国家科学自然基金项目、浙江省重大科技专项项目和获得的浙江省科学技术二等奖均实现了浙江省高职院校零的突破。第九届全国岩石力学与工程学术大会决定,浙江省岩石力学与工程学会挂靠在浙江建设职业技术学院岩土研究所,实现了浙江省高职院校作为省一级专业学会挂靠单位零的突破。

(二)积极开展技术服务和在职培训,使科学技术更好地为企业生产服务

学院积极向社会输出技术成果,参与企业的科研开发,为企业解决生产中的难题,并提供各类培训和技术服务。这些活动为教师下现场锻炼和企业技术骨干来院讲学提供了方便,取得了较好的经济效益和社会效益。

(三)加强产学研基地建设,推动产学研在更高层次上的结合

包括三种"结合":一是建设生产项目主导型产学研基地,以引进先进生产项目为主要内容的产学研结合;二是建设科研项目主导型产学研基地,以各级科研行政管理部门下达的科研项目为主要内容的产学研结合;三是建设教学项目主导型产学研基地,以满足专业教学需要为主要内容的产学研结合。

事实证明,产学研结合是高职人才培养的必由之路。为了更好地发挥学院服务社会、服务经济、服务行业的功能,密切学院与企业之间的合作关系,浙江建设职业技术学院于2007年5月成立了产学研合作办公室。产学研合作办公室致力于推进落实产学研合作计划的制订,产学研合作项目的确立,产学研合作成果等的确定、评估、奖励,并完成各项授权的协调组织工作,以进一步促进学院与地方政府、企事业单位的产学研深度合作与开发。

第二节 3-3-4 模式：工学结合、校企合作的系统设计与实践

浙江建设职业技术学院本着"以建设行业为依托、以市场需求为导向；以技能教学为重点、以素质培养为根本"的办学理念，在办学过程中学院与浙江建设行业紧密结合，把产学研合作作为学院发展的基本定位和人才培养的必由之路，构建了 3-3-4 的发展模式，即以融合行业、企业、校友 3 种社会力量实施开放合作办学；构建以育人为本的"专项—综合—顶岗"3 阶段人才培养模式；打造以教学、技术、培训和对口支援为载体的 4 个社会服务平台。几年来，学院为浙江建设系统和地方经济建设输送了数万名建设类实用人才，为行业建设、地方经济和社会发展作出了重要贡献。2004 年，学院以良好的成绩通过了浙江省教育厅组织的"高职高专院校人才培养工作水平评估"；2006 年以优秀的成绩通过了教育部高职高专院校人才培养工作水平评估；2009 年 4 月学院被浙江省教育厅、浙江省财政厅确定为省级示范性高等职业院校建设计划立项建设单位；2010 年 11 月 30 日，教育部、财政部联合下发了《关于确定"国家示范性高等职业院校建设计划"骨干高职院校立项建设单位的通知》（教高函 [2010]27 号），我院被确定为"国家示范性高等职业院校建设计划"骨干高职院校立项建设单位。

一、依托行业、校友、企业 3 种社会力量实施开放合作办学

在经济发展转型时期和高等教育大众化时代的新形势下，高职教育已进入到一个提升内涵质量发展的阶段，为此，学院及时树立了面向社会、服务地方经济和社会发展、面向国际的开放办学观念。一是建立以行业专家为主的办学指导委员会、专业指导委员会。委员会聚集了 100 多名行业龙头企业的知名企业家、技术专家和学者、行业协会领导，定期为学院的办学定位与专业发展"把脉"。同时，学院依靠行业各企业掌握技术、经济发展的第一手资料的优势，积极参与企业的科研、技术改造，使生产一线的岗位技能、

技术信息成为学院专业建设的第一手"教学资源"。此外，我院还主动参与行业的人力资源开发，产学研办公室每年定期组织联系由院领导带队、专业负责人与教师参与的企业调研工作，及时掌握行业的人才需求，随时跟踪行业用人单位所需人才的变化，为行业企业提供优质对口的毕业生，实现合作双方的共赢。学院根据行业、企业需求设置和调整专业，参与企业人力资源的整体规划和人才培养规格及计划的制订，并参与企业员工培养的具体授课工作；企业则承担学院实践教学任务和提供学生顶岗实习场所与指导。二是成立校友联谊会。2008年10月学院召开50周年校庆活动，5000多名校友与会共谋学校发展大计，筹资3000多万元。校友联谊会的成立对凝聚全国校友力量、推进学生优质就业、促进教育质量提高等方面产生了积极与广泛的影响。三是加强校企合作办学。2008年3月，我院作为理事长和常务秘书长单位组建成立浙江省建设职业教育集团。集团由浙江省建筑业管理局、浙江省建筑业行业协会、浙江省建设投资集团、杭州市萧山区建设局4家顾问单位，4家省级建筑科研院所，26家大中型建设企业，11家建设类职业院校，共45家单位组成。集团将以校企合作、工学结合、合作教育为主要形式，通过加强政府、职业院校、行业协会、企业、科研机构间的合作，整合教育资源，突出整体优势，强化行业特色，形成以地方经济支柱产业为依托，以建设类职业院校为主体的多层次、立体化办学体系。2008年10月，经过多轮会商学院与浙江亚厦装饰股份有限公司正式成立了由校企双方共同管理的"浙江建设职业技术学院亚厦学院"。"学院"的管理人员由校企双方共同组成。双方在招生规模、教育资源、课程体系、教育方式、实践途径等方面进行双边合作，其目标是打造浙江省装饰行业的"黄埔军校"。亚厦学院的新生第一年就近距离地接触企业文化，接受企业职业道德素质养成教育，进入企业生产基地、工程现场进行实践锻炼，为今后更好地认同企业发展理念与文化，更快地适应企业岗位的就业技能需求建立便捷通道。此外，我院在2009年4月还与浙江绿城物业有限公司（在浙江、北京、上海、湖南、湖北、安徽、山东、新疆等省市拥有31家分子公司、8家专业公司、7500余名员工，2007年综合实力位居中国物业行业第三）签订了房地产经营与估价（智能物业管理）绿城班的合作协议，为培养新时期居住品质生活复合智能物业服务管理人才进行探索尝试。

为保障产学研合作、对外开放办学的顺利实施，学院建立了与之配套的管理机制。一是建立基于校企共同发展的动力机制，完善优化校内外实习基地建设，扩大社会、企业、学院共同培育高职建设人才的影响；二是建立基于互惠多赢的利益驱动机制，提升职业教育开放度，增强社会服务辐射面；三是建立基于校企合作的保障机制，建立符合"校企合作、工学结合"需要的教学管理制度、激励考核制度及项目评估和反馈体系；四是建立基于文化融合的沟通机制，加强校园文化和企业文化的融合，促进彼此间的沟通和理解，形成共同发展的愿景。

二、实施育人为本的"专项—综合—顶岗"3阶段人才培养模式

在新形势下，高职人才培养面临着许多新情况和新问题，需要用新的思路、新的理念去探索新的人才培养模式，使人才培养更加符合社会需求。为此，学院积极探索并实践了育人为本的"专项—综合—顶岗"3阶段全院性人才培养模式。该模式根据建设行业特色，以培养高质量的建设类高等技术应用型人才为目的，以职业能力为支撑，以实际工程项目为载体，以仿真模拟和工程实践为手段，以实现就业即顶岗为目标，把建设类高等技术应用型人才的能力提炼为专项能力、综合实务能力和企业顶岗能力。通过第一阶段的学习和训练，使学生具备专业所需的专业基础和专项能力；通过第二阶段在校内实施以真实的工程项目为载体的仿真模拟综合实践训练，使学生具备顶岗实习前的综合实务能力；通过第三阶段在企业真实情境中进行实习，使学生具备就业顶岗能力。并构建"以应用为主旨、就业为导向、能力为本位、项目为载体"的课程和理论教学体系；构建以能力为主旨的"课内实践、综合仿真模拟、真实情境训练"三位一体的实践教学体系；构建以全面发展为主旨的综合素质教育体系。三套体系辩证统一、相互渗透、循环上升。理论

教学体系和实践教学体系既相对独立、各自连续、自成体系，又紧密结合、相互渗透、相辅相成。理论教学以技术应用为中心将一些课程优化组合成新的课程体系，突出讲授成熟的实用技术理论。实践教学体系围绕培养目标所要求的职业技术和岗位资格标准，全面推行学历证书教育和职业资格证书教育的"双证制"教育，体现高等职业教育的职业性和岗位针对性，突出学生技术应用能力的培养。素质教育体系则强化职业道德、敬业精神、团队和协作精神的养成。从宏观上看，三阶段里认识和实践两条线相互融合，围绕技术应用能力培养这条主线和人的全面发展，三种能力、三个阶段、三个层次，循序渐进，实现高职人才培养时间和内涵的高度统一。同时，建立基于真实情境、仿真模拟和实物模型的共享型校内实训基地，营造真实有效的实践性教学环境，消除职业环境的真实性和可控性之间的矛盾，解决单件性产品生产实践训练的难点，实现校内生产实训和校外顶岗实习的有机衔接和融通；建立产学研互动、深度融合的人才培养运作机制，形成"专业对接产业、课堂联系工地、教材融合实例、实习预顶岗位"的建设类高职教学的特色氛围。三阶段人才培养模式的根本在于坚持育人为本，德育为先，把立德树人作为根本任务，培养具有良好职业道德、娴熟职业技能、富有创新精神的高素质高技能应用型人才。

育人为本的"专项—综合—顶岗"3阶段人才培养模式是我院"411"人才培养模式的进一步升华和推广应用。该模式已被全国土建类高职专业指导委员会确定为创新人才培养模式向全国同类院校推荐。浙江建设职业技术学院实施全院性3阶段人才培养模式后，学生的就业顶岗能力显著增强。在毕业生人数不断增加的情况下，就业率依然保持在98%以上；企业对毕业生的满意率和毕业生称职率均在99%以上；70%的学生就业于建筑行业特级、一级企业，其中很多人已经成长为所在企业的业务骨干和管理人员。实现了"行业受益、企业受益、学生受益"。《光明日报》、《中国教育报》、《浙江日报》、《浙江教育信息报》等媒体对该模式进行了广泛报道。

三、打造教学、技术、培训和对口支援 4 个社会服务平台

一是教学服务平台。学院首先建成包括 3 门国家级、11 门省级和 27 门院级精品课程的资源共享系统。用信息化的办法把最好的教师团队和最好的课程组合资源，包括他们的讲课内容、参考书、相关的作业等都放到网上，让讲同一门课的其他老师有机会通过互联网学习和研讨怎样讲好课，达到共享优质资源和信息交流的目的。其次，开展教学师资团队建设，老中青结合，高中低结合，一起探讨教学中的问题，一起培养学生。此外，还建设了国家级的示范实训基地，网络考试系统、教学评估系统、图书共享系统，以及大型仪器设备共享系统等。二是技术服务平台。学院成立了高职教育、岩土工程、城乡规划、建筑经济、建筑节能技术和减灾防灾六个研究所，重点开展应用型、集成型、技术合作型课题的研究，技术服务平台集工程检测、工程加固、职业技能鉴定于一体。学院 2008 年横向科研经费达 1000 多万元。目前学院已获得授权和受理专利 30 多项，在专利、国家自然科学基金项目、浙江省重大科技专项、科学技术进步奖等方面都走在了省内高校的前列。三是培训服务平台。包括企业员工培训，新材料、新技术、新工艺培训，职业技能培训，就业再就业培训，职业类师资培训。2009 年，我院培训建造师 5650 人，培训施工员、安全员、质检员 15000 多人，开展农民工现场安全生产培训 1900 人次。教师企业挂职、兼职 200 多人。四是对口支援平台，包括区域院校资源共享，对口院校辐射，新农村建设与欠发达地区对口支援。这些平台已逐步成为浙江省中高职院校师资队伍培训中心、建筑行业技术骨干培训中心、农村剩余劳动力转移中心、企业和院校信息资源交流中心。

四、3-3-4 模式的实践

总之，建设类高职院校 3-3-4 开发办学发展模式的构建和实施有以下几点作用：

一是使传统课堂走进工学结合、产学合作的工地现场。通过校企合作、工学结合，充分利用行业、企业的教育资源，把以课堂传授间接知识为主的

教育环境，与直接获取实际能力、经验为主的生产现场环境有机结合，使学生在与企业、社会的广泛交流中获取知识，在项目开发中提高能力，从而顺利地进入职业生涯，更好地为未来发展打好基础。

二是使老师明确高职教育、教学方向，学生经受职业能力历练。教师在工学结合的过程中，能及时了解企业对各种技能人才的需求，了解新设备、新工艺、新技术对各技术岗位技能人才知识、素质、技能的要求，从而及时补充专业教学内容，调整专业教学方法。做到职业岗位上做什么，课堂就讲什么，训练就练什么。学生在工学交替的过程中，通过"学习—实践—再学习"、"隐性—显性—隐性"的如此反复，个人知识系统不断地拓展、重构，职业能力不断地历练、提高。

三是使科研找到实际应用支撑，企业得到更多成果转让。教师围绕教学内容承接合作项目，根据技术合作项目开展教学，有效地提高了科研效率，也促进了教学水平与质量的提高。企业则得到新技术、新工艺、新材料的研发成果，在平等互利、利益共享的原则下，取得 1+1>2 的效果。

四是使学校获得办学综合效益，企业赢得应有的各项利益。一方面，学院为企业"量身打造"符合企业需要的高技能人才和员工，为企业解决技术、管理、经营方面的难题，开展新技术、新产品的研发。另一方面，学院获取企业的资助以改善教学条件，提高办学效益，获得真实的现场教学环境，了解和把握行业最新的人才需求、研发动向及技术需求。

第三节　工学结合、校企合作的实施方案

为了进一步用以人为本、全面协调可持续的科学发展思想指导学院发展建设的实践，使科学发展观在促进办学水平和人才培养质量提高的过程中得到较好的贯彻落实，学院制订了关于扎实推进"工学结合、校企合作"工作的实施方案。

一、推进"工学结合、校企合作"的重要意义

"工学结合、校企合作"是当前我国职业教育改革与发展的方向,是高职院校遵从职业教育规律办学、培养人才、服务社会的必由之路。高职教育要形成特色、创出品牌,就必须使学院的整体教育(含专业建设、课程设置、教学方法等)与行业发展、企业需求、职业实践融为一体,走"工学结合、校企合作"的道路。及时转变传统的人才培养观念,主动适应社会需求,不断跟踪行业发展变化,加强与企业的紧密合作,深化改革,加快发展,增强培养适应新型城市化,面向新时期建设事业和现代服务业高技能人才的能力。

"工学结合"是人才培养层面上的概念,是一种育人模式;"校企合作"是办学层面上的概念,是一种办学模式。校企合作的基本内涵是产学合作,是"工学结合"的基础;工学结合是实施校企合作教育的有效途径和方法。国务院《关于大力发展职业教育的决定》(国发〔2005〕35号)指出,要大力推行工学结合、校企合作的培养模式。教育部《关于全面提高高等职业教育教学质量的若干意见》(教高〔2006〕16号)指出,要积极推行与生产劳动和社会实践相结合的学习模式,把工学结合作为高等职业教育人才培养模式改革的重要切入点。《浙江省教育厅关于"十一五"期间全面提升高等职业教育办学质量和水平的若干意见》(浙教高教〔2007〕188号)指出,要整体推进工学结合、校企合作的人才培养模式。推进与产业、行业的紧密结合,共同建设专业、课程、实训基地,构建与经济社会发展相适应的人才培养新模式。积极推行工学交替、任务驱动、项目导向、顶岗实习的教学模式,全面深化以实践性、开放性和职业性为指向的教学内容、课程体系和教学方法的改革。

二、推进"工学结合、校企合作"要解决的四大问题

扎实推进"工学结合、校企合作"工作主要是要解决好"四大问题",即:教学上理论教学与行业的脱节问题;学生综合素质、技能的提升问题;校内实训基地和校外实训基地资源的整合问题;"工学结合、校企合作"取

得教研、科研双赢实效的问题。

　　解决四大问题的关键是：要与企业、科研院所等单位按照"优势互补、资源共享、互惠互利、双赢发展"的原则建立校企合作关系，在各专业领域共同确定人才培养目标，探讨专业建设和课程设置等教学内容；并积极争取企业和科研院所为学院提供实习场所和实训指导，保证毕业生顶岗实习和优先就业；学院教师要为企业和科研院所承担技术咨询、工程管理和员工培训等工作。通过几方面工作部署的齐头并进、多管齐下，可以有效地促进学生、教师、企业员工在学习、生产、科研三者间的有效融合，使得"工学结合、校企合作"工作取得显著成效。

　　同时，以浙江省建设职业教育集团为依托，在"工学结合、校企合作"工作中充分发挥建设行业的优势，加强各方之间的合作，整合和优化教育资源配置，突出整体优势和专业特色，创新人才培养模式，形成以职教院校为主体、以行业为依托的多层次、立体化、开放型的办学体系，努力实现资源共享，充分发挥群体优势、组合效应和规模效应，提高建设类高职院校适应市场的整体竞争能力，打造现代建设行业职业教育品牌。

三、推进"工学结合、校企合作"工作的六大举措

（一）构建全院性"工学结合、校企合作"的人才培养新模式

　　根据建设行业特色，通过改革，逐步创建能力本位的"专项—综合—顶岗"3阶段人才培养模式。以培养高质量的建设类高等技术应用型人才为目的，以职业能力为支撑，以实际工程项目为载体，以仿真模拟和工程实践为手段，通过第一阶段的学习和训练，使学生掌握专业基础知识，具备专项职业能力；通过第二阶段在校内实施以真实的工程项目为载体的仿真模拟综合实践训练，使学生具备综合实务能力；通过第三阶段在企业真实情境中的预顶岗实习，使学生具备上岗就业能力，实现校内生产实训和校外顶岗实习的有机衔接和融通，缩短就业顶岗的适应期，以实现就业即顶岗为目标。三种能力、三个阶段、三个层次，循序渐进；进而促进课程改革、"双师型"教

师队伍和实训基地建设。构建"以人为本"、"和谐发展"、"实践创新"等与工学结合相适应的教学管理制度。建立基于真实情境、仿真模拟和实物模型的共享型校内实训基地，营造真实的教学环境，解决建设类产品生产实践训练的难点。建立产学研互动、深度融合的人才培养运作机制。构建理论教学、实践教学与素质培养紧密结合的教学体系，形成"专业对接产业、课堂联系工地、教材融合实例、实习预顶岗位"的教学氛围。探索顶岗实习的组织、管理新模式，形成学校和企业共同制订实习计划，共同组织实习项目，学校专任教师和企业兼职教师共同指导实习的运作机制。建立企业积极参与教学的运行机制，校企共同参与教学，共同组建教学管理机构，共同制订和修订教学计划，共同实施日常教学，共同进行学生管理，使人才培养动态符合行业企业发展的需要。

（二）积极开展基于项目实施与工作过程的课程体系改革

以培养能力为核心，本着统一性和多样性相结合、针对性与适应性相结合、稳定性与灵活性相结合的原则，根据建设行业的职业特点，构建基于项目实施与工作过程的、工学结合的模块化课程体系。课程改革充分体现以提升整体素质为基础、以综合职业能力为本位的教学指导思想。重视基础专业知识和实践教学，实现工学交替，充分体现"教、学、做"一体化。

加快课程的重组与整合，在教学过程中将以施工任务为目标、以能力项目为主线贯穿整个培养过程。根据工作任务设计教学过程和内容，形成一个独立的教学领域，依照完成该项施工任务所需的知识进行教学内容选择，将相关知识整合为一个教学领域，实现教学内容领域化，使学生所学知识与实际工程应用顺序保持一致，确保知识迁移和内化的有效性。

课程体系的改革侧重于以下四个方面。

1. 课程标准制定

学校各专业以"能力本位"课程观为指导，构建以适应行业（企业）一线工作需要、培养学生职业综合能力为主旨和特征的课程体系和教学内容。示范专业带头进行科学的、职业特色鲜明的课程标准的制定工作，逐渐扩大到主干课程课程标准的制定，并以项目负责制的形式落实到教师层面，由此规范课程教学的基本要求，以提高课程教学质量。为了贴近实践，让学生掌握行业工作最新的规范与技能，在课程体系建设和课程标准制定方面坚持走与行业一线工作发展要求紧密结合的道路，与一线行业紧密合作，密切注视行业部门的最新工作动态，要求专业教师定期下基层调研，了解行业部门的最新要求，及时调整课程教学内容，并和行业专家一起研究探讨，努力制定能突出职业能力培养、操作性强的课程标准，共同开发工学结合的课程体系。

2. 精品课程建设

有计划、有目标地建设成一批辐射性强、影响力大的精品课程，加大精品课程的建设和投入力度，规范精品课程的申报与评审制度，精品课程、重点课程的教学录像、教学资料将全面实现上网，促进教师对优质教学资源的吸收，以全面带动学校其他课程的建设，从而提升学校整体教学水平，在同类院校中起到引领、辐射和示范作用。

3. 教材建设

选用国家级优秀教材和规划教材，同时积极编写有专业特色的自编教材，并能够逐步建成一体化设计、多种媒体有机结合的立体化教材系列。

4. 教学课程资源库建设

要求每个示范专业群的龙头专业要紧紧围绕专业教学目标与标准、课程体系、教学内容、模拟实验实训、教学指导、学习评价等几个模块进行教学资源库的建设。通过自主开发和引进相结合的方式，构建以五个示范专业为主导的教学资源数据库。教学资源库的建设内容主要包括：网络课程、专业标准大全库、专业信息文献库、专题特色资源库、多媒体课件库、专业图片库、专业视频动画库、试题库、案例库等模块。各专业可根据自身需求选择不少于两个可选模块。

（三）抓紧培育"产学研一体"的校外实训基地

结合省级示范建设方案，在突出以能力为本的"专项—综合—顶岗"3段式的全院性人才培养模式中，顶岗实习既是高职教育的实践性教学的重要环节，又是与企业对接、融通的关键部位。因此，充分利用和发挥校外实习教育基地的平台作用，促进校企合作、工学结合不断深化，对学院的发展将具有十分重要的现实意义和深远的历史影响。"产学研一体"的校外实训基地的培育按下列步骤实施：

（1）对校外实训基地的基本情况进行广泛调研，制订"产学研一体"的校外实训基地的培育规划。

（2）制定和完善《校外实习基地建设实施方案及评估体系》，完成现有校外实习基地的评估及分类，制定校外实训基地的建设目标、标准、操作规程、管理条例等制度。

（3）总结各类合作模式经验，完善考核与促进机制。

（4）充分利用职教集团和行业优势，加大投入，拓宽渠道，扩大校企合作领域，谋求广阔的实训基地共建空间，加强加速校外实训基地建设。

（四）新建和整合校内实验实训基地资源

在拓展长效和紧密型实习基地，不断完善实训基地结构和系统的过程中，特别是要与加大教学实践环节的工作结合到一起。只有把推进"工学结合、校企合作"的工作与教师的业务能力水平提升、课程改革、实训基地完美结合到一起，才能真正做到"产学研一体"，体现建设专业的特色，促进办学水平的全面提升。在学院实训二期工程建设过程中，要体现遵循真实化环境、职业化实训、企业化管理、市场化运作的建设原则，引工程进校、在现场体验、仿实际操作、练顶岗本领，真正做好现有校内实训场所的仿真氛围的营造，并进行空间调整、制度建设等完善工作，提高实训资源的利用率和绩效评价水平。

充分考虑学院各专业建设规划与省级示范专业建设的实训要求及培养高素质高级技能型专门人才的实践性教学要求，把校内实验实训基地建设成集教学、科研、培训、技能鉴定、技术服务与生产为一体，具有国内先进、省内示范、辐射周边院校并实行区域资源共享、服务地方经济的实训基地。具体如下：

（1）根据学院的统一部署，积极抓好校内实训基地建设，完成学院实训楼二期工程的前期工作，并在本年度开工建设。

（2）校内实训基地建设与整合。在已建的校企共建实训室（喜利得紧固技术培训中心、吉博力同层排水实训中心、与德国萨克森州建设协会及德国凯莱国际公司合作的节能展示楼）基础上进一步深化"校企合作"内容，同时进一步将现有校内实训基地整合、完善。

（3）健全校内实训基地管理办法，制定实训绩效考核办法，建立绩效考核机制。

（五）全面拓展"双师型"队伍建设

1.多途径、多方位提高专任教师队伍整体水平

通过选派中青年教师下企业"挂职锻炼"、骨干教师赴教育实训基地参加实践技能培训等途径，逐步、有序提高学院专任教师的实践操作与指导能力。学院将主要根据《浙江建设职业技术学院中青年教师下企业挂职锻炼实施细则》开展相关工作，争取在三年内通过若干批次的选派，完成中青年教师的挂职锻炼工作。

通过新教师岗前培训和教学准入制、"以老带新"等途径，并配以阶段性的学院师资队伍专项培训工作，帮助他们更快、更好地适应自己的岗位角色，掌握一定的教育教学理论及运用先进的教学方法和现代教育技术的能力，进一步规范教学、提高水平。2009年上半年，学院将对非师范类专业毕业且为中级职称及以下人员（含2004年以后调入学院的高工）进行师资专项培训，内容包括教育教学理论和技巧、教学方法，国家和学院关于教学及其管理的相关政策、规章制度等。

继续加大从企业一线招聘高层次人才的力度，着重引进省级重点专业、院级重点专业急需的正高职称人员，切实注重人才的内涵与质量建设，充分发挥他们的产学研能力，推动学院专业建设上新台阶。

2.多形式、多层次推动兼职教师队伍内涵建设

考虑到现代社会专业岗位和职业技能要求快速发展的实际，学院在以后将更加注重校外教师资源的开发与利用，聘请校外专家、行业企业的高级技

术人员和能工巧匠来学院担任兼职教师,并将采取以下措施:

一是对于操作实践性要求较高的授课环节,将根据需要聘请有较高实践指导能力的实训指导、实习指导老师授课;或者根据课程需要,将理论授课与实践环节的授课教师进行有机糅合。

二是通过制定相关制度与措施,完善学院、系部、督导以及相关管理部门之间的联动机制,加强对兼职教师的管理、培训、指导和考核工作,注重他们与院内教师的有机联系与工作融合,促使大家共同提高教育教学水平。

三是建立并完善兼职教师队伍人才库。目前,根据省级示范性高职院校建设的基本要求,我院专兼职教师数量比已经达到1∶0.71,但在学院实质性承担教学任务的兼职教师数为专任教师数的30%左右。因此在下一阶段工作中,将更加注重兼职教师队伍的内涵建设,通过三年建设期,努力使这一比例上升到50%~60%。

(六)创办和建设学生"创业创新园"

秉承"格物求新,致远求实"校训,传承和弘扬鲁班精神,把吃苦耐劳、开拓创新等优良品质融入创新创业教育中,营造创新创业氛围,构建创业课程体系,规划成立大学生创业园。以专业为依托,面向全院在校学生,通过"创新创业方案设计大赛"、"SYB创业模式培训"、"跳蚤市场"等活动,将创新创业教育构建成一个有机的整体,从而形成具有我院特色的创新创业教育体系。具体措施如下:

第一,建立创业园区。通过创业园的全(仿)真模拟运作培养学生的创新创业能力,增强学生的创新创业意识、合作意识、诚信意识和承担风险的勇气,培养学生开拓事业的创新创业精神和创新创业能力。

第二,建立有效的创业激励机制,引导学生正确处理创业与学业的关系。

(1)完善学生学分奖励机制,制定出台大学生创业学生学分奖励措施。

(2)设立大学生创业发展基金,扶持专业支撑强、产业前景好的学生创业企业。出台《大学生创业园评奖评优实施方案》,增强大学生的实践能力,培养大学生的创业理念,提高大学生的创业激情。

(3) 对教师指导创新创业工作的成绩也要给予充分肯定与鼓励，制定出台《大学生创新创业指导老师奖励措施》。

第三，完善竞赛机制，定期开展各项竞赛活动，鼓励学生参加挑战杯、科技创新竞赛、创业方案设计大赛等，从中选取具有专业背景的、科技含量的作品参加省市组织的大型科技创新创业竞赛。同时，将参赛作品中出现的可操作性强的项目引入到创业园进行孵化。

四、推进"工学结合、校企合作"的保障措施

（一）全面融入学习实践科学发展观活动

加大对"工学结合、校企合作"成功案例的整理和宣传力度，采取灵活多样的宣传形式，突出重点，不断提高宣传效果，切实增强我院依托行业、开放办学、提升实力的办学能力。把推进"工学结合、校企合作"作为理论学习活动、寻策问计调研、科学发展讨论的重点内容之一，采取多种形式组织教职工特别是党员干部以科学发展观为指导，以创先争优作表率，学习"工学结合、校企合作"的有关理论知识，坚定推进"工学结合、校企合作"工作的信念，着力提高驾驭高等职业教育改革发展的能力。把推进"工学结合、校企合作"作为广泛征求群众意见、找准重点难点问题、形成分析检查报告的重点内容之一，各党总支、直属党支部和各部门要结合各自的职责和实际，通过召开民主恳谈会等形式，虚心听取广大教职工的意见和建议并进行认真梳理，形成对推进"工学结合、校企合作"方面存在的差距与不足的正确认识。把推进"工学结合、校企合作"作为制订整改方案、落实整改措施、建立长效机制的重点内容之一，提出结合实际、切实可行、职责明确、限时整改的措施，使落实整改措施成为党团员的具体行动，要求党员干部尤其是部门负责人主动解难题、建机制，实行承诺负责制，切实解决一些当前不利于推进"工学结合、校企合作"的重点难点问题。

（二）提高认识，转变观念，统一思想

促进"工学结合、校企合作"，必须首先解决思想认识问题，特别是职业教育的理念问题。要认识到高职教育的地位和作用，认识到职业教育是一

种贴近实践、贴近职业的教育,是学做相统一的教育,是培养做事的人的教育,认识到"工学结合、校企合作"是职业教育发展的应有之义,真正把"工学结合、校企合作"当做发展职业教育,特别是体现职业教育特色、提升职业教育竞争力的必然途径来看待,进一步增强推进"工学结合、校企合作"的工作主动性和自觉性。要认识到"工学结合、校企合作"是战略之策而不是权宜之计,要深入持久地做好。

(三)改进工作作风,提高工作水平,完善工作制度

大力弘扬求真务实精神,及时发现和纠正在工作中存在的突出问题;要进一步增强服务意识,改善服务态度;要经常深入教学第一线征求意见和建议,为教学第一线做好各项保障工作;要通过多种渠道进一步提高广大教职工的综合素质,规范工作行为,增强工作能力,提高工作效率,科学开展各项工作;特别是要加强数字化校园的规划建设工作,为教学资源库管理平台建设、精品课程建设、学生进行自主创业等提供有力的支持。对《浙江建设职业技术学院督促检查工作暂行办法》、《浙江建设职业技术学院纵向科研经费管理办法》、《浙江建设职业技术学院专项经费管理办法》、《浙江建设职业技术学院设备仪器管理规定》等一系列文件制度进行全面梳理和修订,这些政策制度的出台,将为"工学结合、校企合作"提供很好的政策规章保障和操作依据。

(四)加强引导,充分调动学院各部门推动"工学结合、校企合作"的积极性

通过完善评价制度和相关的机制建设,引导教职员工积极参与"工学结合、校企合作",转变观念,发挥双师优势,积极参与合作项目,提高教学水平、提高培养学生的质量、提高学院的办学水平。

第四节 建设职教集团的运行机制

为促进职业教育资源整合,继续深入推进校际产学研全面合作,做到共

第二章 校企合作的开放办学 • 029

图 2-1 浙江建设职教集团揭牌成立

享资源、共赢发展，走集团化办学的创新型路子，学院在征得上级主管部门同意和借鉴兄弟院校成功经验做法的基础上，2008 年年初由我院牵头，联合浙江省建筑业管理局、浙江省建筑业行业协会、浙江省建设投资集团、杭州市萧山区建设局等 4 家顾问单位；浙江省建筑科学设计研究院等 4 家科研院所；浙江省建工集团有限责任公司等 26 家大中型企业，11 家职业院校共 45 家单位共同组建浙江省建设职业教育集团（图 2-1）。

职教集团作为开展产学研结合的行业性组织，是政府、院校和行业企业之间架构的一座桥梁。集团的工作重心始终放在深化校企合作、提升产业科技含量、提高人才培养水平、改善岗位培训成效、加大科技转化力度之上。它将引领着浙江省建设类职业教育和建设企业的健康快速发展，为建立行业内产教一体的紧密型合作关系而努力。

浙江建筑职业教育集团的成立为学院开展产学研合作构建了一个指导、实施、操作的平台，标志着学院产学研合作寻找到了一条操作性强、可持续发展的根本途径，成为校企合作新的里程碑。

一、建设职教集团成立的必要性

（一）成立建设职教集团是建设行业现状发展的需要

近几年来，浙江省建设行业各方面都有了新的发展。城市化水平从 2003 年的 51.9% 提升到 2007 年的 57.2%，建设行业从业人员达到 600 万人。全省建筑业和房地产增加值合计占全省 GDP 的 11.1% 以上，地税收入合计占全省地税收入的 34.6% 以上。然而，建设行业总的来说是劳动密集型行业，高技能、应用型的专门人才缺口很大，急需通过组建职教集团的形式，进一步密切校企合作，创新人才培养模式，培养出适应工程及管理第一线的有用人才，推进建设行业又好又快的发展。

（二）成立建设职教集团是行业企业未来发展的需要

随着市场经济向纵深发展，使得产业结构进一步优化调整，企业竞争日趋激烈。企业的发展呼唤科技创新，人才优化，产学研合作是企业创新发展和培养人才的必由之路。因此，成立职教集团，企业可以充分利用职业院校的人力资源和智力支持，一是可以完善人才梯队建设，提升队伍整体水平；二是可以更新管理与技术，提升企业资质等级；三是建设企业先进文化的需要。

（三）成立建设职教集团是职业院校提升质量的需要

人才培养质量是职业院校办学的重要标准。要提升办学质量和水平，在各级各类学校的竞争中脱颖而出，行业企业的支持、帮助是离不开的。因此，对职业院校而言，成立职教集团，加强与行业企业的联系合作，一是可以借助行业企业的力量进一步深化人才培养模式；二是可以建设好学生校外实践教育基地，并取得理想的效果；三是根据企业需求，有针对性地进行教学改革和专业建设；四是可以积极推进科研合作，将科研应用技术转化为企业实际成果。

可以这样说，成立建设职教集团是一项"三方受益、共赢共荣"，惠及社会和大众的建设性工作。

二、建设职教集团的性质和运作模式

浙江省建设职业教育集团是以推进浙江省建设业快速发展为目标，以院际合作、校企合作和合作教育为主要形式，以校企多赢为基本目的，由职业教育院校、职业培训机构、中介机构以及企、事业单位按照平等原则组成，具有联合性、互利性、非营利性的行业组织。在浙江省教育厅、建设厅、劳动和社会保障厅的指导与监督下开展工作。

通过加强院校、校企、学院与行业协会及科研机构之间的合作，整合和优化教育资源配置，突出整体优势和专业特色，增强总体实力；形成以职教院校为主体、以行业为依托的多层次、立体化办学体系，实现资源共享，提高职业院校适应市场的整体竞争力；充分发挥群体优势、组合效应和规模效应，打造现代建设行业职业教育品牌。集团以诚信为本，以项目为纽带，以教学、培训、科研、信息咨询为主要服务内容，自愿结成跨区域的多元化为行业服务的职业教育集团。

职教集团的发展建设问题，各个层面对此有着不同的理解。我们认为，职教集团应该是校企合作、产学研结合的行业性组织，它以促进集团成员做大做强、服务职业教育发展、服务行业发展为目标，它是政府、院校和行业企业之间架构的一座桥梁。职教集团要为成员单位提供一个交流的平台，一个面向社会展示各自特色的窗口，一个共同探讨建设行业发展的论坛。要为企业提供培养、选拔高素质、高技能、应用型人才最经济便捷的途径。我们认为，发展这样的职教集团符合教育体制和经济体制改革的方向，是有强大生命力的。因此，我们将秉承"发展需求、校企合作、整合资源、优势互补、互惠双赢"的思路建设职教集团，积极构建"价值共识、专业共建、资源共用、成果共享、共同发展"的产学研结合新模式。

三、建设职教集团的主要工作

根据章程建设职教集团主要开展以下工作：

一是根据行业发展和企业需求，积极探索和实践校企合作的办学模式（如定向定单式的联合培养等形式）和工学结合的人才培养模式（如工学交替、项目驱动、顶岗实习等形式）。

二是企业积极参与院校的专业建设（尤其是重点专业），从教学计划的制订到实践教学的全过程；院校和科研院所积极参与企业的行规、标准和工法的制定与试行及推广。各成员单位之间广泛开展各项职业教育教学研究、应用课题科学研究、学术交流等活动，每年将举办至少一次研究和实践合作论坛活动。

三是校企互派师资，在教学和工程的实践中，交叉锻炼培养"双师"素质结构的教学和管理的团队（包括院校、企业领导相互兼职）。

四是院校、科研院所积极参与企业文化的建设活动，定期或不定期地为企业职工开设文化素养和职业素质讲座或培训；企业人员也可为学校学生举办讲座，进行艰苦创业、职业道德等方面的教育宣传，提高学生的素质教育水平。企业在参与院校教学的同时，在指导老师辅助下，积极主动地对到企业基地实训和实习的学生进行全面的实践教学和考核管理。在工程实践的一线岗位中培养和考察学生的综合素质，促使学生在实习岗位上锻炼和检验自己的适应能力，实现学生就业选择与企业人才需求的良性互动。

五是逐步采集集团成员单位的资源信息，建立和完善职教集团的信息网络，及时发布和刷新集团网络信息内容，搭建集团成员的互助互动平台。

四、集团成立一年后的成效

（一）人才培养方面

一是创新人才培养模式。作为职教集团的理事长单位，我院在上级主管部门省住房和城乡建设厅、省教育厅的关心支持下，坚持改革创新，推进校企合作，加强教学内涵质量建设，构建了以育人为本的"专项—综合—顶岗"3阶段人才培养模式。该模式已成为我院的全院性人才培养模式，引领着示范专业的建设。

二是创新办学思路。依托行业、企业、校友3种社会力量实施开放合作办学,建立运转灵活、高效快捷、务实稳健的现代职教管理体制。2008年10月,省内首个校企合作建筑装饰学院——浙江建设职业技术学院亚厦学院揭牌成立,改变了传统的封闭办学模式,采用前1年半学校主导,后1年半企业主导,向产教合作型和企业本位型转变。2009年10月,作为产学研合作的成功典范,亚厦装饰股份有限公司总经理丁海富在"2009中国产学研峰会"上作了合作办学的经验介绍。

三是引企业文化进校园,提升学生的职业素质。我们以集团企业发展理念和文化为教材,通过新生始业教育和现场实习指导,聘请企业高层领导进校园、上讲台、开讲座,全面提升学生对企业理念和文化的认同度和融合度,使毕业生更好地适应社会、适应企业。

四是促进中高职教育的有机衔接和融通。集团理事长单位浙江建设职业技术学院与集团成员的4所中职学校建立了"3+2"的培养模式,2009年共招收"3+2"学生221名。

五是减小校企人才供需。成员企业不仅是成员院校的实习实训基地,还是学校较为稳定的就业基地。集团内成员学校按照企业对各类人才的需求,实施"订单培养"和"打包配送",集团内企业优先接受和安排成员学校的毕业生,有效地缩短了人才的"供"、"求"距离。目前,已有歌山、亚厦、德兴控股、建工、蓝天集团等多家集团成员企业在学校或某个专业设立专项奖学金,以鼓励和吸引品学兼优的学生毕业后到企业工作。在2009年金融危机就业形势紧张的情况下,集团成员学校仍然保持稳定的就业渠道和就业率。

(二)师资培训方面

一是推动了师资队伍建设。集团既是兼职教师的师资库,又是专职教师的重要培训地。集团内企业为职业院校培训"双师型"教师,集团内高职院校为中职学校培训教师。借助职教集团的平台,学校聘请行业企业的能工巧匠担任兼职教师。教师定期到集团企业担任访问工程师,学习先进的专业技术,了解企业生产、管理过程,提高实践能力,增加企业工作经历。如浙江建设职业技术学院 2009 年共派出 15 名青年教师到企业挂职锻炼，共聘请 50 名企业工程师担任兼职教师和实习指导老师，共培训中职师资 68 人次。

二是加快了企业人才资源开发。集团内校企双方共同为企业在职职工制订培训计划和培训大纲，采用脱产、半脱产、双休日班、夜校等形式，培训时间短中长结合，培训地点学校企业结合，学历教育与非学历教育相结合，为企业职工提供全方位的培训，加快了企业人才资源的开发。2010 年 7 月，亚厦装饰幕墙有限公司 100 多名新员工就在我院进行了培训。

（三）资源共享方面

一是促进了信息资源的共享。集团在信息集聚、整理、发布等方面做了一些工作。初步建立了信息平台，为集团成员提供了人才供需、毕业生就业、职业资格鉴定、技术服务等信息。此外，还专门印发了两期反映职教集团校企合作的简报及一期宣传画册，以此促进集团成员间的联络交流。

二是做大做优了教学资源。集团成员树立"大职教"理念，打破部门、区域界限，在整合开放共享优质教学资源中创新创优，发挥规模效应、集聚效应。实现了实验室、实习基地、图书馆、院报院刊、网络信息、精品课程、精品教材、典型案例、教学管理制度等资源的共建共享。

三是扩展了校外实训基地的建设。一年多来，在学院领导带队主动上门走访调研了 20 多家职教集团企业的基础上，浙江建设职业技术学院与浙江省建筑科学研究院建立了建筑节能检测中心和公司，与东冠建设集团等 12 家大中型建筑企业建立了紧密型校外实习基地，学院校外实训基地增加到 115 家。

（四）合作交流方面

一是校际合作交流。2009 年浙江省中等职业学校建筑工程技术技能大赛在浙江建设职业技术学院举行，学院按照竞赛标准要求，制定了竞赛技术指导大纲、竞赛评分标准等相关技术文件，并负责理论知识竞赛和实际操作竞赛的命题、裁判、阅卷、评分、成绩汇总、名次评定等工作。

二是校企合作交流。2009 年元月，集团理事长单位拜访了浙江省开元安装集团有限公司、浙江森禾种业股份有限公司等6家单位，就实习基地建设、专业建设、联合办学、技术转让、员工培训等领域进行了广泛交流并开展合作。集团成员院校、科研院所还积极参与企业文化的建设活动，定期或不定期地对企业职工开设文化素养和职业素质讲座或培训；企业人员也为学校学生举办讲座，进行艰苦创业、职业道德等方面的教育宣传，提高学生的素质教育水平。如：2009年4月，浙江亚厦装饰股份有限公司熊翔副总经理，以"创优质品牌，为鲁班添彩"为题，为学院师生举办了一次热情洋溢的企业文化讲座。

三是国际合作交流。"2008中德城乡发展与生态节能建筑研讨会暨新技术、新产品展示会"在浙江建设职业技术学院举行。该展示会吸引了国内外近30家节能产品生产商参展，来自全国建设类高职院校的200余名代表参加了本次活动。2009年10月，美国华盛顿湖科技学院和美国GEG教育集团到浙江建设职业技术学院考察交流，双方就教师互派及管理层面的交流达成初步合作意向。

（五）社会服务方面

一是搭建教学服务平台。集团涵盖职业教育的中、高职教育，职前、职后教育，学历证书、职业资格证书教育等，形成人才培养、培训的连接互补。集团还以较宽口径、较大平台、较多接口，满足人才市场多样化、个性化、小批量的需求，实现人才培养与市场就业的有效对接。

二是搭建技术服务平台。技术服务平台集工程检测、工程加固、职业技能鉴定于一体，重点开展应用型、集成型、技术合作型课题的研究。如：2009年起，浙江建设职业技术学院申报的建设厅和教育厅科研项目均是集团内学校与企业根据企业发展的需要共同确立的研发项目，由企业与学校共同承担、共同攻关。

三是搭建培训服务平台。包括企业员工培训，新材料、新技术、新工艺培训，职业技能培训，就业再就业培训，职业类师资培训等。2009年，学院已培训注册监理工程师4500多人，注册造价工程师800多人，产权产籍管理员 1200 多人，房屋拆迁管理员 330 人，施工员、安全员、质检员 3000 多人次。仅农民工培训项目就涉及钢筋工、电焊工、管道工、电气设备安装调试工等 7 个工种，培训人数累计达 1100 人。

四是搭建对口支援平台。包括对口院校辐射，新农村建设与欠发达地区对口支援。如：2009 年 10 月 30 日，本着"优势互补、资源共享、互惠互利、共同发展"的原则，浙江建设职业技术学院与广西建设职业技术学院缔结为对口支援院校，签订了"对口支援建设协议书"。

五、集团进一步发展的启示

职教集团成立一年多来，虽然在资源共建共享方面取得了一定的成效，但是在共建共享机制方面还没有根本的突破；虽然在校企合作、产学合作、工学结合方面进行了诸多的探索，但是与校企深度融合的要求还有一定的距离；虽然形成了一定的集约优势，但是集团的品牌效应还远没有充分发挥；职教集团的发展虽然逐步被社会各界所认同，但是发展的环境和支撑的政策还有待进一步改进和完善。

一是进一步理清建设发展思路和运行管理机制。从职教集团发展的实践看，集团发展壮大的基础是利益共享，关键是体制创新，要借助集团各成员单位的力量，共谋共建，共同发展。根据成员单位的特点和优势，与集团推行的工作目标相结合，秉承"发展需求、校企合作、整合资源、优势互补、互惠双赢"的思路，进一步理清集团建设与发展的思路、理清集团运行的管理机制，开创集团工作的新局面。

二是积极探索以教育为中心的产学研合作创新机制。职教集团的中心工作围绕着培育人才而展开，探索集团成员如何参与建设教育事业的发展是集团工作的头等大事。围绕学生培养的主题，进一步探索育人为本的"专项—综合—顶岗" 3 阶段人才培养模式等相关工作。继续开展五大员、学历教育、职业技能鉴定、特殊工种等培训。为企业经营管理、技术攻关、推广鉴定和智力引进等提供解决方案。为集团内企业技能型人才的开发、培训、再培训提供一体化的多层次、综合型的服务。根据企业人力资源培训方案，实施"菜单式"培训。举办职教论坛，总结和推广成员单位的先进经验和最新成果。

三是努力推进校外实训基地共同管理机制的探索。开展集团校企共同打造教学团队工作，协助制定和完善兼职教师聘用和管理办法，支持院校在集团成员中聘用技术骨干、管理精英、高技能人才担任专业课教师或实习指导教师，通过培训提高来自企业一线教师的教学能力。

四是大力促进成员之间的合作发展、互惠互利。如接纳成员的优先权、设施利用的优惠等，着力搭建好资源共享、合作交流、科技创新、社会服务合作平台，尽快实现校企合作向深层发展。营造"企业中找课题，服务中求发展"的氛围。进一步开展工法、规程、专利等的联合编制工作，开展技术咨询等业务。尤其是建筑节能、环保的课题研究与开发，使集团成员单位不断分享到集团在联合办学、专业建设、教学改革、招生就业、技术研发、职业培训、国际合作等方面的工作成果。

五是推进企业文化与校园文化互融工作。与行业协会、集团企业共同召开"合作教育"研讨会，互派宣讲团，开设人文素养、职业道德讲座，召集成员单位开展体育、文艺类联谊活动，扩大集团成员多边沟通。

职教集团建设搞得好不好，能不能实现成立集团的初衷，取决于所有成员单位的认识到位不到位，深刻不深刻；行动上积极不积极，主动不主动。因此，所有成员单位都应把职教集团当成自己的家，以诚心诚意的态度和求真务实的作风积极为集团献言献策，共谋发展大计。我们要加强感情融合，建立互惠互利、资源互补、共建双赢的感情融合平台；要加强文化融合，让企业文化、校园文化融合于教、渗透于学、内化为魂；要加强管理融合，扩大联姻，规范运作；要加强人才融合，请进来、派出去，建立双师互补的教师团队，构建高职教学师资高地。

附：浙江省建设职业教育集团章程

为适应我省大力发展职业教育的战略，贯彻落实《国务院关于大力发展职业教育的决定》（国发〔2005〕35号）、《浙江省人民政府关于大力推进职业教育改革与发展的意见》（浙政发〔2006〕41号）精神，以及《浙江省教育强省建设与"十一五"教育发展规划纲要》的精神，积极探索职业学校与企业紧密合作的新机制，创新职业教育发展思路，构筑职业教育地方特色平台，打造我省建设行业职教航母，充分发挥职业教育为区域经济和社会发展服务的示范性引领作用。

为组建浙江省建设职业教育集团（以下简称集团），特制定本章程。

第一章　总　　则

第二章　功能与目标

第三章　工作任务

第四章　成员组成

第五章　权利与义务

第六章　管理体制

第七章　财务与资产管理

第八章　终止与处理

第九章　章程修改

第十章　附　　则

第一章　总　　则

第一条　集团名称　浙江省建设职业教育集团

英文名称：Zhejiang Vocational Education Group of Construction（简称ZVEGC）

第二条　集团性质

以推进浙江省建设业快速发展为目标，以院际合作、校企合作和合作教育为主要形式，以校企多赢为基本目的，由职业教育院校、职业培训机构、中介机构以及企、事业单位按照平等原则组成，具有联合性、互利性、非营利性的行业组织，不具有事业单位法人资格。在浙江省教育厅、建设厅、劳动和社会保障厅指导与监督下开展工作，以诚信为本，以产学合作为依托，以项目为纽带，以教学、培训、科研、信息咨询为主要服务内容，自愿结成跨区域的多元化教育集团。

第三条　集团宗旨

通过加强院校、校企、学院与行业协会及科研机构之间的合作，整合和优化教育资源配置，突出整体优势和专业特色，增强总体实力，形成以职教院校为主体、以行业为依托的多层次、立体化办学体系，实现资源共享，提高职业院校适应市场的整体竞争力；充分发挥群体优势、组合效应和规模效应，打造现代建设行业的职业教育品牌，提升现代职业教育的综合实力，为浙江省高等职业教育事业的发展和经济建设服务。

第四条　集团准则

公平、合作、诚信、创新、多赢。

第五条　集团制度

常任理事会制。

第二章　功能与目标

第一条　集团功能

具有教学、科研、开发、服务、信息咨询功能，打造我省建筑类职业教育品牌，实现职业教育与行业人才需求良性互动，推动我省建设事业发展，为构建建筑和教育强省服务，为华东地区区域经济发展服务。

第二条　集团目标

通过组建集团，加强政府、企业、行业协会、学校、科研院所间的全方位合作，促进资源的集成和共享，促使职业院校校企合作的办学模式和工学结合的人才培养模式挂钩，形成院企间的良性互动，推进职业教育和区域经济建设同步发展。

第三章　工作任务

第一条　人才培养

实现中、高职人才培养的对接，建立职业技术人才供需、教育改革信息网络的共享平台，联手打造建设行业技术和管理人才，实现区域优势互补，以职教培训为主要形式，建立职教创新机制，探索院企合作进行人才培养的途径与机制。

第二条　师资培训

实现师资队伍建设的优势互补，探索教改与学分互认，组织对专业设置、专业培养目标、课程改革、教学计划、质量考核标准等事项进行研讨，对招生就业、教研教改、科研等方面进行有效合作。

第三条　资源共享

进行职业资格和培训考核鉴定工作，实现实验室、实习基地、图书馆、院报学刊、网络信息等资源共享，为中职院校提供学生实习、实验条件，专业教师开展培训与交流；实现企业资源与教育资源的共享，开展校企合作，进行科学研究及技术改造，开展"订单式培养"、"菜单式培训"等形式，通过校企恳谈与协议，进一步拓宽企业人才需求与毕业生就业渠道。

第四条　合作交流

举办职业教育高层论坛、行业发展高层论坛，进行集团化发展战略的理论与实践探索，实现成员单位的互动交流；与其他产业职教集团、境外职教机构进行交流合作活动。

通过以上工作，形成生源链、师资链、信息链、就业链、成果转化链和产业链，促进集团各成员单位的共同进步与发展。

第四章　成员组成

第一条　加入集团资格

凡自愿遵守集团章程，恪守集团宗旨，具有独立法人资格的我省行政区域内的高职学院、地、市级以上重点职业学校、办学水平较高和社会信誉较好的社会培训机构，以及具有较强实力的科研机构和建设企业，经申请并经集团常务理事会审核批准成为集团成员。同时欢迎省外及周边地区有较高知名度的职业院校以及有代表性的企、事业单位加盟。

第二条　加入集团程序

1. 提交申请书，提供单位基本情况说明；

2. 经职教集团常务理事会讨论通过。

第五章 权利与义务

第一条 集团成员共同的权利与义务

(一)集团成员享有以下权利:

1. 成员单位地位一律平等,有参与集团重大问题决策的权利;

2. 成员单位在运行过程中遇到困难,有要求协调支援的权利;

3. 成员单位具有优先享受信息交流、教学咨询、科研成果转让、实验实训设施、实践基地使用的权利;

4. 成员单位具有自愿退出集团的自由。

(二)集团成员必须履行以下义务:

1. 按时交纳会费,分担集团活动时的相关费用;

2. 承认本章程,参加理事会议,参加集团组织的各类活动;

3. 集团成员有提供用工信息的义务,学校有提供师资、毕业生和设备信息的义务;

4. 集团成员单位间应加强交流、沟通、团结和协作,自觉维护集团信誉。

第二条 院校成员的权利与义务

(一)院校成员的权利

1. 经集团理事会认可,拥有对本集团名称的使用权、保护权及命名决定权;

2. 受集团理事会委托,有权召集"专业课程设置指导委员会"、"就业指导委员会"开展活动,决定"职教论坛"的开展形式;

3. 在办学中遇到困难,有要求集团成员协调支援的权利;

4. 接受集团成员捐赠,不断改善办学条件。

(二)院校成员的义务

1. 做好每年理事会会议的会务工作;

2. 及时向集团成员通报办学情况;

3. 应集团成员要求,提供业务咨询、技术服务、员工培训服务及科研成果转让。

第三条　企业成员的权利与义务

（一）企业成员的权利

1. 有权指导集团办学，参与专业群建设，协助提升学生执业技能；

2. 优先享受订单式培养，择优录用毕业生，优先提供岗位技能培训及农民工教育；

3. 优先享有科技研发及成果转让；

4. 优惠享受集团内各专业子公司提供的技术咨询服务。

（二）企业成员的义务

1. 提供专业设置、人才培养的建设性意见；

2. 为学生顶岗实习、教师实践锻炼提供岗位；

3. 推荐专业技术人员做兼职教师；

4. 及时反馈人才需求信息，进行择业技能训练。

第四条　违规处理

集团成员如有违反本章程的行为，损害集团的声誉和利益，情节严重，经劝告无效者，由常务理事会表决通过，责令其退出或予以除名。

第六章　管理体制

第一条　机构设置

集团在浙江省教育厅、浙江省建设厅、浙江省劳动和社会保障厅的指导与监督下开展工作。集团设理事大会、常务理事会和秘书处等机构。理事大会是集团最高权力机构。常务理事会是理事大会的执行机构，在理事大会的领导下进行工作。

第二条　理事成员

集团成员单位各推荐一名代表担任集团理事，每届任期三年，可以连任，但不得超过两届。理事原则上由法人代表或主要负责人担任，理事代表其所在单位参加集团的工作及有关活动。理事须具备下列基本资格条件：

1. 遵守国家法律法规，执行党的各项方针政策；

2. 热爱职业教育事业，热衷企业文化建设；

3. 具有本科及以上文化程度，或具有中高级职称；

4. 具有职教管理经验或企业管理经验；

5. 身体健康。

第三条 人员设置

常务理事会设理事长一名，副理事长三名，秘书长一名，副秘书长三名，常务理事若干名，每届任期三年，可以连任，但不得超过两届。

第四条 民主推荐

理事长人选、副理事长人选由牵头单位推荐，并须经理事大会通过产生。常务理事单位经民主协商推荐后须经理事大会通过产生。秘书长人选由理事长、副理事长提名，并经常务理事会确认通过。理事大会和常务理事会实行民主集中制，决议重大问题时须有三分之二以上理事成员同意。

第五条 理事大会

理事大会是集团的最高权力机构。每年召开一次理事大会，如遇特殊情况，由理事长提议，可临时召开理事大会。在召开理事大会期间，理事长因故不能出席时，由副理事长主持。理事大会的主要职责是：

1. 制定和修改本章程；

2. 选举和罢免常务理事会成员；

3. 审议常务理事会工作报告；

4. 审议通过集团常务理事会或理事提出的议案；

5. 审议和决定集团的其他重大事项。

第六条 常务理事会

常务理事会是理事大会的执行机构，由常务理事单位成员组成。在理事大会休会期间，行使理事大会权力。根据工作需要，不定期召开会议。常务理事会的主要职责是：

1. 执行理事大会决议；

2. 向理事大会提交职业教育发展的有关议案；

3. 制订实施集团年度工作方案；

4. 审核和接受新的成员单位；

5. 决定理事大会召开的时间、地点和审议的主要内容；

6. 讨论和决定集团的有关重要事项。

第七条　主持工作

理事长全面负责并主持集团工作。理事长的主要职责是：

1. 主持召开理事大会和常务理事会；

2. 组织实施集团年度工作计划，向理事大会作工作报告；

3. 负责向理事大会报告年度工作；

4. 主持集团日常工作；

5. 副理事长协助理事长工作，完成理事长交办的任务，分管某一方面的工作。

第八条　集团以浙江建设职业技术学院为牵头单位，秘书处设在该院。秘书处是集团理事大会及其常务理事会的日常办事机构。其主要职责为：

1. 负责集团成员的联络协调工作；

2. 筹备组织理事大会和常务理事会会议，负责起草会议文件；

3. 收集、发布职业教育人才培养信息、人才供求信息；

4. 负责集团的宣传和档案等工作；

5. 负责完成理事长、副理事长交办的日常工作。

第七章　财务与资产管理

第一条　经费来源

1. 建设职教集团成员单位交纳的会费；

2. 政府拨款；

3. 社会捐赠；

4. 通过科研项目、课题研究、社会培训、教材编写、实训基地有偿使用等多种方式筹集的资金；

5. 其他合法收入。

第二条　经费开支

集团经费专款用于集团内部活动与事业的发展，不在成员单位中分配。

第三条 财务制度

1. 配备具有专业资格的会计人员；
2. 进行严格的会计核算，实行会计监督，切实保证会计资料合法、真实、准确、完整；
3. 每年度向理事大会及其常务理事会报告财务情况。

第四条 集团换届或更换理事长之前，必须接受业务主管单位的财务审计。

第五条 属于社会捐赠的资产，集团应公示。

第六条 集团资产，任何单位与个人不得私自侵占、挪用。

第七条 财务与资产管理执行国家规定的财产管理制度，接受理事大会和财政部门的监督。

第八章 终止与处理

第一条 集团完成使命需自行解散或由于其他原因需终止活动时，应由常务理事会提出终止议案。

第二条 集团终止议案须经理事大会表决通过，并报主管部门审批。

第三条 集团终止前，须在主管部门的指导下成立清算组织，处理善后事宜。

第四条 集团终止后的剩余财产，在主管部门的监督下，按照国家规定，用于发展职业教育事业。

第九章 章程修改

第一条 本章程的修改，须经常务理事会审议后经理事大会表决通过。

第二条 修改后的章程，须在理事大会通过后15日内，经主管部门审查同意后方可生效。

第十章 附则

第一条 本章程经理事大会表决通过后生效，同时报上级主管部门备案。

第二条 本章程解释权属集团常务理事会。

第三条 本章程其他未尽事宜由集团常务理事会裁定。

二零零八年三月

第五节　校企合作的实现途径和典型案例

浙江建设职业技术学院和许多建设类高职院校一样，属于行业主管的公办高职院校。虽然处于沿海经济发达地区，但与其他企业集团或地方性高职院校相比，办学资金的投入仍然很有限。特别是 2002 年迁址新校区以来，总投资 3 亿多元，建成了占地 522 亩、建筑总面积 16.46 万 m^2（其中教学行政用房面积 $92792m^2$、实验实训用房及场所 $51078m^2$），初具规模的现代化校园。仅靠政府投入支持难以解决学院发展中存在的各种问题。因此，积极探索校企合作方式是解决我院发展困难的重要途径。

近几年来，我们认真贯彻执行《国务院关于大力发展职业教育的决定》（国发〔2005〕35 号）、《关于全面提高高等职业教育教学质量的若干意见》（教高〔2006〕16 号）等上级文件的有关精神，先后与 100 多家企业和科研院所按照"优势互补、资源共享、互惠互利、共同发展"的原则建立了校企合作关系。在办学体制、校内外实习基地和顶岗实习的管理模式、教师能力培养以及服务企业、服务社会等方面，积极开展了校企合作的各种探索，取得了一些成效。

一、我院校企合作的实现途径

（一）探索以订单式培养模式为主体的校企合作模式

学院于 2008 年 10 月与浙江亚厦装饰股份有限公司经过多轮会商，正式成立了由校企双方共同管理的"浙江建设职业技术学院亚厦学院"。浙江亚厦装饰股份有限公司是中国建筑装饰行业的知名企业和龙头企业，专注于高档酒店、大型公共建筑、高档公寓的精装修。该公司先后承接了北京人民大会堂浙江厅、北京首都国际机场国家元首专机楼、国家体育场（鸟巢）、青岛奥帆中心、上海浦东国际机场等大型工程的装修。2002 年以来，共荣获"鲁班奖"等 26 项国家级优质工程奖，浙江省"钱江杯"奖等 143 项省（部）级优质工程奖，200 多项地（市）级优质工程奖。2002 年起连续五年位列"中国建筑装饰百强企业前三名",2008年位列第二名,并进入"全国民营企业500强"。

"浙江建设职业技术学院亚厦学院"的管理人员由校企双方共同组成。双方在招生规模、教育资源、课程体系、教育方式、实践途径等方面进行双边合作,其目标是打造浙江省装饰行业的黄埔军校。合作办学使学校、企业、学生之间形成真正的利益共同体。亚厦学院的新生第一年就近距离地接触企业文化,接受企业职业道德素质养成教育,进入企业生产基地、工程现场进行实践锻炼,为今后更好地认同企业文化,更快地适应顶岗就业需要开辟了渠道。

此外,我院在2009年4月还与浙江绿城物业有限公司(在浙江、北京、上海、湖南、湖北、安徽、山东、新疆等省市拥有31家分子公司、8家专业公司、7500余名员工,2007年综合实力位居中国物业行业第三)签订了房地产经营与估价(智能物业管理)绿城班的合作协议。

订单式培养是高职院校主动贴近企业,根据企业人才规格进行"量体裁衣"式培养的有效形式。通过订单式培养,学校可以引入企业培训体系,按企业的标准制订教学计划,吸引企业派专人参与教学,给予学生经济资助,为学生在企业实习实训创造条件,并能把企业文化融入到教学之中,解决学生的就业问题。实行这一模式的企业为学校分担一定的人力、财力、物力,可以减少学校的部分实验实训设备的投入,减少办学成本,是校企合作的最好形式之一。

目前,我院正结合浙江省省级示范性高职院校的建设积极推进这类校企共同办学的模式,要求每年至少培育一个以订单模式为主体的合作企业,以此带动全院校企合作人才培养的全面发展。

(二)探索校外实习基地建设和管理模式,保证顶岗实习的教学质量

顶岗实习以其工作岗位的真实性、工作环境的复杂性、工作经历与体验的综合性成为高职实践教学体系不可缺少的重要环节。推进工学结合、校企合作的发展,仅仅靠几个有限的"○○班"是无法满足我院24个专业7000

多名学生的教学需求的。除了少数几个大型企业之外，建设行业中还有一大批中小型企业，这些企业中某一家企业每年能提供的顶岗实习和就业岗位的数量不可能很多，不可能按照订单式的要求成班培养，但是这些企业的顶岗数量和就业岗位的总量却不少，是我们大多数毕业生的就业企业。因此，探索与中小型企业以"就业式实习"为主的校企合作模式，建设稳定的校外教育实习基地，加强基地建设和管理，保证顶岗实习的教学质量，也是我院校企合作的一项重要工作。目前，我院在探索校外实习基地建设和管理模式、保证顶岗实习教学质量方面主要取得了以下三方面的成效。

（1）制定学生校外实习基地管理办法，建设和培育稳定的校外实习基地。学院制定了严格的校外教学实习基地管理办法，把校外实习基地分为紧密型基地和一般型基地两种类型。明确了基地认定的条件和签约流程，并制定了相应的评价和激励机制促进基地的建设，保证了大部分学生校外顶岗实习的岗位。目前我院共建有100多个校外教学实习基地，联合共建的校外实习基地为学生提供了良好的仿真环境，形成较为完备的顶岗实习体系，使学生、教师、企业等能直接在实习基地开展工作，有力地促进了学习、生产、科研三方面的融合。

（2）结合校外实习基地的建设，实行"就业式实习"。学院将学生实习和就业结合起来，让学生在企业现场经受熏陶和磨炼。学生在三年级进入企业实习，同时借助在企业的实训帮助学生更好地掌握专业技术能力，为就业争取更多的竞争筹码。事实证明此种方式有效结合了学校、企业、学生三方面的需求：学校教育在第三年得到进一步延伸，体现职业特点；企业在第三年参与培养学生，充分发挥企业技术力量和设施设备的优势；学生就业目标相对固定，也有一定灵活性。受到了学生、家长、学校、企业的一致肯定。校外实习基地的建设保证了我院毕业学生的就业率。近三年我院毕业生的就业率都超过97%，充分体现了"以服务为宗旨，以就业为导向，走产学研结合的发展道路"的办学方针。

（3）根据企业特点，探索并实施校外实习基地"641"顶岗管理办法。

所谓"641"顶岗管理办法，即 6 项制度：专业交底和安全上岗制、实习导师制、巡回检查制、日志和周汇报结合制、总结报告和联合答辩，4 项落实措施：保障、组织、人员、保险，以及 1 个较为完整的量化顶岗实践考核评价体系。"641"顶岗管理机制的建立，一是将传统的校方管理为主改变为校企联合管理；二是变传统的事后控制为过程控制，促使顶岗实习做到事前精心安排，事中有力监控，事后科学评价。在目标系统、运行机制、约束机制、反馈机制、控制系统形成的闭合管理模式下，顶岗实习不仅从形式上完成教学计划规定的实习任务，而且从实质上完成实习教学大纲规定的内容，实习质量显著提高。近三年实习期间无一次重大安全责任事故发生，无一次举报事件，家长对顶岗实习的满意度达 95%。近三届毕业生中有 80% 的学生就业于特级、一级企业中，一大批毕业生成为企业的中级技术骨干，相当一批人走上了项目管理岗位。通过实习，取得两本及以上中级（或以上）职业资格证书者达 99%，学生技能抽测优良率达 90% 以上。

（三）探索校内实训基地建设与管理模式，实现校企资源共享

建设行业与其他行业不同，不可能把工厂搬到校园，不可能把产品搬到校园，建筑工程的建设周期往往也与学校的教学周期是不同步的。因此，要把学生真正培养成受企业（用人单位）欢迎的高技能专业人才，建好校内实训基地，实现校企资源共享，满足学生专业技能的基础性训练需要，是实施工学结合、校企合作的重要保证。建设校内实训基地，各校在建设资金、实训设备的技术含量与更新、实训设备的利用绩效等方面都存在一定的困难。为解决这些困难，我院目前主要采取以下方式：

（1）大力促成校企共建的实训平台建设。我们探索并建立了筹资方式多样化、运行机制市场化、建设主体多元化的建设管理机制。校企双方共同出资、优势互补、共建共享，经过几年的努力，我院现已建成的校企共建的实训平台有：与浙江省建设科学研究院有限公司共建的节能环保检测中心；与德国凯莱建材有限公司共建的节能环保展示中心；与瑞士吉博力公司共建的同层排水技术展示中心；与喜利得（中国）有限公司共建的喜利得建筑紧固技术培训中心。这些共建实训平台的建设，缓解了学院实训建设基金的压力，实现了实训设备技术与行业的最新发展同步，保证了学生实训教学的需要。

（2）大力促成校内实训平台的校企共享。校内实训基地建设不仅对学生，对企业员工的培训也非常重要，特别是一些新技术、新材料的培训。为充分利用校内实训基地的集成优势实现资源共享，我院主动为企业服务，为企业员工开办技术培训班，提升企业员工的技术水平。学院与建设系统的一些部门、企业、协会、院校长期合作开展培训工作，密切了学院与社会、行业的联系，增强了学院对区域经济和行业发展动态的敏感性，为促进学院高素质高技能型专门人才培养目标的实现创造了条件。近几年来，学院为行业、社会培训各类专业人员 20000 多人次，承担函授、远程学历教育 5000 多人次。2008年，我院培训建造师 1550 人，培训施工员、安全员、质检员 3000 多人，开展农民工现场安全生产培训 1200 人次。这些平台已逐步成为浙江省中高职院校师资队伍的培训中心、建筑行业技术骨干的培训中心、农村剩余劳动力的转移中心、企业和院校的信息资源交流中心。通过提供各类培训和技术服务，密切与企事业单位的联系，为教师下现场锻炼和企业技术骨干来校讲学提供了方便，取得了较好的经济效益和社会效益。

（四）构建校企研发平台，提升教师综合能力

校企合作既是丰富学院办学模式、人才培育模式的重要途径，也是提升教师实践能力、拓展校企科研合作、服务社会水平的重要手段。依托校企合作确立的校内和校外平台，我院在探索教师队伍建设培养途径、确保校企合作可持续发展、实现校企合作双赢等方面主要体现在以下两个方面：

（1）依靠实习基地的建设构建校企合作平台。学院充分发挥现有研究所的团队力量，依托校内外实习基地，先后合作或独立完成 95 项工程设计项目，其中获表彰奖励 14 项，涉及合同金额达 11.92 亿元；合作立项完成应用管理研究课题 16 项；取得了"校企合作，产学双赢"的良好效果。与企业联合完成的科技研发项目多数建立在工程实践基础上，逐步形成以工程项目为抓手的技术应用型课题研究开发程序。近几年学院教师也为企业承担技

术咨询、工程管理和专业培训等工作，获得了相互协作、优势互补的显著成效。学院现已有受理授权专利35项；在国家自然科学基金项目、省重大科技专项项目和省科学技术一、二等奖方面的获奖成果均打破了浙江省高职院校零的记录。

（2）把实习基地建设成为教师能力的提升基地。学院每年安排教师到合作企业挂职顶岗达50人之多，合作开发项目以及联合申报省、市科研课题，强化教师的实践技能，提高双师素质。几年来，学院与浙江省建工集团等企业合作，每年安排教师到企业第一线顶岗锻炼，教师在企业实地接触到先进的专业技术和工艺，及时了解专业生产现状和发展趋势，丰富了实践经验，增强了专业技能。教师回校后在教学中及时补充反映企业现场的新技术、新工艺，提高了课堂教学效果；在实践教学中重新设计了部分实训项目，充实了实训内容，学生感受到学习的内容新、掌握的技能实用，与市场接轨。

二、深化校企合作工作的几点体会

通过近几年与企业的合作，我们深深体会到：高职院校所培养的人才合格与否，企业最有发言权；高职院校办学水平的高低就是要看其培养的学生是否受社会的欢迎。高职院校要培养高素质的高技能人才，就必须将教学过程与企业的生产岗位相结合，依托企业的技术、设备、生产、工艺和管理优势，把学校的教育功能与企业的生产需求相结合，使学院办学有特色、学生成才有特长，走上健康的、良性循环的发展道路。要真正实现办学体制的创新、人员互补、资源共享等目标，从学校方面看还有许多工作要做。

（一）积极搭建校企合作的"桥梁"

我们在浙江省住房和城乡建设厅的支持下，已专门成立了一个由政府、协会参与指导，促进产学研合作工作的机构——"浙江省建设行业产学研合作领导小组"。充分利用行业资源，依托由我院牵头的"浙江省建设职业教育集团"，形成政府、学院、企业三方联动的运行机制。目前，浙江省建设行业的主管部门及科研院所，联合房产、设计、园林、装饰、施工、咨询、监理等共26家大中型企业及11家职业院校，都是"浙江省建设职业教育集团"的成员单位。我院将以职教集团为总平台，进一步开展校企合作的各项工作，丰富校企合作的内涵和形式，使学院的人才培养和企业的需求真正融合到一起，促进校企双赢的合作目标。

（二）进一步加强校企合作教学研究改革平台的建设

校企合作的教学模式虽然强调由校企双方共同开展市场调研，进行岗位技能需求、专业开发、专业设置、专业建设、课程设置、教学计划、教学模式等研究，努力实现培养目标与职业岗位无缝对接。学院在制订各专业教学计划时，也通过设立专业教学指导委员会等形式，邀请企业的技术人员召开研讨会，研讨各专业学生所要掌握的基本技术，然后对相关技术进行分析和归纳，提出应通过哪些课程来培养这些技能，最后由企业、学院共同研讨制订各专业的教学计划。但是，在实际的运行过程中，往往出现校方人员和企业人员的精力投入不足等情况。如何吸引企业人员主动参与到人才培养的一系列教研教改的建设中，仍是目前深化工学结合、校企合作教学改革中的难点。

（三）完善教师主动服务企业的考核激励机制

校企合作工作的推进仅仅靠学院的桥梁搭建、机构调整和人员配置是无法深入到教学研究平台的改革层面上的。在校企合作的过程中，校企双方各有优势，但是在目前从整体上看，企业方面的积极性不是很高，因此需要学校方面主动出击，加强与企业的联系，积极寻求共同发展方式。而我们的多数教师还仍然沿袭传统的思维方式，在办学过程中仍然没有实现从"等米下锅"到"寻米下锅"的思想转变，这也就是说"以服务为宗旨、以就业为导向"的办学方针在多数专业的建设中并没有真正得到体现。因此，我们将完善教师主动服务企业的各种考核制度，培育系部、专业和教师的危机和竞争意识，促使系部、专业所有的老师都参与到校企合作中来，才能使校企合作的工作有根本性的转变。

三、促进校企合作的几点建议

职业教育是我国高等教育的一种类型，自2005年国务院作出"关于大力发展职业教育的决定"之后，我国高等职业教育已经取得了飞速发展。但要进一步深化高职教育改革，仍然需要政府、企业和学校的共同努力。目前的校企合作主要还是教育主管部门倡导、学校主动寻求企业合作的状况。因校企合作要消耗企业一定的人力、财力、物力，企业的投入和受益不平衡，所以多数企业普遍缺乏主动性，从而造成合作校企资源付出不均和受益不均的状况。

综观国外的先进经验，在校企合作发展的初级阶段，原始推动力主要来自政府，仅仅依靠教育主管部门和高职院校的内部力量是远远不够的，要想校企合作向更深层次发展、取得更大的成效，还有赖于各级政府的指导、行业和企业的支持和全社会的鼓励，并制订切实可行的措施。笔者建议：

一是要成立专门的促进协调机构。校企合作要深入开展，应重视地方政府在高等职业教育规划和发展中的统筹、协调作用，应在各级政府成立有教育主管部门、行业协会共同参与的综合管理机构来指导、协调和管理校企合作事宜。

二是要加大对校企合作项目的财力支持。2005年《国务院关于大力发展职业教育的决定》中虽然规定了对支付实习学生报酬的企业，给予相应税收优惠，但比较笼统，给予怎样的优惠不具体，财政部虽然也拿出了资金对高职院校实训基地建设给予专项支持，但面较窄且力度尚小。国家可通过合作示范建设项目的推进等，加大对高职院校校企合作项目的财政支持力度，鼓励企业和学校参与或推进这项工作的积极性。

三是要加快对参与合作企业的支持和培育力度。对确实在校企合作工作中取得明显成绩的企业，要在企业资质评定、科研项目申报、合作项目税收减免等方面给予一定的支持，这既是提升企业实施校企合作的积极性，也是推进产业升级转型的必要手段。

四、校企合作的典型案例

案例一：经济管理系与绿城物业管理有限公司的"订单式"培养模式

合作背景

浙江绿城物业管理有限公司是浙江绿城房地产集团全属子公司，成立于1995年，依托绿城集团的全力支持，已成为全国同行业中涉及物业类型最多、涉足范围最广、接管和咨询服务面积最大的一级企业之一，拥有31家分（子）公司，7000余名员工。公司于1999年4月实施ISO 9002质量管理体系标准，同年9月通过上海质量体系审核中心认证审核；2002年7月通过2000版ISO 9001质量管理体系审核，同时通过美国权威认证机构的ANAB认证。绿城公司主要涉足高档住宅、酒店、高端商务物业、公共物业的管理和咨询及资产运营管理。

浙江绿城物业管理有限公司作为一家集物管、咨询等多种经营为一体的大型综合性物业服务企业，在全国各地拥有分（子）公司40余家，综合排名位列全国前3~5名。随着企业的壮大与发展，急需订单式培养一大批集前台服务又掌握智能物业管理技术的人才梯队。在金融危机冲击下，公司领导从人才战略高度，提出与学院的校企合作对于企业的长足发展具有不可估量的推进作用，认为绿城物业集团与学院联合办学一定能培养出高素质的物业管理技能型人才。

房地产经营与估价专业（智能物业管理方向）是在系统学习房地产核心课程的基础上，侧重培养从事高端智能化楼宇管理、城市管理等兼具工程与管理的应用复合型人才。主干课程有房地产营销策划、房地产投资分析、房地产估价、房地产法律法规、物业管理实务、物业经营管理、建筑弱电系统、楼宇智能技术、综合布线等。就业范围是面向房地产企业从事房地产营销、咨询、估价等工作或物业管理企业从事高端智能化物业管理工作或工程管理文员等工作。

合作过程

经济管理系与绿城物业管理有限公司的"订单式"合作培养项目运行基本情况如下：

2008年11月，浙江建设职业技术学院经管系房产专业和浙江绿城物业管理有限公司合作开展"工学结合、校企合作"调整房地产专业人才培养方向的理论研究，并作为研讨课题编入我院首届教学研讨会议题资料。

2009年1月，学院与绿城物业管理有限公司人力资源部合作开展院级课题——"物业管理专业可行性研究"的研究，为校企合作人才培养模式的研究和实训基地的建立奠定基础。

2009年4月，学院与浙江绿城物业管理有限公司正式签订联合办学协议，在经济管理系房地产专业开展"工学结合、校企合作"人才培养方式的实践，开设房地产智能物业管理方向，其人才培养模式与企业需求接轨，同时，在浙江绿城物业管理有限公司总部建立房地产专业紧密型实训基地，为双方"订单式"人才培养提供实习实训场所和师资。

2009年4月，房地产专业教师参加在成都召开的"就业危机下物业管理教学研讨会"，应佐萍老师在会上发言，介绍与绿城物业的合作和绿城基地的运作。

2009年5月，学院经管系房地产专业联合经管、城建、建工等相关课程教师，与绿城物业管理有限公司相关技术人员合作完成2009届房地产专业智能物业管理方向的教学计划。

2009年8月，房地产专业相关教师在经管系主任陈旭平老师的带领下赴绿城实训基地调研房地产专业"工学结合、校企合作"人才培养模式的实施方案，完成教学大纲的修订。

2009年9月，第一届与绿城合作的智能物业管理方向学生正式开学。专业教育由应佐萍老师和绿城物业管理有限公司顾问、人力资源总监共同完成。

2009年10月，房地产专业教师和绿城工程技术管理人员共同完成房地产专业智能物业管理方向2009届"物业经营管理"、"物业管理实务"、"设备查验实训"、"认知实训"、"毕业定岗实习"和"毕业设计（论文）"等教学大纲。

2009年11月7日（星期日），浙江建设职业技术学院与绿城物业管理有限公司校企合作恳谈会在绿城桃花园别墅区举行（图2-2）。全国高等教育学

图 2-2 浙江建设职业技术学院与绿城物业校企合作恳谈会

会产学研分会朱传礼会长、省住房和城乡建设厅贾宝林副厅长、省教育厅高教处陈雷副处长等上级部门领导；浙江绿城物业管理有限公司鞠建华顾问及余杭桃花园别墅区物业负责人等企业代表；我院党委书记徐公芳、院长丁夏君、副院长李伟国率队，学院顾问鲁世杰、办公室、产研办、经管系等部门负责人一起参加了恳谈。朱传礼会长结合北京住宅小区建设情况及物业管理等问题以切身体会表达了对物业管理行业发展的思考。贾宝林副厅长也指出：在我省房地产发展带动下，物业管理等行业发展势头迅猛。尤其在处理物业和业主关系问题上，从认识到实践都有一个较长的过程，最迫切的是提高双方素质，而人才培养是关键。当前省住房和城乡建设厅正努力为我院省级示范建设配套经费提供保障，希望学院在校企合作方面能不断开拓进取，打开新的局面。

2010年起房地产专业将陆续安排学生赴绿城实训基地进行专业见习实习、设备查验实训、毕业顶岗实训等实践教学，期间将由企业兼职教师担任指导老师。6月4日，智能物业管理2009级绿城"订单式"培养三方协议签署仪式在浙江建设职业技术学院举行。开展人才培养模式、专业实践教学、科研等合作，以充分发挥浙江省物业领导企业和绿城物业实训基地的作用，力争经过3～5年的校企合作，将绿城实训基地打造成有特色的紧密型示范实训基地。

合作效益

在合作期间，绿城物管参与人才培养的全过程，改变了原有的课程结构，而根据绿城物管的用人需求，培养适合其需要的人才，有助于学院及专业教师了解企业需要、加强实践教学，突出学生的职业素质和能力培养，增强教育教学的针对性。具体成果如下：

（1）成立了紧密型校外实训基地。

（2）为学生方省去了就业初的见习期，而见习期相关的任务在顶岗实习期提前完成。

（3）企业直接参与实践教学环节。企业在正式招聘员工时，目前的"准员工"经过签约后可以进行顶岗工作，省去了再培训员工的时间。

（4）智能物管方向的学生有26名与绿城物管签署了三方协议。

学院、绿城物管和学生三方通过此次合作项目，在人力资源和时间资源上都得到了很大的节省，从而达成了三方的共赢，获得了一致的好评。

案例二：建筑工程系与浙江东冠建设有限公司校企合作

合作背景

浙江东冠建设工程有限公司业务范围涵盖工业与民用建筑工程施工、地基与基础工程施工、机电设备安装、幕墙工程、装修与装饰工程等建设工程领域。目前公司拥有国家房屋建筑工程施工总承包一级资质、地基与基础专业承包二级资质、机电设备安装专业承包二级资质、幕墙专业承包三级资质、装饰装修专业承包三级资质。公司创办于1990年，注册资金6000万元，经过十多年的艰苦创业，公司不断发展壮大。20世纪90年代中后期，浙江东冠建设在同行业中脱颖而出，特别是滨江区建区以来，东冠建设紧紧抓住发展机遇，立足滨江，集中优势兵力和优良资产，培育核心竞争能力，提升管理水平，加快发展，打造出了具有一流竞争力的东冠建设品牌。公司现有职工近 4000 名，有职称的工程技术人员 300 多名，其中高级职称以上人员 14 名，中级职称以上人员 105 名，拥有项目经理 70 多名，其中一级项目经理（一级建造师）43 名，拥有各类必备的施工设备 200 多台（套），组成了一支强大而精悍的施工队伍。

建筑工程技术专业学生的就业范围：主要承担建筑工程项目施工技术管理、质量管理、安全管理、进度管理、成本管理、合同管理、材料管理、工程资料管理等工程项目技术与管理工作。

合作机制

甲、乙双方本着"优势互补、资源共享、互惠互利、共同发展"的原则，经双方协商一致，联合共建"浙江建设职业技术学院东冠建设工程有限公司教学实践基地"，并就实践基地的建设达成如下协议：

（一）甲方作为联合共建教学实训基地的主体，应充分发挥其技术优势，为乙方提供技术咨询及人才培养服务，内容包括：

1. 协助乙方总结施工经验、提升企业资质。为乙方提供人员和技术上的支持，选派符合条件的教师到乙方挂职工作，参与工程实践，协助项目部开展 QC 活动，总结 QC 成果，争取三年内申报三项省级工法、一项国家级工法，具体运作方案经双方协商确认。

2. 为乙方人员学历提升、岗位人才培养、执业资格考试等方面提供培训和咨询服务，并在收费标准上给予一定幅度的优惠。

3. 为乙方的技术革新提供支持，双方联合申报工法及其应用型课题。

4. 双方为联合编写出版教材提供方便。

5. 根据乙方需求，提供人才培养方案，经双方协商确定教学计划，双方共同选派教师实现培养目标。

（二）乙方作为固定的教学实践基地，为甲方建筑工程技术、工程监理专业中青年教师以及学生提供实训场地和服务，具体内容包括：

1. 每年接受 3～5 名中青年教师到乙方企业挂职锻炼，并为教师选派专门的管理与技术联络人。

2. 每年接受约 10 名建筑工程技术、工程监理专业的学生到企业实习，根据"认知实践、跟踪实践、顶岗实习"等不同实习阶段，指派工程经验丰富的指导老师。

3. 企业根据学生的实习表现及企业的用人需求，为优秀毕业生提供就业机会，每年提供一定的奖学金以资鼓励。

4. 根据工程的实际情况，为应用型科技研究的开展创造条件。

5. 每年委派技术和管理人员为学院作 2～3 场专题讲座或报告。

合作过程

"411"人才培养模式作为工学结合、校企合作的成功范例，已在全国建设类高职院校产生较大影响，该模式下高质量的人才培养离不开建设企业的大力支持。浙江东冠建设工程有限公司作为浙江省一家颇具实力的企业，和学院本着优势互补、资源共享、双赢发展的原则签订了校企合作协议，通过合作，在企业工程质量提升和学校师资队伍建设方面成效显著。

（一）发挥教师专长，明晰合作岗位

浙江东冠建设工程有限公司根据教师的专业特长和现场经历为每一位教师明确了工作岗位，使教师任务明确，这是做好技术咨询和工程管理的关键，也加强了对教师在企业的管理（表 2-1）。

教师受聘岗位一览表　　　　　　　　表 2-1

序号	姓名	职称	受聘岗位
1	项建国	副教授	浙江东冠建设工程有限公司副总工程师
2	石立安	副教授	瑞宝科技公司锂电池生产基地（1～5 号厂房）工程项目施工技术及现场管理指导
3	沙 玲	副教授	江南豪园三期工程项目施工技术及现场管理指导
4	潘俊武	高　工	西可通信生产基地 5 号生产大楼工程项目施工技术及现场管理指导
5	张廷瑞	副教授	杭政储出（2004）71 号地块天鸿君邑工程项目施工技术及现场管理指导

续表

序号	姓名	职称	受聘岗位
6	崔春霞	讲师	瑞宝科技公司锂电池生产基地（1～5号厂房）工程项目施工技术及现场管理助理
7	王小翠	讲师	杭政储出（2004）71号地块天鸿君邑工程项目施工技术及现场管理助理
8	闫明	工程师	江南豪园三期工程项目施工技术及现场管理助理
9	毛玉红	讲师	西可通信生产基地5号生产大楼工程项目施工技术及现场管理助理

（二）牵头QC小组，协作提升质量

各项目部QC小组均由工程经验丰富的教师负责，定期为企业工程技术人员培训，并亲临现场指导工作，提高了教师和企业管理人员的业务水平，实现了双赢（图2-3、表2-2）。

(1) 项建国老师为企业工程技术人员培训

(2) 受聘教师与QC小组成员座谈

(3) 项建国老师在指导东冠公司的青年技术员

(4) 沙玲老师在现场检查施工质量

图2-3 牵头QC小组，协作提升质量

表 2-2　QC 小组课题

项目名称	参与人员	QC 小组课题
江南豪园三期工程	沙玲、闫明和浙江东冠建设工程有限公司现场管理人员	提高加气混凝土砌块墙体的抹灰质量，提高楼板负筋的施工质量
杭政储出（2004）71 号地块天鸿君邑工程	张廷瑞、王小翠和浙江东冠建设工程有限公司现场管理人员	提高大直径圆弧结构的放样精度
瑞宝科技公司锂电池生产基地（1～5 号厂房）工程	石立安、崔春霞和浙江东冠建设工程有限公司现场管理人员	改进悬挑脚手架的支座
西可通信生产基地 5 号生产大楼工程	潘俊武、毛玉红和浙江东冠建设工程有限公司现场管理人员	改良大屋面刚性防水层的节点

（三）夯实实践平台，师生共同学习

紧密型校外实践基地为青年教师学习和学生实践提供了很好的平台，使青年教师实现了从理论到实践的跨越，中年教师实现了从实践到理论的飞跃（图 2-4）。

(1) 青年教师王小翠在工地现场

(3) 学生跟踪实践（工地师傅讲解）

(2) 青年教师崔春霞在工地现场

(4) 学生到企业顶岗实习

图 2-4　夯实实践平台，师生共同学习

(四) 找准工程难点, 校企共同攻关

见表 2-3。

合作完成的成果　　　　　　　　表 2-3

序号	成果名称	获奖情况	主持人
1	浙江东冠建设工程有限公司 1 号厂房工程面砖施工质量控制	西湖杯	项建国
2	东冠恒鑫大厦超高支模架搭设方案	西湖杯	项建国
3	超声波速与新旧混凝土界面粗糙度相关性的试验研究	校企合作项目（教育厅课题）	沙玲
4	关于架子工安全风险识别能力的调查	校企合作项目（2008 年大学生科技创新课题）	潘康平等学生

(五) 经验总结

1. 积累工程经验, 创新理论教学实践。与企业合作参与工程实践, 由此会积累大量的工程素材和项目管理经验, 采用案例教学使课堂教学生动活泼、贴近工程实际, 极大地提高了学生的学习兴趣; 结合工程实际编写了多部工程项目管理的教材; 通过工程实践与理论、实践教学相结合的研究, 撰写和发表了多篇关于理论教学和实践教学的论文; 教师间互相交流教学经验, 例如实行"老带新", 为青年教师作了教学示范讲座和提供了实践的岗位, 为青年教师的迅速成长和业务素质的提高作了铺垫。

2. 参与工程实践, 激发科学研究动力。通过工程实践, 能够在工程实践中发现问题, 从而找到合理解决问题的方法。这既为企业解决了难题, 同时也为教师的科研工作提供了源泉。例如, 参与实践的教师主持的浙江省住房和城乡建设厅课题"房屋建筑垃圾的就地利用"、住房和城乡建设部课题"浙江省建筑企业信息化建设研究"和浙江省教育厅课题"建筑工程承包价格波动的价值模型研究"均来源于工程实践, 目前已经结题。结合课题研究撰写多篇文章, 其中有两篇被 EI 收录, 一篇被 ISTP 收录。

3. 加深校企合作, 提供实践就业平台。长期和深度的校企合作, 将会使校企双方建立深厚的友谊, 同时也能使教师得到企业的充分信任, 使他们能够融入工程、融入企业，能够掌握多个企业不同项目的工程进展和企业人才的需求情况，可以为学生提供不同形象部位及结构的工程项目进行参观实践、跟踪实践和毕业实践。通过教师和实践学生这个纽带，使企业更了解学校，及时掌握教学质量，从而为安排学生就业和青年教师实践锻炼提供了极大的便利，通过教师与企业关系而就业的学生已不胜枚举。

4. 提升自身价值，实现校企合作双赢。教师利用自身的知识和积累的工程经验，在施工现场和企业管理中能够为企业排忧解难、解决工程实际问题、为企业服务，深受企业的欢迎。在参与和主持的工程实践中获得西湖杯3项、杭州市标化工地3项、浙江省标化工地2项。

案例三：浙江建设职业技术学院与歌山建设集团有限公司共建紧密型教育实践基地

歌山建设集团有限公司系一家集建筑、房地产、贸易、科研和服务业于一体，具有房屋建筑工程施工总承包特级，其他八项专业承包一、二级资质，以及对外经济合作经营权的大型建设集团企业。公司注册资本30180万元，总资产20多亿元，年完成建安产值60多亿元。相继创出中国建设工程鲁班奖、国家优质工程、解放军总后勤部优质工程、"钱江杯"等部、省、地市级优质工程280多项，创省、地市级文明标化工地460多项。"歌山"商号被评为浙江省知名商号，目前进入全国企业前300强。

2007年9月25日，浙江建设职业技术学院与歌山建设集团有限公司本着互相支持、互相渗透、优势互补、利益共享的原则，就紧密型校企合作暨共建实践教学基地签约揭牌仪式在杭州隆重举行。省建筑业管理局副局长柴林奎、省建设厅人事教育处副处长章凌云、歌山集团总裁何向全、学院院长丁夏君、歌山集团常务副总裁何光大等出席了签字仪式。双方合作的主要内容包括人才培养、紧密型实践教学基地建设、中青年教师挂职锻炼、员工岗位技能培训、课题开发、咨询服务。

为更有效地开展各项工作，建立了基地联系人制度，成立了就业指导组、科研指导组，学院与企业共同组建了具有丰富的理论知识和实践经验、认真负责的20余人指导教师团队。

近三年来，在人才培养方面，歌山建设集团每年投入8万多元设立了"歌山奖学金"及"歌山助业金"；每年接纳学院参观实践、顶岗实习、暑期社会实践学生200多人次，负责落实学生实习与实践的项目安排与实践指导；接纳学院毕业生就业约20人。每年协助2～4名中青年教师进入项目部进行挂职锻炼，并指定专人负责教师的业务技能指导。歌山建设集团总工程师吕国玉博士等积极参与学院的专业教学改革，主持浙江建设职业技术学院二期实训楼基坑教学模型的设计，并参与二期实训楼实训车间建设方案的讨论，参与教学计划的论证工作，为学生作建筑业发展与科技进步报告等。双方就编写浙江省工程建设地方标准《房屋建筑短肢剪力墙结构技术规程》开展合作，歌山建设集团作为主编单位之一，出资4万元，现已结题。

案例四：建筑与艺术系与亚厦装饰股份有限公司校企合作优秀案例

一、合作专业简介

建筑与艺术系成立于1999年，现有建筑设计、建筑装饰工程技术、园林工程技术、园艺技术、城镇规划与环境艺术设计六个专业，在校生1500余人。其中建筑装饰工程技术专业成立于1999年，2005年被批准为院级重点专业。该专业培养具备扎实专业知识，适应建筑装饰工程设计、施工与管理第一线需要，能在建筑装饰设计、施工与管理等领域从事专业工作的高技术应用型人才，2009年被评为省级特色专业，已成为省内高职院校装饰专业的高地。

二、合作企业简介

亚厦控股股份有限公司是一家跨行业、跨区域、综合性的大型企业，注册资本为1亿元人民币。集团现有总资产13多亿元，员工2000多人，系全国民营企业500强企业、浙江省百强非公（民营）企业、浙江省建筑业重点骨干企业、省"百家信用承诺品牌"等。

三、合作过程

基于装饰行业蓬勃发展的大环境，以建筑与艺术系省级特色专业——装饰工程技术专业和亚厦装饰股份有限公司共同建立浙江建设职业技术学院亚厦学院。

（一）初洽阶段（2007年9月）

2007年9月，亚厦装饰股份有限公司董事长丁欣欣、总经理丁海富代表企业方明确表示，希望与学院开展长期合作。

（二）协商阶段（2007年10月～2008年8月）

历经近一年的协商洽谈，根据双方意见，最终汇总形成协议文本，并于2008年10月18日正式签署协议。

协议签署之前，双方就实施阶段的几点原则性问题达成共识。

1. 冠名挂牌

选取建筑装饰班作为合作办学切入点，联合开办"浙江建设职业技术学院亚厦学院"装饰试点班，积极筹备"浙江建设职业技术学院亚厦装饰学院"。

2. 筛选组班

根据"双向选择"原则，由亚厦装饰股份有限公司派遣高级管理人员和专家，介入装饰专业学生始学教育，开展双向选择，组建形成试点班，逐步申报亚厦学院专项招生计划，并根据集团对人才的培养规划，扩大其他相关专业的招生计划。

3. 机构设置

建立由分管领导、运作协调、执行操作组成的三个层次，共同组建联合办学组织机构。由浙江建设职业技术学院教务处、产学研合作办和亚厦装饰股份有限公司人力资源部、总师办作为协调层；由浙江建设职业技术学院建筑系专业教师和亚厦装饰股份有限公司总师办技术人员具体进行日常事务的运作。

4. 经费运作

合作办学的经费，主要涉及学生奖、助学金，校内外实训基地建设，教学及实践操作环节，其中包括教学计划、大纲的修编，专业研讨会，学生参观考察等。双方财务部门设有专人监管，做到账目明细、专款专用。

合作办学经费的使用建立在原则性问题双方已经确认的基础上，并根据双方的建议进行过调整，将关键内容进行整合后成文作为协议文本的组成部分。

（三）协议签署阶段

在双方历经半年多调研协商的基础上，于2008年10月18日，浙江建设职业技术学院与亚厦装饰股份有限公司联合办学签约仪式在位于凤起时代大厦的亚厦本部正式举行（图2-5）。学院与企业合作本着"优势互补、资源共享、互惠互利、共同发展"的原则，共建成立的"浙江建设职业技术学院亚厦学院"，将全力打造。合作共赢平台，共享资源，完善协同管理机制，共同为人才培养和科技研发服务，将在不断完善"亚厦教学模式"的基础上进一步打造成为浙江装饰行业的"黄埔军校"。对此次签署的协议内容包括机构的组成、班级的设置、计划的制订、实施与运作、基地的建设、基金的使用、

图2-5　浙江省教育厅刘希平厅长、浙江省住房和城乡建设厅张苗根厅长为"浙江建设职业技术学院亚厦学院"揭牌

费用的结算，都作了具体描述。

（四）深入合作阶段

2008年11月25日进一步就以下几个方面进行了深入洽谈，一是商定亚厦学院组织机构；二是确认亚厦装饰班组建方式；三是商讨教学工作安排；四是商讨员工培训计划；五是结合学院"工学结合、校企合作"落实调研任务。经商谈已确认的内容如下。

1. 确定组织管理机构

明确组织机构分为分管领导层、合作协调层、执行操作层，双方领导根据原定要求，亚厦装饰股份有限公司委派院长，浙江建设职业技术学院委派执行院长；管理协调层由学院教务处、产学研办、亚厦装饰股份有限公司人力资源部、总师办负责；执行操作层，学院以建筑系骨干教师组成教学团队，亚厦装饰股份有限公司由总师办负责，形成兼职教学团队，双方的教学团队开拓建立"亚厦教学模式"，在此基础上开展合作教育的探索。

2. 构建"亚厦装饰班"

定于2009年元月中旬前，根据学生期末成绩以及个人表现，以1∶2的比例选送学生，并由亚厦装饰股份有限公司人力资源部挑选组成"亚厦装饰班"，从大一第二学期开始执行专项教学计划。

3. 制订教学计划，开展教学工作

由建筑系提供原装饰专业的教学计划及大纲，由亚厦装饰股份有限公司负责提出修订意见，经具体磋商后形成专项计划与大纲，包括教材的选用、课程的设置、实践性教学环节的设计、教学形式的转变都形成文本以便执行。

4. 落实员工培训

对亚厦装饰股份有限公司员工素质培训分为两个层次：一是管理人员素质培训，由亚厦总师办牵头组织，学院派出具有丰富教学经验的师资团队授课；二是技术岗位工种培训（如建造师、五大员、技工工种等），在主管部门下达考试通知后，由亚厦出具培训计划，包括人数、时间、地点、测试项目、经费估算，双方协商一致后，由院方具体实施。培训事宜的落实由亚厦装饰股份有限公司与学院产学研合作办协同处理。

5. 就业情况调研

对企业用人素质要求、毕业生现状的调研，包括往届毕业生人数、职务、认可度、工资待遇、发展情况；今后用工需求情况调研，包括专业、工种、人数、综合素质、专业知识等情况，进行具体的调查与分析。

四、合作机制

第一届亚厦学院装饰班，在亚厦学院成立以来，按照教学计划正有条不紊地进行着。亚厦学院装饰班除了大纲规定的课程以外，还在校内进行针对性训练，参与亚厦公司具体项目的建设。

（一）校内专项实践

依据建筑系和亚厦装饰股份有限公司共同商定的教学大纲，亚厦学院装饰班学生每学期将有两周时间进行校内专项实践，实践以亚厦岗位需求为导向，进行针对性的训练，亚厦方派出有丰富技术经验的一线工人师傅作为在校学生的实践指导老师（图2-6、图2-7）。

图2-6 亚厦装饰班学生在练习砌墙

图 2-7　亚厦师傅在指导学生砌墙及讲解验收要点

（二）企业技术人员讲座交流

亚厦学院每学期不定期邀请企业专业技术人员来为亚厦装饰班学生讲课，把装饰专业的一些专业知识、企业实际装饰项目中使用的施工工艺、方法，以及一些新材料、新工艺的使用、效果等，给同学们进行讲解，受到同学们的普遍欢迎（图 2-8）。

（三）企业项目实践

每学期亚厦装饰班的教师会带学生去参观 2～4 个亚厦的在建工程项目，了解各功能区尺寸、装饰材料、构造、相关设备以及水电、管道等专业施工技术，带学生感受真实的装饰环境（图 2-9）。

（四）定期高层会议商谈

校企双方每学期召开一次学期教学工作联席会议，总结办学经验，讨论合作中存在的问题并提出解决办法。如 2010 年 4 月 12 日，亚厦学院 2009～2010 年第二学期教学工作联席会议在亚厦装饰股份有限公司总部召开（图 2-10）。

图2-8 亚厦专业技术人员在为学生讲授施工资料管理知识

图2-9 亚厦装饰班教师在现场为学生讲解、答疑

图2-10 高层会议

图2-11 2009～2010年度亚厦学院奖学金颁奖典礼

（五）设立亚厦奖助学金

亚厦装饰股份有限公司还设立了亚厦奖助学金，表彰在学习中成绩优异的学生。图2-11为2010年4月21日下午隆重举行的"2009～2010年度亚厦学院奖学金颁奖典礼"。

本章小结

（1）结合浙江建设职业技术学院的办学实际，提出人才培养的"求实"、"求新"、"求精"理念，阐述学院在人才培养过程中，以浙江省强大的建筑产业为依托，以能力教学为基础，科研与教学并举，创新产学研机制，并将其贯穿于教学工作的全过程。深化人才培养模式,在探索建设类高职教育发展的思路和规律上强化办学特色,努力实践,提升教学质量和水平,使人才培养更符合社会的需求。

(2) 结合浙江建设职业技术学院的办学实际,提出3-3-4的高职院校发展模式,即融合行业、企业、校友3种社会力量,实施"专项—综合—顶岗"的3阶段人才培养模式,打造教学、技术、培训和对口支援4个社会服务平台。阐述学院在人才培养过程中,以浙江省强大的建筑产业为依托,以市场需求为导向,以技能教学为重点,以素质培养为根本的办学理念和办学实践。

(3) 扎实推进"工学结合、校企合作"工作主要是解决好"四大问题"和实施"六大举措"。"四大问题"即:理论教学与行业脱节问题;学生综合素质、技能的提升问题;校内实训基地和校外实训基地的资源整合问题;"工学结合、校企合作"取得教研、科研双赢实效的问题。"六大举措"即:构建全院性"工学结合、校企合作"的人才培养新模式;积极开展基于项目实施与工作过程的课程体系改革;抓紧培育"产学研一体"的校外实训基地;新建和整合校内实验实训基地资源;全面拓展"双师型"队伍建设;创办和建设学生"创业创新园"。

(4) 职教集团作为开展产学研结合的行业性组织,是政府、院校和行业企业之间架构的一座桥梁,浙江建筑职业教育集团的成立为产学研合作构建了一个指导、实施、操作的平台。

(5) 加强校企合作,推进产教结合,把企业的需要作为职校的选择是高职发展的方向,只有摒弃"关门办学,闭门造车"的做法,开展多种形式的校企合作,才能赢得职教的大发展。

第三章 工学结合的人才培养

第一节 育人为本的"专项—综合—顶岗" 3阶段人才培养模式

任何一种模式都有它的适用性。建筑产品与一般工业产品最大的区别是建筑产品的固定性,产品的固定性决定了生产的流动性,显然,国内其他专业的成功模式不适用于建设类人才的培养。国外成功的模式源于各国自己的文化传统、劳动就业制度、经济发展水平,我们不可能完全照搬。但我们可以看到凡是成功的模式,都有一个共同的特点,就是与本国实际紧密结合,有效促进经济社会发展。因此,我们必须走自己的路,在实践中探索有中国特色的职业教育发展路子,把国内外的经验结合起来,创立出适合区情、校情的人才培养模式,缩短职业教育与就业的距离。

一、"专项—综合—顶岗"3阶段人才培养模式的构建

(一)三阶段人才培养模式的内涵

针对建设类产品固定性、流动性和周期长的特点,以培养高质量的建设类高等技术应用型人才为目的,以职业能力为支撑,以实际工程项目为载体,以仿真模拟和工程实践为手段,以实现就业即顶岗为目标,把建设类高等技术应用型人才的能力提炼为专项能力,综合实务能力和企业顶岗能力。构建"就业为导向、能力为本位、项目为载体"的课程体系和"课内实践、综合仿真模拟、真实情境训练"三位一体的实践体系。通过第一阶段的学习和训练,使学生具备专业专项能力;通过第二阶段在校内实施以真实的工程项目为载体的仿真模拟综合实践训练,使学生具备综合实务能力;通过第三阶段在企业真实情境中进行实习,使学生具备就业顶岗能力。三种能力、三个阶段、三个层次,循序渐进。

（二）三阶段人才培养模式的三个阶段

1. 以专项能力培养为目标的第一阶段

专项能力培养阶段主要是知识的传授，使知识内化成为学生的素质，同时通过课内实践将知识外化成为单项的专项能力。专项能力培养阶段采用理论教学和课内实践的方式为主。专项能力的培养关系着学生今后综合实务能力和就业顶岗能力的形成，是为学生奠定一个发展基础的阶段。

2. 以综合实务能力培养为目标的第二阶段

所谓综合实务能力是指学生通过学习能发挥自己的主观能动性去解决本专业的一些带有综合性、复杂性的问题。以综合实务能力的形成为中心，通过对完成一个实际工程项目应具备的职业素养的分析，构建专业知识、能力、素质结构体系，以此为要素，整合形成模块化课程体系。根据课程模块的功能，科学选择项目，以项目带动教学内容的组织，使之有效服务于学生职业能力的形成和职业素养的提高。通过第一阶段专项能力的培养，学生已经具备了专业的专项能力和一般素质。如何让学生形成综合实务能力是教学过程中要解决的重要课题。我们通过设置综合实务模拟环节，依靠项目教学法来促使学生形成综合实务能力。

3. 以就业顶岗能力为培养目标的第三阶段

学生将在这一阶段进入到工程实践的一线，从原来的模拟环节转化到实战的环节。学生在模拟环境中形成的综合实务能力，是建立在人为设计的教学情景基础之上的，将教学中形成的能力转化为实践中学生自发的能力就是毕业顶岗实习阶段需要解决的问题。在这一阶段学生将已经形成的专业综合能力运用到实践工作中去，形成真正的就业顶岗能力，同时还将一些非专业的知识和素质转化成能力运用到实践中。最终全面提高学生能力，形成作为职业人所需要的职业能力。这一阶段以培养学生的全面素质、职业能力和就业竞争力为重点，利用学校和企业两种不同的教育环境和教学资源，通过课堂教学与参加实际工作的有机结合，来培养适合不同用人单位需要的高素质高级技能型专门人才。

(三) 三阶段人才培养模式的三个体系

1. 以"应用"为主旨构建理论教学体系

理论教学以把握"必需、够用"为度,以讲清概念、强化应用为重点,围绕培养能力来开展,配合技能训练来进行。专业教学在加强针对性和实用性的同时,应使学生具备一定的可持续发展能力。通过教学计划、教学大纲和理论教学体系贯穿到教学过程之中,把握合理的度。即只要求讲清楚是什么,不要求讲透为什么,讲清楚这些理论的指导意义和应用启示即可。

2. 以"能力"为主旨构建实践教学体系

高职院校应以就业为"指挥棒",引导高职院校的教育教学活动。构建实践教学平台(建设院内外实践教学基地体系),强化实践技能培养,实践教学做到课内和课外相结合,校内实践实训和校外参观考察、观摩、实习、顶岗相结合,全面提高学生的实践能力,以克服高职教育与市场脱节、与就业脱节、与岗位能力脱节的状况,真正实现高职教育培养能力就业导向目标。

实践教学体系由目标体系、内容体系、条件体系、管理体系及评价体系构成。其中,目标体系包括学习与发展能力、职业素质与专业技能、实践情感与观念的培养;内容体系包括"必需、够用"的理论知识与课堂联动的实践内容;条件体系包括实践师资,校内外实践基地;管理体系包括组织、运行、制度的管理;评价体系包括学生评价、教师评价和企业评价。

3. 以"全方位"为主旨构建素质教育体系

提高人才培养质量,要坚持育人为本,全面推行素质教育。学生素质包括思想道德素质、人文素质、科学素质、身体素质、心理素质。建立素质教育大纲和素质教育体系,全面培养学生的综合素质,其核心是人的全面发展。道德素质主要通过"两课"教学主渠道和其他素质教育活动,以及贯穿到全体教师的教学过程之中来体现;人文素质通过人文选修课和人文素质教育活动来体现;身体素质通过体育课和课外体育锻炼来完成;心理素质通过心理咨询、组织活动组织实施;科学素质通过开设科学素质选修课和开展科技活动组织实现。

4. 三套体系辩证统一、相互渗透、循环上升

理论教学体系和实践教学体系既相对独立、各自连续、自成体系，又紧密结合、相互渗透、相辅相成。从宏观上看，三阶段里，认识和实践两条线相互交叉，围绕技术应用能力培养这条主线同时循环，螺旋上升。理论教学以技术应用为中心将一些课程优化结合组成新的课程体系，突出讲授成熟的实用技术理论，而不追求学科体系的完整性。实践教学体系围绕培养目标所要求的职业技术和岗位资格标准，全面推行学历证书教育和职业资格证书教育的"双证制"教育，体现高等职业教育的职业性和岗位针对性，突出学生技术应用能力的培养。通过基本技能训练、实践、顶岗实习、综合技能考核等环节，培养学生的基本技能、专业技能和综合技能。

二、"专项—综合—顶岗"三阶段人才培养模式的本质在于育人为本

为什么？一是国家以人为本构建和谐社会；二是国家中长期教育发展规划和大力发展职业教育的决定中明确提出要"育人为本、以德树人"；三是品德比知识更重要，品德是人的根本，学业表现成绩只是枝叶，是暂时的，知识要改善；品德是长久的，不会过时。

现阶段高等职业教育存在的一些不足，呼唤以人为本的教育理念。职业教育理念不到位，往往只重视"高技能"教育，片面地认为职业教育的主要任务是传授理论知识和培养实践能力，把素质教育放在理论教学和实践教学的附属位置，这是与以人为本的教育理念相背离的。"专项—综合—顶岗"三阶段人才培养模式的本质在于育人为本。

国家把育人为本作为教育工作的根本要求。人力资源是我国经济社会发展的第一资源，教育是开发人力资源的主要途径。以学生为主体，以教师为主导，充分发挥学生的主动性，把促进学生成长成才作为学校一切工作的出发点和落脚点；关心每个学生，促进每个学生主动地、生动活泼地发展；尊重教育规律和学生身心发展规律，为每个学生提供适合的教育，培养造就数以亿计的高素质劳动者、数以千万计的专门人才和一大批拔尖创新人才。着

力提高学生的学习能力、实践能力、创新能力，教育学生学会知识技能，学会动手动脑，学会生存生活，学会做事做人，促进学生主动适应社会，开创美好未来。

高等职业教育必须落实以人为本的理念，以培育高素质的、全面发展的高职学生为出发点，激发和调动高职大学生的主动性、积极性、创造性，从高职学生的内在需求和思想特点出发，更加注重高职学生操作技能、实践能力以及整体素质的发展，把学生职业技能的训练和学生的个性发展与人格完善有机地统一起来，全面提高学生的综合素质。

以人为本是人的全面发展的客观要求，也是高等职业教育科学发展的必然前提。"以人为本"理念是科学发展观的重要组成部分和精髓所在，是科学发展观的本质与核心，其宗旨在于实现人的全面发展。从教育方面透析以人为本理念，其本质在于将"以学生为本"作为出发点和落脚点，关注学生的内在需求、个性和能力及其潜质提升，调动学生的独立思考能力、分析能力、批判能力和解决问题的能力以及创造能力，实现整体素质的全面提高，从而培育出国家与社会发展和创新所需的大量高素质人才。

怎么做？一是建立校企联合的考核评价体系。因为评价具有导向功能，具有指挥棒的作用。二是校企联合双主体育人。三是文化育人。我们的鲁班文化、心育文化、定向体育文化都被评为浙江省高校品牌文化。高校品牌文化在浙江开了先河，我院在浙江是唯一一家具有三个品牌的学校。

三、三阶段人才培养模式根据不同的专业有不同的实现形式

三阶段人才培养模式的内涵为其他专业应用该模式明确了三个基本问题，并指明了方向。第一，催化了专业的寻"岗"行为，从而明确了专业定位。第二，为构建实践教学体系清晰地勾勒出其"能力本位"的价值取向。第三，指明了专业实践教学手段的选择应以"仿真模拟"与"项目实践"为主。

三阶段人才培养模式的关键是综合实务模拟。通过在校内实施以真实的工程项目为载体的仿真模拟综合实践训练，构建课内实践、仿真模拟、真实

情境训练的实践体系，营造真实有效的实践性教学环境，实现校内生产实训和校外顶岗实习的有机衔接和融通。

三阶段人才培养模式根据不同的专业有不同的实现形式。如我院建筑工程技术专业的"411"人才培养模式，楼宇智能化工程技术专业实施的"行为导向"工学一体化人才培养模式和建筑经济管理专业实施的工学结合、螺旋递进的人才培养模式，它们虽然在形式上不同，但内涵和理念与三阶段人才培养模式相同，是三阶段人才培养模式在不同的专业的具体实现和应用。

第二节 "411"人才培养模式

1994年，浙江省建筑工业学校经浙江省教委批准试办工民建专业高职班时，教学计划中有一个学期的毕业设计和一个学期的工地实习。当时按照"能设计、会施工"的培养目标，毕业设计内容分为建筑设计、结构设计、施工设计三个阶段，学生将大量时间花在结构设计上，而施工设计往往被压缩，学生的施工管理能力只能靠最后一个学期的毕业实习去锻炼。1995年，学校调整了培养目标，将人才定位于"施工管理一线的高等应用型人才"，强化施工管理能力，毕业设计也改为以施工图识读、施工组织设计、塔式起重机基础设计等为主要内容的高层施工设计。但由于毕业设计涉及辅导教师多，缺乏每项内容的考核，也没有明确的能力项目，设计过程中管理难度大，成效不是很明显。

1999年12月，为了顺应建设行业对高等技术应用型人才的需求，浙江省建设厅、教育厅及时通过并校、改制，在浙江省建筑工业学校和浙江育才职工大学基础上筹建浙江建设职业技术学院。成立之初，我院就确立了坚持以服务浙江经济、服务建设行业发展为己任的办学思想。学院党政领导清醒地认识到，办学层次提高只是给学院进一步发展提供了机遇，如何发展得更好、更快，从根本上讲必须提高人才培养质量；而提高人才培养质量的根本出路在于教学改革。学院抓住这"两个根本",发动全院教师积极开展教学改革,努力探索高等职业教育的人才培养模式。

与此同时,建设行业的飞速发展也对人才培养模式提出了新的要求。"十五"期间,浙江省建设行业获得了长足的发展。随着我省国民经济的发展和城市化水平的不断提高,建筑行业作为我省国民经济的支柱产业,面临大好的发展机遇。2004年产值达3127亿元,占全国总产值的1/10,创利税178亿元,增加值700亿元,占全省GDP的7%,总产值和利税总额连续5年居全国首位。高层建筑不断普及,地下建筑、智能建筑、大空间建筑、节能建筑、环保建筑等不断出现,建筑施工与管理的技术水平和技术含量不断提高。建筑行业的发展和产业的技术升级,需要依靠科技进步,提高施工水平和管理水平,提高建筑产品的质量,才能增强企业的竞争能力。实现我省建筑业由量的扩大向质的提高转变,大量经短期培训和中职的毕业生,已很难适应这一要求,施工一线岗位人才层次的提高已是客观和现实的要求。建筑行业发展现状,对人才的知识、能力和素质提出了新的要求,构建新的理论教学体系、实践教学体系和新的人才培养模式已是建筑行业发展的现实需要。建筑业对职业技术人才的要求越来越高,建筑业的职业岗位划分和职业标准越来越规范,要求具有专业知识面宽广、解决现场实际问题及应变能力、处理人际关系、具备一定专业实践经验或知识的高职技术型应用人才。它不同于在某一专业方向上有较高的造诣的学术型人才;不同于应用知识解决实际工程问题的工程型人才;不同于掌握操作技能及必要的专业知识的初中级技能型人才。

1999年学院筹建初期,我院就根据高等职业教育培养技术应用型人才的目标要求,开始对人才培养模式作更进一步的探索和研究,进行了大规模的教学改革和实践。在充分进行企业人才需求调研的基础上,我院对人才培养目标作了更加深入的分析,将在校学生应具备的能力分成三大块:基础专项能力、综合实务能力、就业顶岗能力,同时又将基础专项能力细分为:工程图纸识读、工程计算分析、施工技术应用、工程项目管理四项。实现了学

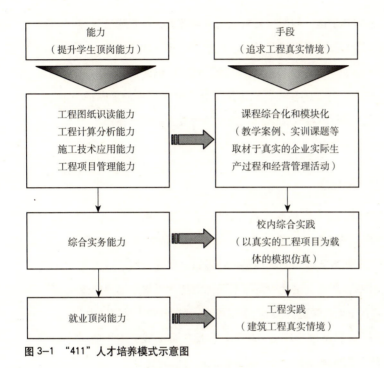

图 3-1 "411"人才培养模式示意图

生综合素质由"知识本位"到"能力本位"的转变；专业培养目标由"理论型"到"技术型"的转变；专业课程体系由"学科型"到"模块型"的转变。"411"人才培养模式（以下简称"411"模式）于是应运而生，该模式是建立在对学生需具备能力的合理划分和科学构建之上的。"411"人才培养模式示意图见图 3-1。

一、"411"人才培养模式的内涵

"411"人才培养模式，是以培养高质量的建设类高素质高级技能型专门人才为目的，以职业能力为支撑，以实际工程项目为载体，以仿真模拟和工程实践为手段，以实现就业即顶岗为目标的人才培养模式。该模式通过第一阶段的学习，使学生具备工程图纸识读、工程计算分析、施工技术应用、工程项目管理 4 方面的专项能力；通过第二阶段在校内实施以真实的工程项目为载体的模拟仿真综合实践训练，使学生具备综合实务能力；通过第三阶段在企业真实情境中进行实习，使学生具备就业顶岗能力。实施校内综合实践训练是该模式的核心，促进了课程改革、"双师型"教师队伍建设和实训条件建设，为企业实习打下了扎实的基础。"411"人才培养模式是循序渐进、环环紧扣、系统完整的人才培养模式。"411"人才培养模式的理念是追求工程真实情境，提升学生顶岗能力。

二、"411"人才培养模式的理念

"411"模式的理念可以简明地概括为两句话："追求工程真实情境，提升学生顶岗能力"。"追求工程真实情境"是"411"模式的核心理念，就是为在校学生创建具有仿真或真实情境的实训基地，通过对实际工程项目的有效设计建立实践教学体系，在真实情境中进行实习和锻炼，以提高学习的效率和效果，让学生能够真正地边学边练，做到手脑兼修。"提升学生顶岗能力"是"411"模式的目标，通过基础专项能力培养、模拟仿真实践训练和企业真实情境学习，提高毕业生的就业竞争力，实现就业即能顶岗的要求。

三、"411"人才培养模式的三个环节

（一）课内实践

课内实践以培养学生的专项能力为目标。它是学生在完成了一定的理论知识学习的基础上，利用校内实践实训设施，按照工程项目施工的流程，沿着由简单到复杂、由低级到高级的顺序完成一个个单独的分项工程，形成单项职业能力。通过演练使学生对生产的工艺流程、操作规范、质量标准形成比较明晰的认识，掌握各环节所必需的基本知识和基本技能，为综合能力的形成奠定基础。在这个阶段，学生可以根据自己的特长和就业趋向，有目的地强化某一个或几个方面能力的培养，为以后的就业和专业发展作准备。

（二）校内综合模拟仿真

模拟仿真以培养学生的综合能力为目标。它是学生在完成主干课程的学

习和具有一定的单项实践技能的基础上，以环境模拟、仿真项目工程的形式在校内安排若干个具有综合性质的实习实训项目，在教师的指导下由学生独立完成一个完整的项目工程对学生进行模拟实训，培养学生综合实践能力。我院为建筑技术专业提供的是一个真实的高层建筑工程项目，在教师指导下，从项目洽谈、工程分析、施工方案设计、预算编制，到材料组织、工程施工、工程管理，到最后的工程验收、项目决算等，完整地完成一个项目工程。

（三）企业真实情境训练

企业真实情境训练是学生在系统学习专业理论，初步熟悉项目工程操作规范，掌握一定的实践操作技能和管理技术的基础上，实际参与完整的工程项目实践，以全面提高学生的职业岗位能力、职业素养和管理能力。这一阶段，学生要走出校门，到企业顶岗实训和毕业实习，接受工程项目实践的真正锻炼。在本阶段的实践中，学生的学生身份逐渐淡化，他们以准员工的身份参与企业的生产、经营、管理活动，由学校和企业共同教育和管理，在各自的岗位上工作和实践，完成企业员工应当完成的任务，并且把学生完成岗位工作任务的业绩作为评定学生实习成绩的主要依据。此时，学生活动的目标开始真正面向企业，他们真正接受企业管理，体验企业文化。这一阶段是对专业教学的全面检验，是学生对所学专业的基本理论和基本技能的综合应用，是培养学生职业岗位素养，形成职业岗位能力的重要阶段。同时又是学生职业趋向逐渐明晰，就业岗位基本确定的关键时期。学生在顶岗实习和毕业实习的过程中基本实现了就业。

以上几个环节紧紧围绕项目工程对应的岗位能力和岗位素养的形成，理论教学与实践教学相互交融、相得益彰，按照由单项到综合、由感性到理性再到实践的规律，环环相扣，循序渐进，形成完整的人才培养模式。

四、"411"人才培养模式下的职业能力与对应课程

"411"人才培养模式强调以能力为本位，以提高职业能力素质为目的，课程设置注重以职业需要为主线，将能力转化为课程。通过组织调研各专业

对人才知识、能力、职业素养的要求，对建立在学科体系基础上的课程按岗位要求进行调整、充实，逐步打破学科体系界限，按岗位职业能力的需要，坚持"学科本位"向"能力本位"转变，构建了"能力本位"的课程体系，正确处理应用型人才培养中传授知识和培养能力的关系，大力加强学生动手能力的培养。表3-1为"411"人才培养模式下的职业能力与对应的课程体系。

"411"人才培养模式下的职业能力与对应课程　　表3-1

职业能力			对应教学课程
就业顶岗能力			企业真实情境训练
综合实务能力	施工图识读与翻样能力		施工图识读与翻样模拟训练
	工程预算能力		工程预算模拟训练
	高层建筑专项方案编制能力		高层建筑专项方案模拟训练
	施工管理实务能力		施工管理实务模拟训练
专项能力	工程图纸识读能力	空间想象能力	建筑识图与构造
		建筑物的表达绘制能力	建筑CAD
			建筑结构施工图识读
	工程计算分析能力	计算机应用能力	计算机基础、PKPM软件、建筑工程预算
		力学计算能力	应用高等数学、建筑力学
		方案分析能力	建筑结构、地基与基础
		报告撰写能力	英语、应用文写作
	施工技术应用能力	施工技术能力	建筑施工技术、高层建筑施工、建筑装饰工程施工
		质量检查能力	建筑材料、建筑工程质量控制与验收
		测量放线能力	建筑工程测量及实习、土建实训
		资料整理能力	安全生产技术资料、土建工程技术资料
	工程项目管理能力	质量、投资、安全控制能力	建筑施工组织、建筑工程施工质量与安全管理、施工项目成本管理、工程项目招投标与合同管理、建筑工程法规与相关知识、管理心理学、两课、现代礼仪、公共关系与实务、人际交往训练
		合同信息管理能力	
		协调能力	

五、"411"人才培养模式的应用

（1）"411"人才培养模式被全国土建类高职专业指导委员会确定为创新人才培养模式向全国同类院校推荐。

（2）浙江建设职业技术学院实施"411"人才培养模式后，学生的就业顶岗能力显著增强。

"411"人才培养模式已应用于浙江建设职业技术学院建筑工程系建筑工程技术和建筑工程监理专业人才的培养，受益学生6000多人。实施"411"人才培养模式后，学生的就业顶岗能力显著增强。在毕业生人数不断增加的情况下，就业率依然保持在98%以上；企业对毕业生的满意率和毕业生称职率均在99%以上；近几届毕业生中70%的学生就业于建筑行业特级、一级企业，其中很多人已经成长为所在企业的业务骨干和管理人员。

浙江一建建设集团有限公司对"411"人才培养模式的评价是："行业受益、企业受益、学生受益"。

杭州第二建筑公司对"411"人才培养模式的评价是："'411'人才培养模式下培养了建设类的零距离的顶岗人才，为企业降低了用人成本……校企合作，企业利用学院的科研优势及技术力量，对提高公司的技术含量和知名度，起到了重要的作用……"

(3)"411"人才培养模式受到教育专家的高度评价。

"411"人才培养模式在教育部高职高专人才培养水平评估中被评估专家认定为办学特色。

浙江省教育厅组织的鉴定委员会一致认为"411"人才培养模式达到国内领先水平，社会效益显著，建议尽快推广应用。

中国高教学会产学研合作教育分会会长、原教育部高等教育司副司长朱传礼教授赞誉"411"人才培养模式是"符合高职高专人才培养目标、适应高职高专教学特点、具有创新意义的人才培养模式"。

(4)"411"人才培养模式受到媒体的广泛报道。

《光明日报》、《中国教育报》、《浙江日报》、《浙江教育信息报》等媒体对"411"人才培养模式进行了报道：

"如何让高职生就业不再难"——记浙江建设职业技术学院的人才培养模式（《教育信息报》，2006年9月26日）；浙江建设职业技术学院"411"模式培养专才（《光明日报》，2006年12月20日）；"创建优秀高职院校、构筑建设人才高地"——浙江建设职业技术学院人才培养模式探究(《中国教育报》,2006年12月21日);"融天下建设与心、担建设天下于肩"——浙江建设职业技术学院构筑浙江建设人才高地(《浙江日报》,2006年9月8日);浙江建设职业技术学院人才培养:追求真实情境 提升顶岗能力(《中国教育报》,2007年3月5日);创新模式、突出特色的启示(《浙江日报》,2008年10月22日)。

"411"人才培养模式的理论与实践获得浙江省教学成果一等奖。"411"模式的构建是根据高等职业教育发展规律,结合浙江省建设行业和我院自身发展的实际情况,经过长期的教学实践和理论探索积累而成的。它是我院从原中等专业教育向高等职业教育转型的成果,是我院几代教育工作者继承、发展、创新、坚持不懈努力的结果,是集体智慧的结晶。我院"411"模式的构建,不仅仅是我院近半个世纪办学历史的积淀,在很大程度上也代表了同一时期全国同类院校在高等职业教育发展探索中取得的新的教育教学改革成果。

第三节 "行为导向"的工学一体化人才培养模式

楼宇智能化工程技术专业是建设类四大紧缺型专业之一,其专业特点是技术含量高、更新快、实践性强。其人才培养目标是立足本省、面向全国,培养能够承担楼宇智能化系统设计、施工、计价、维护管理工作,具有较高综合素质的高技术应用型人才(图3-2)。

我院从2004年年底开始就在积极探索和尝试人才培养模式改革,在原项目教学法基础上,于2005年引入了德国先进的"行为导向"教学模式,即按工程项目划分学习领域,每一个学习领域均是"由浅入深"展开教学;它有别于我们传统的"由理论到实践"的教学方法,而是"从实践至理论,再由理论到实践",循序渐进螺旋式深入。2006年我们参加了中国建设教育协会与德国汉斯·赛德尔基金会合作的楼宇智能专业教学改革项目,并作

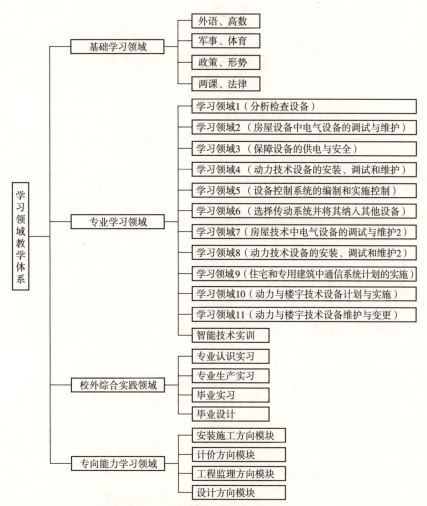

图 3-2 楼宇智能化工程技术专业学习领域教学体系结构图

为牵头学校负责组织进行教学改革。根据德国汉斯·赛德尔基金会提供的教学文件等相关资料，按照学习领域教学体系的开发过程，结合中国的实际情况，经过与各试点院校的专家充分讨论、研究后确定了如图 3-3 所示的以学习领域为主体的智能专业的新的教学体系。

学习领域教学体系集理论与实践为一体，要求在理论与实践能够同时进

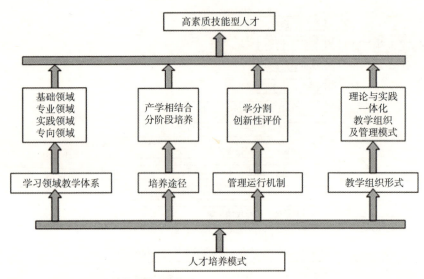

图 3-3　工学一体化人才培养模式结构图

行的一体化教学场所中进行，教师边讲边示范，学生边听边操作，在讲解操作过程中教师解释教学中涉及的基础理论知识，理论知识以够用为度，避免繁杂的公式推导。它注重学生实际操作能力、交流能力、自主学习能力等各种职业能力的培养，使学生能更快适应实际工作环境，为实现学生的零距离就业打下良好的基础。

在此基础上，该专业通过引进德国职业教育人才培养模式，借鉴德国职业教育有益的教学和管理经验，构建该专业的人才培养模式——工学一体化模式（图3-3），以使楼宇智能化工程技术专业在更大范围、更广领域和更高层次上参与教育对外合作等，为提高学院的整体办学水平进行有益探索。

第四节　工学结合、螺旋递进的人才培养模式

我院建筑经济管理专业创建了以岗位职业能力的培养为中心，构建以岗

位职业能力为导向的工学结合、螺旋递进的专业人才培养模式。按照专业培养目标，从岗位的需要出发，将专业岗位职业能力定位为："工程造价计价"、"建设工程定额测定与编制"和"工程项目经济评价与控制"、"招投标与合同管理"两个层次、四个方面。其中，工程造价计价能力是编制招标标底、投标报价的能力；建设工程定额测定与编制能力是收集、测定、整理工程造价数据，编制企业定额的能力。这两种能力对学生来说是在校内必须掌握的基本核心能力，为第一层次核心能力。在掌握了前两种能力的基础上，学生在校内还需要掌握另两项能力：工程项目经济评价与控制能力和招投标与合同管理能力。工程项目经济评价与控制是在项目建设前期编审工程项目投资估算，对项目进行可行性研究，对工程设计施工方案进行技术经济分析论证和优化，在项目实施过程中对整个工程费用进行监控，在项目实施完成后对工程总费用进行财务分析评价的能力；招投标与合同管理是项目建设过程中编制招标文件，对投标书进行分析评定，处理工程造价纠纷和索赔的能力，为第二层次的核心能力。

根据双层次核心能力的要求，建立六大工作包，分别是基础单元工作包，对应学生的基础能力培养；建设工程定额原理单元工作包，对应学生的建设工程定额测定与编制能力培养；建筑工程计价单元工作包对应工程造价计价能力培养；招投标与合同管理单元工作包对应招投标与合同管理能力培养；工程项目经济评价与控制单元工作包对应工程项目经济评价与控制能力培养；顶岗就业实习单元工作包对学生的核心能力进行进一步巩固（图3-4）。

新的能力导向工作包将原来的理论教学与实践环节结合在一起，如将建设工程计价基础、安装工程计价基础与校内见习融合在一起，根据教学内容相互渗透。在体现核心能力的核心知识中，将专项训练渗透进去，典型课程教学案例均使用某一项目为蓝本，始终贯穿学生能力培养的整个过程。

同时，遵照工学结合螺旋递进的人才培养模式，该专业经过多年的实践，

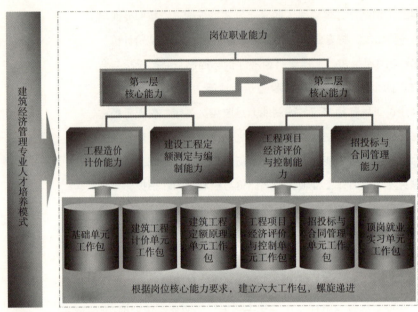

图 3-4 建筑经济管理专业人才培养模式

探索了一条富有特色的实践教学模式,整个实践教学模式分为三个环节,即实务模拟、岗位模拟、顶岗实践。这三个环节在不同的时段完成、层层相扣,通过模拟实际岗位工作,最后达到真枪真刀地参与实践的目的(图3-5)。

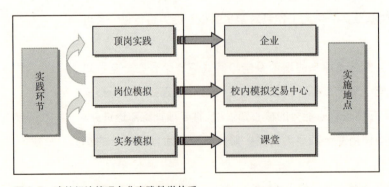

图 3-5 建筑经济管理专业实践教学体系

在此模式培养下，该专业学生的顶岗能力强、适应实际工作时间短，近三年来，独立完成了东部软件园科技广场、宁波大学科技实验楼、潮云时代商住 A-4、5、6 号楼、滨江区多层住宅二期绿化工程、绍兴五环氧纶公司主厂房等 200 多项预算、决算、结算工作，创造了一定的社会效益和经济效益。

本章小结

（1）三阶段人才培养模式的内涵为其他专业应用该模式明确了三个基本问题，一是催化了专业的寻"岗"行为，从而明确了专业定位；二是为构建实践教学体系清晰地勾勒出其"能力本位"的价值取向；三是指明了专业实践教学手段的选择应以"仿真模拟"与"项目实践"为主。

（2）三阶段人才培养模式的关键是综合实务模拟，实现了校内生产实训和校外顶岗实习的有机衔接和融通。"专项—综合—顶岗"三阶段人才培养模式的本质在于育人。

（3）三阶段人才培养模式根据不同的专业有不同的实现形式。如我院建筑工程技术专业的"411"人才培养模式、楼宇智能化工程技术专业实施的"行为导向"工学一体化人才培养模式和建筑经济管理专业实施的工学结合、螺旋递进的人才培养模式，它们虽然在形式上不同，但内涵和理念与三阶段人才培养模式相同，是三阶段人才培养模式在不同的专业的具体实现和应用。

第四章 专业建设

第一节 专业建设是立校之本

专业是社会需求与高职实际教学工作紧密结合的纽带。专业建设是学校人才培养工作主动、灵活地适应社会需求的关键环节，也是教学基本建设的重要组成部分。专业建设与改革是高职院校教育教学工作的核心，是提高教学质量，办出特色，培养高素质高级技能型专门人才的基础和关键环节，具有重要的龙头作用。

学院坚持"立足本省、服务行业、突出重点、形成特色"的专业建设指导思想，专业建设取得了一定的成绩：高职专业由9个增至22个，其中，2个省级重点专业、6个院级重点专业；在建筑工程技术专业领域形成了自己独特的优势和特色；专业招生人数增长迅速，从2001年的近2000人扩大到2008年的7000多人，2005～2008届毕业生的初次就业率分别为：99.15%、98.18%、98.92%、99.85%；课程体系日趋合理；教师的学历结构有了明显的改善；实训基地建设规模扩展；服务经济和社会发展的能力增强。2007年，"建筑力学"被评为国家精品课程，4门课程被评为浙江省省级精品课程；2008年，1门课程被评为国家精品课程，3门课程被评为浙江省省级精品课程；2009年，1门课程被评为国家精品课程，3门课程被评为浙江省省级精品课程；2010年，成功申报国家级精品课程1门，省级精品课程4门，走在了浙江省高职院校前列。

总结几年来我院专业建设改革和建设的实践，可用18个字概括：明思想、准定位；立原则、抓建设；创特色、有措施。

一、明思想、准定位

（一）专业建设指导思想

高举邓小平理论和"三个代表"重要思想伟大旗帜，全面贯彻科学发展观和党的教育方针，依据学院办学定位，主动适应国家和浙江建设行业经济和社会发展需求，以服务地方经济建设为宗旨，坚持专业建设是龙头、人才培养是根本、队伍建设是关键、条件建设是基础、改革创新是动力；坚持内涵和外延相结合、以内涵发展为主的专业建设思路。突出优势专业和特色专业，以教学内容和课程体系改革为重点，分层次、分类别地开展专业建设，实现高等技术应用型人才培养目标。

（二）专业建设服务于学院整体定位

培养目标是学校教育教学工作的指南，学校一切工作必须围绕培养目标的实现来安排、设计和进行。专业是高职教育与社会需求的接口，专业建设中的人才培养、科研、师资队伍、教学条件等都与培养目标的实现密不可分。因此，搞好专业建设是高职教育实现其预定培养目标的基础。随着浙江省城市化进程的加快，对建设类人才需求十分迫切。在总结近50年来依托行业办学经验的基础上，学院明确提出了"服务浙江经济建设，依托浙江建设行业优势。保持以建设类专业为主的特色，根据社会需求适度扩大专业覆盖面。培养素质高、适应性强、安心在生产、建设、管理、服务第一线工作的高等技术应用型人才，力争成为省内一流的高职学院"的办学目标和定位。

（三）专业建设体现学院的办学特色

教学改革与专业的发展密切相关。教学改革深化到一定程度，要想取得突破性的进展，必须以专业的发展来带动和支撑。随着社会经济和科学技术的迅速发展，专业的交叉、融合加快，新知识、新技术不断涌现。作为培养高素质高级技能型专门人才的高等职业教育，必须注重专业创新，关注专业发展特点、方向，不断深化教学改革，才能实现学校的可持续发展。构筑高职办学特色，如果不立足于专业建设，缺乏必要的专业建设规划，学校的教学工作就会陷于无序状态，盲目发展，将难以形成高职学校的办学特色，学校办学水平、办学层次的提高将无从实现。我院紧扣社会需求，一是构建特色专业体系。学院按照"保持以建设类专业为主的特色，根据社会需求适度扩大专业覆盖面"的专业建设指导思想，在充分调研论证的基础上，组织专家学者对专业建设工作进行评审，使教学内容能够紧跟行业的发展步伐。二是调整和完善教学计划。按照"培养目标的准确性、课程设置的应用性、培养过程的实践性、培养计划的可操作性"的要求，反复征求行业企业工程技术人员意见，整合教学内容。调整、合并、重组了一些课程，增强教学内容的实践性。三是推进重点专业建设工作。学院根据建设产业发展的新趋势，认真抓好基础较好、办学时间较长、符合社会需求的重点专业建设工作，形成了以建筑工程技术和建筑经济管理两个浙江省高职高专重点专业为龙头的多层次的重点特色专业。

二、立原则、抓建设

专业建设的水平主要是依靠专业设置、课程体系、师资队伍、实训基地和服务能力来支撑。专业设置是职业院校主动服务经济和社会发展、体现自身功能和特色、实现培养目标的基础性工作，是学校联系经济和社会的桥梁，是专业建设的前提；课程体系是学校实现培养目标和人才培养规格的设计蓝图，是专业建设的核心；师资队伍和实训基地是支撑示范专业的两个基本条件，是反映专业建设水平的两个重要指标；为地方经济和社会发展服务的能力是专业建设的根本目的，也是检验专业建设水平的最终标准。专业建设的五项主要任务之间是一个相辅相成的统一的整体。

（一）合理设置专业是前提

专业设置上遵循四个基本原则：一是主动适应原则，适应经济结构和产业结构调整的需要，适应人才市场的需要，适应高等教育大众化的要求，形成自我调整、自我发展、自我完善的专业建设运行机制；二是优势特色原则，立足建筑行业和浙江省的省情，突出个性，建设成一批高水平的特色专业；三是质量效益原则，优化专业的科类结构和层次结构，以现有专业为依托，形成专业群体，提高专业的综合实力，实现规模、结构、质量、效益的协调发展；四是持续发展原则，妥善处理好专业建设中的近期与长远、需求与可能等关系，既遵循市场经济规律，又遵循教育自身规律，既要坚持适度超前发展，又要坚持从实际出发，量力而行。

（二）课程体系改革是核心

课程改革体现以全面素质为基础、以综合职业能力为本位的教学指导思想。在改革方向上，构建以就业为导向、以学生为中心、以能力为本位、以职业实践为主线、以项目课程为主体的具有职业教育特色的课程体系；课程内容反映新知识、新技术、新工艺、新方法，体现实用性和先进性，大胆吸收当今科技发展的新成果，突出重点、难点，增加人文素质教育及实践技能课的分量。大力提倡教师和企业工程技术人员合作进行校本课程开发，自编补充讲义和教材。课程结构实行整体优化，处理好理论教学和实践教学、基础课程和专业课程、现代内容和传统内容、知识传授和能力培养的关系。在课程设置上，多开设个性化课程，充分保证选修课的比例，以满足学生就业和个性发展的多元化需要。

（三）师资队伍建设是关键

教师是教学改革和专业建设的主力，师资队伍水平决定专业建设水平。形成促进教师积极向上、不断学习和探索的激励机制，重点选拔和培养专业带头人和骨干青年教师，大力提高师资队伍的整体水平。拓宽渠道，广开门路，加强新师资的培养，并制定优惠政策，吸引企业优秀工程技术人员和能工巧匠到学校担任专兼职教师，以优化教师队伍结构。安排专业教师参加社会实践和生产服务一线岗位锻炼，加快培养"双师型"专业师资队伍。将师资队伍建设和开展示范专业建设、推进产学研结合、课程开发、教材建设和现代教育技术应用等工作结合起来，为教师的成长提供舞台和载体，在实践中着力提高教师的课程开发能力、教学能力。

（四）实训基地建设是基础

充分体现专业建设的特色和水平，选择能够真正体现专业特色和水平的项目，将实训实习基地的建设作为提高教学质量的一项重要的基础性工作来落实。本着自力更生、分步实施、重在使用的原则，逐步添置和更新实验实习设备；加强与行业企业的联系，在校外建立稳定的生产实习基地，充分提高资源的利用率。

（五）服务地方经济和社会发展是要求

抓住社会热点，拓展办学功能，开发培训项目；加强校企合作，参与中小企业的技术改造和科技创新。真正融入地方经济和社会发展之中，真正办成企业和用人单位心中的职业教育。更加关注服务地方经济和社会发展，更加关注学校内涵的建设。为企事业单位培养高素质劳动者和专门人才，满足现代企事业单位对人力资源的新要求，不断根据生源实际和岗位需要更新课程内容和教学方法，培养学生的综合职业能力和全面素质。

三、创特色、有措施

（一）构建学习型教师团队，促进师资队伍建设

优秀的教师队伍是搞好专业建设的关键。在师资队伍建设中，以骨干教师和专业带头人为重点，建设一支学历结构、职称结构和专业结构合理的高水平师资队伍。教师的教学理念、教育手段、教育方法及时更新。把强化自身的学习，把汲取新知识，提升理论水平，求实创新和重视实践能力作为一项系统工程来抓，并形成长效机制，从而构成一个开放式学习型教师团队，为提升学校的整体核心竞争力打下一个坚实基础。学院一方面广泛吸引和鼓励企事业单位工程技术人员、管理人员和有特殊技能的人员到学院担任兼职教师；另一方面鼓励教师参加相应的专业技术资格和相关职业资格证书考试，并派其直接参与企业生产一线的实践。通过教师与企业科研管理人员相互间的业务交流等方式，把行业的新技术、新规范、新工艺带入课堂，加强了企业发展需求、技术发展趋势等信息对学院教育的渗入，同时也为企业科研、生产管理水平的提高，创造了有利条件。

（二）积极建设校园文化，提升专业建设的内涵

积极建设校园文化，借以提升专业建设的内涵。在专业建设中注意积极地引进企业文化，帮助学生通过对企业文化的了解，具体掌握现代企业的需求，把握现代企业的发展脉搏，丰富学生的文化内涵和人文修养，提高学生

的内在素质，引导学生树立正确的世界观、人生观、价值观，培养有理想、有道德、有文化、有纪律的未来员工队伍。把引进企业文化渗透到专业建设的各个环节。在校园里，把先进企业的文化及著名企业家的名言、格言彰显在醒目的位置，把与专业有关的先进企业的厂规、厂训布置在教室，让学生去对照，让学生去感悟，并努力去实践。把企业文化引进到各专业的教学过程中，对基础课教学和专业课教学提出不同的要求，让学生走进企业，学习、了解各具特色的企业文化，体验企业文化独特的企业价值观念、管理思想、群体意识、行为规范和行为方式，感悟企业文化中的企业价值观、企业精神、企业道德的丰富内涵，使学生在毕业后迅速适应现代企业的管理理念和方法，完成从"学生"到"企业员工"的平稳快速过渡。

（三）依托专业办好校办产业，办好产业促进专业建设

学院充分发挥自身的专业优势、智力优势和人才优势，按照市场规律和教学规律组建了与教学单位紧密结合的校办产业。例如依托土建类专业建立了浙江建设职业技术学院建筑设计院、浙江建效建筑工程监理公司等。这些校办企业对外直接为生产建设服务，促进科研成果转化；对内则是学生实习、教师科研实训中心。校办产业在承接新的项目，拓展新的经营领域过程中，能够及时跟踪和掌握市场现状和发展趋势，这为学院改造传统专业、开辟新专业提供了直接的信息渠道。

学院先后与130家省内知名建筑施工、房地产、建筑和规划设计、工程监理单位签订了产学合作协议。合作双方在培养目标、专业设置、课程设置等方面进行协商，企事业单位为学院教师和学生提供实习场所并选派指导人员进行实习指导；学院则优先推荐优秀毕业生到合作单位顶岗实习就业；学生在校学习与实训基地实习交替进行，理论与实践结合得更加紧密。一些学生在企业实习期间就与企业签订了就业协议。建筑工程技术、建筑经济管理、建筑装饰工程技术等专业的毕业生更是供不应求。

（四）创新人才培养模式，形成品牌特色专业

在新形势下，高职人才培养面临着许多新情况和新问题，需要用新的思

路、新的理念去探索新的人才培养模式,使人才培养更加符合社会需求。为此,学院积极探索产学研相结合的人才培养模式,采用了"411"、"2+1"等方式。"411"就是以培养高质量的建设类高等技术应用型人才为目的,以职业能力为支撑,以实际工程项目为载体,以仿真模拟和工程实践为手段,以实现就业为目标的人才培养模式。该模式获得了全国土建类高职专业指导委员会专家的一致好评。学院在积极完善人才培养模式的同时,还不断借鉴吸收先进的教育理念和现代教学管理制度,高起点地制订学院产学研办学计划,并成立了专门机构指导管理该项工作。从而实现了以市场和职业需求为导向,以技术应用能力和基本素质培养为核心,课堂教学与生产实践有机结合,并贯穿于学生培养的全过程,以进一步提升学生的综合素质和就业竞争力的目标。

(五)围绕教学搞科研,搞好科研促教学

学院注重发挥科研对教学的引领和促进作用。树立了"围绕教学搞科研,搞好科研促教学"的思想。成立了高职教育、岩土工程、城乡规划、建筑经济、建筑节能技术和减灾防灾六个研究所,重点开展应用型、集成型、技术合作型课题的研究。通过研究新课程改革方向、现代教育手段与方法、高职学生的特点、成长和发展规律等来更好地为教学服务;以教研促教学,以教研培养师资,以教研提升办学质量。将科研成果转变为教学内容和教学手段的更新,并体现在人才培养质量之中。科学研究是专业建设的重要内容,也是衡量专业建设水平的重要标志。只有通过创造性的研究,才能从容地应对未来教育对象的更加复杂化和未来教学内容、方法和教育技术的更加多样化的发展变化,完成时代赋予教育及教师的重任。而要培养具有创造性教学能力的高素质教师,则必须使科研和教学相结合,坚持科研服务于教学,在教学中从事学术研究,在学术研究中促进创造性教学。教师围绕教学开展学科研究。在教学研究中,通过大量专业文献资料的收集、阅读、整理、分析,以及进行实验和社会调查的实践,使教师对专业建设理论理解得更深刻、掌握得更牢固、运用得更灵活,并有所发现、有所创新。这样的研究,不仅不影响教学,而且必将大大提高教学质量和教学水平。教师把教学与教学研究融为一体，通过认真研究教学内容和教学对象，比较不同教学方法的功效，总结教学实践中的经验教训，把教学实践经验上升到理性认识，并用于指导教学，大大改进了教学，为专业建设提供了有力支撑。

第二节　加强重点专业建设　注重内涵发展

一、加强重点专业建设

面向浙江省建设行业，学院深化教育教学改革，加强5个重点专业建设。以重点专业的发展辐射相关专业，形成与区域经济及社会发展密切相关的特色专业群，带动整体专业教学水平的提高（图4-1）。

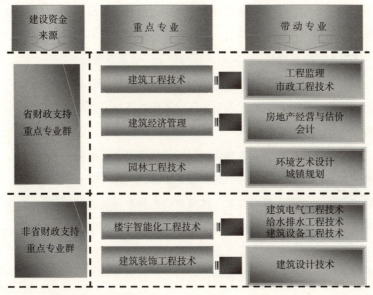

图4-1　重点专业及专业群

（1）建筑工程技术专业。以"411"人才培养模式为基础，完成以人才培养为主体，社会服务和技术应用研究共同推进的"一体两翼"式专业发展，采用在课堂中学、在实训中练、在顶岗实习中做的三维认知途径，实现知识领域化、能力职业化、素质综合化教学，形成一支理论精深、实践精通、教学精良的师资队伍，达到服务地方经济、服务建设行业、服务教育发展的目标，将建筑工程技术专业建成人才培养质量高、社会服务完善、行业特色鲜明的省级示范专业。

（2）建筑经济管理专业。建立工学结合螺旋递进的人才培养模式，开发体现岗位核心能力的模块化工作学习包，实施理论与实践一体的教学方法；建立一支适应专项技能模块化教学需要的、多层次、宽领域、有专长的教师团队；建成满足工学结合、能再现实际工作环境和技术水平的校内实训基地，使专业的课程体系改革、实训基地建设、师资队伍建设等方面在全省高职同类专业中具有引领示范作用，形成以建筑经济专业为龙头的建筑管理类专业群，培养建设行业一线急需的技术应用型人才。

（3）园林工程技术专业。以培养学生园林设计技术应用、园林工程技术应用及管理能力为主线，以园林实用技能为核心，以拓展社会技术服务为内涵，进一步深化校企合作的人才培养模式，深化五大课程体系的改革与建设，成为一流的立足浙江、辐射华东乃至全国的高技能园林工程技术人才培养基地和园林工程技术应用研发培训中心。引领和带动浙江省高职类园林设计及园林工程等相关专业的专业群的建设和发展。

（4）楼宇智能化工程技术专业。以就业为导向、以智能楼宇岗位关键技能培养为核心，构建楼宇智能岗位的职业能力结构和知识结构，构建工学一体化的专业人才培养模式，进一步深化教学改革，建设有特色的专业核心学习领域，加强师资培养，建设一支精理论、擅实践的专业师资队伍，建设校企共建的楼宇智能化工程技术实训与技术开发基地。在示范建设专业的引领和带动下，深化相关专业群教学改革与人才培养模式创新，全面提高专业群办学水平与人才培养质量。

(5)建筑装饰工程技术专业。以培养学生装饰设计、装饰工程施工与管理能力为主线,把学院建筑装饰工程技术专业打造成为浙江省一流的高级技能型装饰人才培养基地。加强人才建设,使本专业成为我省高等职业院校建筑装饰工程技术培训基地。拓展专业内涵,引领和带动我省高职类建筑装饰设计、装饰工程施工及管理、环境艺术设计等专业群的建设和发展。

二、注重内涵发展

学院开展了以专业建设为抓手,全面提升教学质量的系列活动。首先是调整专业结构,服务区域经济。一是在全面推进学院专业建设水平的基础上,重点遴选市政工程技术、房地产经营与估价、建筑设计技术这三个教育理念先进、特色鲜明、人才培养质量社会公认的专业为2010年省级特色专业。依托特色专业建设带动学院办学水平的提高。二是紧扣社会需要,在充分调研与论证的基础上,经浙江省教育厅评审核实,学院增设"地下工程与隧道工程技术"专业,停止一些与学院发展规划与建设关系密度不大的专业招生。三是对专业负责人和各系(部)教研室及教研室主任进行相应调整。要求专业负责人和各教研室主任在专业建设过程中切实担当起引领专业发展、拓展专业内涵、树立专业品牌的重任。

其次是开展专项检查,提升教学质量。一是开展"说专业"活动。如:2010年11月,学院组织了专业负责人"说专业"大练武。参加"说专业"比赛的有院级重点专业、省级特色专业和省级重点专业的专业负责人。"说专业"不仅是对专业负责人个人业务能力的一次考验,也是专业教学团队综合素质的展示。这项活动进一步理清了专业建设的思路,为更准确地把握专业定位、明晰专业人才培养目标、完善师资队伍建设、深入开展校企合作,将建设思路真正落实到高职专业人才培养方案上来打下了基础。二是开展专家检查活动。学院特邀省内高职教育专家,对全院23个专业进行了全面检查。各位评审专家根据各专业特点,对各专业提交的《专业年度总结》的支撑材料进行了评阅和审核。各专业根据评审意见和评审结果,针对存在的问题，及时梳理和调整了专业发展脉络，使专业建设更适合学院人才培养的需要，更有利于人才培养质量的提升。

再次是制定课程标准，加强课程建设。一是编写课程标准。学院要求省级示范专业的核心课程首先编写课程标准，对编写不规范、不符合要求的进行重新修订和调整，以确保专业建设水平和教学质量的提升。二是开展说课比赛。学院把说课作为提高教师教学能力，提升办学质量的一个抓手常抓不懈。2010年10月学院举行了"第二届教师说课比赛"，评出一等奖两名、二等奖三名、三等奖五名。

本章小结

（1）专业建设与改革是高职院校教育教学工作的核心，学院坚持"立足本省、服务行业、突出重点、形成特色"的专业建设指导思想，专业建设取得了一定的成绩，形成了独特的优势和特色。实践表明，搞好专业教学改革和建设，应确立明确的指导思想，制订具体目标，注重从实际出发，针对特点、抓住重点、突破难点、形成亮点。

（2）面向浙江省建设行业，学院深化教育教学改革，加强5个重点专业建设。以重点专业的发展辐射相关专业，形成与区域经济及社会发展密切相关的特色专业群，带动整体专业教学水平的提高。

第五章 师资队伍和教学团队

第一节 师资队伍建设的途径和长效机制

随着我国国民经济的持续发展,社会对职业人才的需求规模和需求质量发生了很大的变化。与此同时,新技术、新标准、新行业的出现,也刺激了职业教育的进一步繁荣。特别是在认真贯彻落实《国务院关于大力发展职业教育的决定》后,将进一步加快职业教育事业的发展。要想在短短三年中培养出高素质、就业即能顶岗的应用型技术人才,具备一支高素质的专业教师队伍将是成功的关键。

一、高职专业教师的素质要求

(一)高职专业教师必须具有高尚的品德

学院的一切工作都是围绕教书育人这个根本任务来开展的,"教书育人"是我们的共识,因此作为高职专业教师必须具备高尚的品德。首先必须热爱学生,教师应对学生慈爱、关心,平等相待,循循善诱。其次教师要为人师表,不仅需要有丰富的育人知识,更是做人的表率,即在向学生传授知识的同时,要用自己的言行体现出高尚的情操与良好的道德风范。

(二)高职专业教师必须具有广博的学识

一般对教师的学识要求是渊博的,有深度和广度的要求。而高等职业教育要求教师的学识首先应该是广博的。因为培养的学生要面向基层,面向生产、服务和管理第一线职业岗位,面临各种复杂变化的实际问题和社会背景,这就要求教师的知识面必须是宽泛的。由于高职学生的生源不同、基础相对较差、学习的主动性也不够,这更要求教师具有多才多艺、因材施教、灵活应变、博采众长、言传身教的能力。

(三)高职专业教师必须具有一定的科研能力

科研能力是教师素质结构的重要组成部分,提高高职院校教师的科研能力不仅有利于教师的专业化发展，同时还可以促进教师教学水平的提高，从而有利于提高高职院校的教学质量。高职教育的理念、方法在不断与时俱进，这在客观上要求教师有一定的前瞻性和科研能力。教师要在先进的教育理念指导下，进行教育、科学研究，而作为高职院校的专业教师更应在教育科研的同时注重理论联系实际，进行技术创新。在教育、科研的过程中把握新技术发展的动态，明确教育教学的改革方向，确立全新的教育理念，使之成为提高教师教育教学能力、提升教师创新能力的重要途径，从而更好地为教育教学服务。

（四）高职专业教师必须具有技术应用能力和实际操作能力

职业教育的特点决定了职业教育师资素质要求与本科院校的师资有所不同，特别是在仿真模拟和顶岗实习阶段，要求教师能够熟谙工作中的真实场景、工作内容、操作方法及指导措施；在顶岗实习期间作为教师还必须亲临一线，熟悉本专业岗位群的各种技能，并具有指导和操作示范的能力。

二、"双师"素质教师的认定标准

2004年教育部颁发《关于全面开展高职高专院校人才培养水平评估的通知》，在其附件《高职高专院校人才培养工作水平评估方案（试行）》（以下简称《评估方案》）中，将"双师"素质教师结构比例作为评价和评估高职院校办学水平的一项重要指标，这对高职院校师资队伍建设具有指导意义。该方案对高职院校"双师"素质教师标准的认定被业内称之为行政标准。其内容为："双师"素质教师是指具有讲师（或以上）教师职称，又具备下列条件之一的专任教师：①有本专业实际工作的中级（或以上）技术职称（含行业特许的资格证书及其有专业资格或专业技能考评员资格者）；②近五年中有两年以上（可累计计算）在企业第一线本专业的实际工作经历，或参加教育部组织的教师专业技能培训获得合格证书，能全面指导学生的专业实践实训活动；③近五年主持（或主要参与）过两项应用技术研究，成果已被企业使用，效益良好；④近五年主持（或主要参与）过两项校内实践教学设施建设或提升技术水平的设计安装工作,使用效果好,在省内同类院校中居先进水平。

《评估方案》对高职院校"双师"素质教师的认定,是我国第一次在政府文件中对高职院校"双师"素质教师标准的诠释,开辟了高职院校"双师"素质教师认证的先河,也比较真实地反映了当前我国职业教育界对高职院校"双师"素质教师标准的理解。但据此作为高职院校"双师"素质教师的认证标准未免有失偏颇。笔者认为行政标准存在如下漏洞和缺陷:一是量化指标界定模糊,操作性差;二是从形式看,它更像一种职业准入标准而非职业认证标准,缺乏类别与层次的区别;三是没有提供职业标准实施的实践准则及保障体制内容。比如行政标准的第一条将"双师"素质教师视作教师与工程师的叠加就过于简单,"双师"素质教师应是两者在知识、能力和素质等方面的有机融合而不是简单相加;第二条包含两项硬指标加上一项软指标,其实两项硬指标都不硬,如参加教育部组织的教师专业技能培训获得合格证书一项就过于随意,这是因为教育部对全国高职高专教育师资培训基地的培训质量并无任何实质性的监控,合格证书的颁发实际上处于失控状态。而给出的软指标又过软过大,因为有"能全面指导学生专业实践实训活动"这一项指标,其他条件都可以不要了。至于后两条关于完成过应用技术科研项目、参加过实践教学设置建设被认定为"双师"素质教师同样显得十分牵强。

在行政标准的指导下,不少学校提出了校本标准,它们在形式上是行政标准的衍生物。在随后的评估工作中,出于功利等其他因素,高职院校普遍关心的是通过什么途径、采取什么方式或借用何种说法使学校"双师"素质教师比例符合评估的要求。全国高职院校在评估指挥棒的指引下对"双师"素质教师的评定一拥而上,形成了大规模的"双师"素质教师的"造师"行为。

随着探讨的不断深化,人们对"双师型"教师的界定逐渐清晰,但认识仍有待统一。持"双证"说者认为,凡是获得了高等学校教师职称(讲师及以上职称),同时获得本专业中级以上职称、执业资格证如工程师、注册建造师等,即为"双师型"教师。而持"双素质"说者认为,"双师型"教师就是既具有作为教师的职业素质和能力,又具有技师(或其他高级专业人员)的职业素质和能力的专业教师。以上两种观点虽然有较大差异,但都注重强调"双师型"教师的实践动手能力。目前,认可度较高的是教育部提出的"双师型"教师应具备的条件,即为,既具有讲师(或以上)教师职称,同时又有本专业的中级或以上技术职称,或五年以上本专业一线实际工作经历,或参加过专业技能培训合格,或主持过实践技术研究或应用。

三、高职"双师型"教师队伍建设的必要性

(一)培养高职师资的"双师"能力是适应科学技术迅猛发展的需要

21世纪是世界各国经济实力、综合国力竞争更加激烈的世纪,众所周知,无论是经济实力竞争还是综合国力竞争,核心均是科技竞争,而科技竞争归根到底是人才的竞争。面对科学技术的迅猛发展和新知识、新理论、新学科、新课题的不断涌现,我们不仅需要一大批从事科学研究的学术型人才,更需要培养一大批在生产第一线从事制造、维修、管理、营销及技术服务等工作的技术应用人才,而培养后一层次人才的艰巨任务,就责无旁贷地落在高职院校教师的肩上。高职教师只有在结合本学科最新研究成果,传授基础理论和专业知识的同时,努力培养学生的应用技能和动手操作技能,才能主动适应经济建设和科技发展的要求。

(二)培养高职师资的"双师"能力是完成高职培养目标的前提条件

高职教育的培养目标是适应生产、建设、管理、服务等一线需要的高等技术应用型人才。用人单位希望学生毕业之后能直接上岗,毕业生应该是具有大学文化水平的能工巧匠;同普通高校的学生相比,他们出校门时,就有相当熟练的某种技艺或技能,并得到社会的考核认可,即应具有"双证"(学历证书、行业技能等级证书)。高职学院要培养这样高素质的学生,必须具有高素质的教师,必须具备有"双师"能力的教师。

(三)培养高职师资的"双师"能力是实施创新教育的内在要求

高职毕业生一般要在生产现场从事操作和管理工作,如在引进推广先进

生产技术、应用先进设备、解决生产实际问题等过程中，带有消化、吸收、改造、创新的能力要求，这种能力的培养主要是通过实践环节来实现的，这无疑也同样要求教师必须深入实践，不断培养和增强自身的创新意识和创新能力。

四、我院"双师"素质教师队伍现状

截至 2009 年 3 月，学院师资队伍的"双师"素质情况见表 5-1。

学院师资队伍的"双师"素质情况分布表　　　表 5-1

类 别	专任教师	双肩挑教师
教师系列职称 + 注册工程师	24	10
教师系列职称 + 工程及其他系列职称	15	2
工程及其他系列职称 + 注册工程师	20	7
工程及其他系列职称	22	1
教师系列职称 + 获得教育部认可的双师素质培训合格证	29	11
总　计	110	31

从表 5-1 中可以看出，目前学院具有"双师"素质的教师人数已达 141 人。具有注册证书的教师人数为 61 人，其中教师系列职称者具有注册证书的人数为 34 人，工程及其他系列职称者具有注册证书的人数为 27 人；有工程及其他系列职称但无注册证书的教师数量为 40 人；教师系列职称者因经过"双师"素质教育与培训、或满足规定的企业锻炼实践年限、或因满足其他教育部认可项目而具备"双师"素质的人数为 40 人。此外，全院各系部教师中"双师"素质情况的分布见表 5-2。

全院各系部教师中"双师"素质情况分布表　　　表 5-2

类 别	建工系	经管系	建筑系	城建系	实训部
教师系列职称 + 注册工程师	10	11	2	3	2
教师系列职称 + 工程及其他系列职称	9	2	2	3	1
工程及其他系列职称 + 注册工程师	11	2	4	4	2

续表

类　别	建工系	经管系	建筑系	城建系	实训部
工程及其他系列职称	6	3	7	4	2
教师系列职称+其他教育部认可的项目	6	4	9	12	5
总　计	42	22	24	26	12

近几年，随着学校对师资队伍"双师"素质能力培养力度的加大和要求的提高，总体比重在不断提高。特别是很多中青年骨干教师除通过在企事业单位实践来提高自己的实践能力之外，还积极参与现代教育培训、各类注册资格证书考试，并取得了不错的成绩，这应继续保持并鼓励广大教职员工开展此类工作；此外，学院在新教师招聘中也对"双师"素质有一定要求。同时，还制定相关的保障和激励措施使专业专任教师大部分乃至全部具有"双师"素质。

随着"工学结合、校企合作"人才培养模式改革的不断深入，作为"双师"素质教师队伍的重要补充力量，兼职教师的比重需要进一步加大。为进一步适应教学改革的需要，"双师"结构专业教学团队建设的重点应放在专任教师与兼职教师的相互渗透即互兼互聘上。一方面需要更多企业优秀技术人员、能工巧匠参与到教学活动中，另一方面专任教师有更多的时间参与到企业技术服务中，为企业创造价值，真正做到专兼职教师高度融合。

五、师资队伍建设的途径

教师队伍是培养学生实践能力和操作能力的重要保证，很难想象一个没有实际操作能力的教师能够培养出动手能力很强的学生。学院专业教师的主体主要由原有中专教师、新引进的本科院校教师、高校毕业生和一线技术管理人员四部分组成，面对不同来源的教师可采用不同的培养模式，以达到"双师型"素质的培养目标。

（一）对原有教师队伍进行改造，提升其科研能力和高教理念

学院原有教师是学院的根本，是学院赖以生存的宝贵财富，他们长期从事高强度的中专教学和我省建设行业的各种岗位培训工作，练就了过硬的课堂教学本领。同时他们与生产实践密切结合，长期兼任企业技术顾问或直接从事一线生产，有着丰富的实践经验和实际操作能力，在企业或本行业中有一定的知名度。他们中大多数已经具备"双师型"教师的素质，深受学生和企业的欢迎。学院从中专升格为高职后，原有专业教师普遍存在着学历低、职称低、科研能力差、高职教学理念欠缺等问题，针对这些教师的实际情况学院出台了各种优惠政策：一是鼓励他们通过在职进修提升学历和高职教学理念，例如集体组织免费进行高校教师资格培训和考试、集体组织研究生主干课程培训并报销80%的学费，学院还与四川大学举办了土木工程在职硕士班并报销所有学费；二是学院通过成立研究所这个平台，将教师的产、学、研逐步引入正轨，通过课题将实践升华到理论，通过科研骨干的帮助提升其科研能力，这也为他们晋升职称和职称转型提供了帮助。

（二）对新引进的本科院校教师，着重改变其教育观念

本科或研究生的教学与高职的教学有很大的差异，前者主要是对学生理论知识和研究方法的培养，而后者主要是实践动手能力的培养。由于培养的方向不同，再加上学生生源的差异，使得他们在教学方法和教学手段上不能很快适应高职教学的特点。我们通过召开学生座谈会、组织听课和引导他们参与工程实践，培养其职业教育的观念和实践操作技能，特别在因材施教方面，针对高职学生大多基础比较差的特点，除正常教学外，经常安排一些辅导促进学生与教师的沟通，从而提高学生的接受能力。

（三）对新聘的研究生，实行全方位的"老带新"培养模式

引进和在职培养研究生，是提高教师学历层次、改变学历结构、提高整体知识能力结构的重要途径。新引进的应届毕业研究生一般要求学过两个专业，他们具有较强的接受能力和完善的知识体系，他们不仅能够将自己多年的学习经验、科研技能、前沿知识以及青春活力带入学校并传授给学生，也推动了学院教学和科研水平的提高。对新进的应届研究生，采用"传帮带"的培养模式，一对一"以老带新"，签订"老带新"协议。对老教师采取费

用和业绩点补贴的形式以提高其积极性；对新教师第一年采取坐班补贴制度，一是帮助他们熟悉学院的教学环境和教学环节，二是博采众长广泛听课。新教师由老教师全权负责培养，除正常的教学培养外，还需由老教师或学院安排新教师到企业挂职锻炼。一般经过三年的培养，基本能够达到本课程脱稿讲课，且在本专业具有国家注册资格，从理论上讲也达到了"双师型"的要求。

（四）对新引进的一线技术管理人员，着重提升其教学能力

调入、聘请科研企事业单位一线技术管理人员到学院任教，该项措施加快了"双师型"师资队伍的形成，同时也是目前解决高职院校专业教师缺乏的最好途径。引进的一线技术人员到学校任教，他们可以把多年的实践经验、操作技能、新技术和管理方法传授给学生，同时也促进了教学与实践的紧密结合，更能够体现理论和实践"零"距离的教学。但他们在教学方法的把握以及教学理念等方面存在一些差距，通过集体备课、听课、上公开课、老教师指点等教学培养环节，使他们在教学能力上得到快速的提升，真正成为"双师型"教师的生力军。

（五）鼓励教师在教学改革和生产实践中提高水平

高职教师的进修提高绝大多数不可能脱产进行，所以学校一方面采取多种优惠政策，另一方面完善教学管理制度，更新教学管理手段，加强教学质量监控和专项检查，鼓励督促教师在教学改革和生产实践中提高水平。例如，我们鼓励教师积极参与重点课程建设，开发精品课程，主编或参编规划教材。同时也经常检查课程教学内容是否满足培养目标要求，是否与大纲相符，专业课程是否突出了针对性、实用性，有没有及时更新教学内容、反映最新成果，教学方法和手段有没有更新或改进等。我们特别鼓励专业课教师从事生产实践，到企业兼职。这虽然要占用教师的一部分时间，但能在学中干，又在干中学，往往效果比较明显，对于教学工作十分有益，可丰富教学内容，活跃学生学习气氛，提高教学效果。刚从高校毕业分配到学校的青年教师，到实际工程中锻炼一段时间，增加感性认识和实践知识，提高处理生产实际问题的能力，对提高教学水平尤为重要。

（六）培养具有行业影响力和国际视野的专业负责人

在专业现有教师中选拔 2～5 名表现突出、才能出众、发展潜力大的骨干教师作为专业带头人重点培养对象，通过教学和科研实践，到德国、俄罗斯等国家的职业教育机构学习访问、到国内土建类著名大学短期进修等措施，使培养对象在科研上达到具有带领团队完成科研项目的水平；到国内一流的高等师范院校和教育部、住房和城乡建设部高职师资培训班接受高等职业教育教育理论实践培训，在教学上达到优秀；安排到省级重点工程实践锻炼，培养具有把握行业最新技术动态和发展趋势及高职教育发展方向的敏锐洞察力的、国际视野的领航人。

六、师资队伍建设的长效机制

（一）提高教师待遇，改善教学环境

职业技术院校的专业教师与本行业专业技术人员相比，待遇偏低、工作环境较差，如何稳定现有教师队伍和吸引优秀人才加盟，提高教师待遇和改善教学环境是我们首先要解决的问题。为此，学院改变了教师的工作环境，实行了弹性工作制，出台了有关教学、科研、实践锻炼、在职教育等优惠政策。例如，在完成一定的教学工作量以后，进行横向课题研究；采用集体组织费用报销形式，鼓励教师参加继续教育以提升学历、改变知识结构和更新现有知识；积极为教师提供和创造条件到企事业单位去挂职锻炼；采用优惠政策和经费配套等保障措施鼓励教师申报科研、教改课题；对副教授和"双师型"教师配置笔记本电脑等。全方位地关心、支持、爱护教师，在学院范围内大力提倡尊师重教的校风，努力为教师创造良好的工作、学习、生活和发展环境，充分运用补贴、晋升职称、资源合理配置等手段，促使优秀人才脱颖而出，营造留人、留心、爱岗、乐教的氛围，同时吸引更多的有识之士加盟职教事业。

（二）鼓励教师参与实践，获取相应的报酬和职称

学院要求教师必须参与社会实践，对没有实践经验的专业教师由学院统一安排，采用每月补贴的形式鼓励教师到校办企业和其他相关企事业单位进

行实践和挂职锻炼。同时对教师的技术服务、技术咨询、技术培训等横向课题，给予管理费上的优惠。对表现优秀的教师，经学院同意可以在企业中获取相应的技术职称，并在业绩点和报酬上给予优待，这也不失为培养"双师型"师资队伍的良策。学院还聘请行业、企业和社会中有丰富实践经验的专家或专业技术人员作为专业兼职教师。建立专任教师定期下企业的师资岗位互换机制。学院每年派出骨干教师到企业担任技术负责人，以把握行业和市场的最新动态，更新专业知识。做到教学和产业结合；学校和企业结合；顶岗劳动和学习结合。使教师达到了既熟悉行业动向，又能在企业胜任施工管理，也能在教学中将行业最新技术贯彻到实践教学。

（三）鼓励教师参加各种考试，获取相关执业资格

学院利用学费报销和考证补贴等形式积极鼓励教师参加各种注册培训和考试。由于学院的教师多数毕业于重点高校，新引进的教师又大多是研究生，他们有扎实的理论基础，经过老教师的"传帮带"并在企事业单位经过 1～2 年的挂职锻炼，有了一定的实践经验，所以在参加全国注册考试时得心应手。例如学院有些系已有 50% 以上的专业教师具备注册上岗资格，其中有些教师还具备多种注册资格，这不仅为学院培养了高素质的"双师型"教师，同时也为企业提供技术咨询服务、实行校企合作等"产、学、研"工作创造了良好的条件。

（四）借鉴本科院校教师的培养经验，加大经费投入

借鉴本科院校竞争择优方式，学院通过个人申报课题、系部把关、学院学术委员会遴选等程序评审和推荐课题，现在学院每年投入 50 万元的科研启动经费和 50 万元的教改基金，并以每年 10% 的速度递增，对科研和教改课题进行经费资助。对厅局级及以上课题采取了上级拨款及经费配套形式进行资助，对院级课题分重点和非重点课题进行研究经费的资助，这些措施使学院教师的科研、教改积极性快速提升，对学院科研水平和教学质量的提高有了实质性的保证。目前学院已有多名青年教师列入省级青年教师和"151"人才培养计划，同时有一批青年教师列入院级培养计划，对有一定实践经验

的骨干教师采取省级或校级访问学者等方式进行再培养。现已涌现了一支由各层次优秀教师、教学名师、教学能手和教坛新秀组成的教学科研骨干教师队伍，这些高素质、高水平、有潜力教师的造就，推动了教师队伍的整体建设，增强了学院科技创新实力和培养高层次应用型技术创新人才的能力。

（五）启动"三项工程"加强师资队伍建设

采取有效措施强化师资队伍建设是浙江建设职业技术学院开展学习实践活动迫切需要解决的重点难点问题之一。通过启动"三项工程"，进一步加强师资队伍建设。

一是启动"教授工程"。经个人申报、系部推荐、院长办公会审议、院党委会研究决定，在师德表现好、专业（学科）建设成绩突出、主动承担教学评估和示范建设任务、主持开展过厅局级以上教科研课题、在3年内具备申报正高级专业技术职务任职资格的在编专、兼职教师中，选拔了18名教师作为"教授工程"培养对象，并拨专项培养经费给予资助。

二是启动"中青年教师挂职锻炼工程"。经各系部推荐、院长办公会议研究决定，从不具有企业实际工作经历的专业课教师和因专业建设需要的中青年教师中，选派了15名教师到相关企业进行为期1年的挂职锻炼，以提高专业教师中"双师"素质教师的比例，达到切实提高教师综合素质与实践教学能力的目的。

三是启动"师资专项培训工程"。对所有在院内开设课程、非师范类专业院校毕业、中级专业技术职务以下的教学人员和2004年以后调入我院、非高教系列副高级专业技术职务的教学人员，利用"双休日"进行为期两个月的教育教学理论专项培训，由师范院校的教授讲授"课程教学基本原理"、"有效教学基本环节与策略"等课程；安排我院"教学名师"、"教学能手"、"教坛新秀"等荣誉称号获得者通过示范课传授教学经验；邀请高职教育领域的专家来院开设办学理念和办学特色讲座。

总之，培养高素质的高职专业教师是关系到高职院校办学水平提高和持续稳定发展的重中之重。高素质的高职教师"应同时具备教育家、工程师和高级熟练工三种职业所需要的素质与能力"，这是我们专业师资队伍建设的目标，也是高等职业教育专业师资队伍建设的核心和方向。

案例一：丁天庭副教授——融入工程、锤炼师资、革新教学

丁天庭，男，本科学历，副教授，国家一级注册结构工程师，浙江建设职业技术学院建筑工程技术专业负责人，教育部高职高专教育土建施工类专业教学指导委员会委员，浙江省土木建筑学会土力学与基础工程学术委员会委员，浙江省监理协会个人会员。

曾先后在浙江建设职业技术学院建筑设计院、浙江建效工程监理公司、浙江升华房地产开发有限公司等企业兼职从事工程设计、监理、工程管理等工作。主讲建筑结构、施工图识读等课程。先后主持或参与"'411'人才培养模式的理论与实践"浙江省新世纪教研教改项目一项，主持院级教研教改项目多项；主编国家"十五"规划教材《建筑结构》，主审国家"十一五"规划教材《建筑结构》；在国内期刊发表学术论文十余篇。获浙江省高等教育教学成果一等奖一项，院级教学成果一等奖三项。同时为学校建立了1个实践基地，培养了2名青年教师。

为了提高自己的职业教育业务能力，探索土建类高等职业教育人才培养的途径和模式，丁天庭副教授从土建设计、工程监理和工程管理不同的方面去企业挂职锻炼，全方位提高自己的土建工程实际工作能力，反思高等职业学校土建类专业的人才培养模式，不断优化人才培养方案，为学校专业建设出谋划策。

2004年前主要从事建筑结构设计和施工图审查工作，主要工程有乐清金雁商城商住楼23000m^2、衢州南滨花园·双水桥人家高层住宅1、2号楼（16层框架—剪力墙结构）16800m^2、浙江宝岛安全技防有限公司新建厂区多层厂房、办公楼、仓库等15400m^2、杭州金信智能卡有限公司新建厂房10500m^2、黄岩锦茂物质有限公司车间、仓库9660m^2、浙江华毅能源有限公司钢结构厂房19200m^2、舟山五洲船舶制造有限公司钢结构厂房17090m^2。10多年来承担工业与民用建筑结构设计和施工图审查约20多万平方米。2005年在浙江升华房地产开发有限公司挂职担任副总工程师，协助总工程师参加公司技术管理和招投标工作，重点负责升华·隐龙山庄项目山地别墅工程（用地29.125hm^2，建筑面积12.02万 m^2，总投资为人民币4.5亿元）的工程技术管理、工程图纸变更的审核、与设计单位的协调等工作，同时完成了山地别墅的挡土墙设计、山体爆破方案审核和组织技术可行性论证。该楼盘荣获2003年度全国人居经典竞赛综合大奖，该项目于2006年全部交付使用。2006年兼任德清升华置业有限公司（中外合资）总经理，全面负责升华·玉墅林枫项目的开发建设工作，该项目占地15.04hm^2，建筑面积22万 m^2，总投资为10亿人民币，2009年年底已完成13万 m^{2}的工程建设（表5-3）。

主要项目一览表　　　　　　　　　　　　　表5-3

项目名称	起至年月	建筑面积	投资规模	备注
升华·隐龙山庄	2004年12月至2006年6月	12.02万 m^2	人民币4.5亿元	已经交付
升华·玉墅林枫	2006年7月至今	22万 m^2	人民币10亿元	完成13万 m^2

案例二：项建国副教授——浙江建设职业技术学院教学名师

项建国，男，硕士，副教授，国家注册监理工程师，浙江省高职高专专业带头人培养对象，省级精品课程负责人，中国建筑学会会员，浙江省建设工程造价管理协会会员，浙江省建筑工程技术专业核心课程教学团队主要成员。

在企业中担任过施工员、总监理工程师、总工程师、企业顾问等职务，曾经从事设计、预算、施工、监理和企业管理等工作。

项建国是较早参与校企合作和工程实践的专业教师，1983年参加工作后就开始进行房屋建筑及结构设计。1985年开始帮助施工企业进行招投标，进行工程概预算的编制。1987年开始与东阳第三建筑工程公司合作进行企业员工培训，后在该公司的杭州分公司担任技术顾问，并在浙江省邮电设计院大楼担任施工员。1990年开始担任海宁市丁桥建筑工程公司技术顾问，进行技术方案的论证。1995年开始组建浙江建效工程建设监理事务所，开始从事监理工作，先后担任总监代表和总监理工程师。2006年开始在校企合作企业杭州市城市建设监理有限公司担任总监理工程师兼顾问、杭州赢天下建筑工程有限公司担任总工程师兼技术顾问、浙江东冠建设工程有限公司担任副总工程师。

长期的企业合作和参与工程实践，积累了大量的工程素材和项目管理经验。课堂教学采用案例教学，极大地提高了学生的学习兴趣。结合工程实际副主编《建筑工程施工组织》（国家"十一五"规划教材）、主编《建筑工程项目管理》（国家"十一五"规划教材）、主编《建筑工程施工项目管理》（国家紧缺型专业教材）、主编《施工项目管理实务模拟》（"411"人才培养系列教材）；通过工程实践与理论、实践教学相结合的研究，在国家核心期刊发表了8篇关于理论教学和实践教学的论文；结合本人的教学经验，为青年教师作了教学示范讲座和提供了实践的岗位，承担了5位青年教师的培养工作，并成为学校教学骨干。

在工程实践中积极探索先进的施工工艺和施工方法，为企业提高现场管理水平和施工质量献计献策，及时发现和处理工程施工中出现的实际问题。在使企业提高工程质量、企业资质和竞争能力的同时，也为自己的科研工作提供了源泉。例如：浙江省住房和城乡建设厅课题"房屋建筑垃圾的就地利用"、住房和城乡建设部课题"浙江省建筑企业信息化建设研究"和浙江省教育厅课题"建筑工程承包价格波动的价值模型研究"均来源于工程实践，目前已经结题。结合上述课题研究撰写多篇文章，其中有两篇被EI收录。

通过在企业挂职，融入了企业、融入了工程，赢得了企业的信任和尊重，这样能够掌握多个企业不同项目的工程进展和企业人才的需求情况，可以为学生提供不同形象部位及结构的工程进行参观实践、跟踪实践和毕业实践。从而也为安排学生就业和青年教师实践岗位提供了极大的便利，通过本人与企业关系而就业的学生已举不胜举（表5-4）。

主要项目一览表　　　　　　　　　　表 5-4

项目名称	起至年份	建筑面积	投资规模	备注
灵隐寺五百罗汉堂	1997～1998 年	1 万 m²	0.8 亿元	西湖杯、钱江杯
海宁市锦绣花园	1999～2000 年	12 万 m²	1.2 亿元	—
海宁市中远商厦	2000～2001 年	4.3 万 m²	1.0 亿元	—
海宁市南苑中学	2001～2002 年	5 万 m²	0.8 亿元	南湖杯
海宁市景云桥旧城改造工程	2002～2003 年	10 万 m²	1.3 亿元	浙江省标化工地
海宁中学改扩建工程	2003～2006 年	3 万 m²	1.2 亿元	海宁市标化工程
浙江大立科技产业化基地	2004～2006 年	8 万 m²	2 亿元	—
海宁市海州大饭店一期	2005～2007 年	4 万 m²	1.2 亿元	海宁市标化工地
海宁市土管局办公楼装饰工程	2006～2007 年	1 万 m²	0.2 亿元	—
杭州三塘小区综合楼工程	2005～2008 年	5 万 m²	0.9 亿元	杭州市标化工地
海宁市海州大饭店二期	2007～2008 年	3 万 m²	0.9 亿元	浙江省标化工地、南湖杯
浙江东冠建设工程有限公司 1 号厂房工程	2007～2008 年	1.3 万 m²	0.3 亿元	西湖杯
浙江财经学院东方学院迁建工程	2009 年至今	22 万 m²	5.2 亿元	海宁市标化工地、图书馆优质结构工程（后张法预应力）
东冠恒鑫大厦	2007～2009 年	7 万 m²	2.1 亿元	西湖杯

案例三：李强讲师——学院教坛新秀

李强，男，讲师，硕士，国家一级注册建造师。1992 年毕业于延安师范学校，1996 年毕业于长安大学建筑工程专业，2004 年获西安建筑科技大学结构工程硕士学位（统招），具有 8 年的施工一线工作经历，2009 年获浙江建设职业技术学院第四届"教坛新秀"荣誉称号。

任教以来主要从事"建筑施工技术"、"高层建筑施工"、"钢结构施工与质量验收"等课程的教学工作。先后担任浙江建设职业技术学院教务处教务科长和教学科长。出版专著《411 人才培养模式》1 部；公开发表"Finite Element Modelling of Coal Unloading Chute with Skew Beam"、"Failure Mechanism and Idealized Plane Model of Coal Unloading Chute with Skew Beam"、"Evaluating

Student's Performance during Post-internship Using Fuzzy Synthetic Approach"等论文30多篇，其中核心期刊8篇，EI、ISTP收录8篇；参编规范、教材各1本；获得省部级以上奖励5项，其中浙江省教学成果一等奖1项，浙江省科学技术一等奖、三等奖各1项，住房和城乡建设部科学技术二等奖1项，浙江省高校科研成果一等奖1项；主持教科研项目8项，其中教育厅科研项目1项，教育厅优秀青年教师资助计划项目1项，住房和城乡建设厅科研项目1项，中国高等教育学会"十一五"教育科学规划课题1项；主持院级精品课程1项；授权发明专利1项，实用新型专利1项。

案例四：师徒结对以老带新，教学相长提升效能——经管系举行首届"老带新"教师"比武"活动

师资队伍建设是学校内涵建设中的一项重要工作，而培养青年教师又是师资队伍建设中的一个重要方面。针对近年来青年教师较多、教学经验不足的实际情况，为了加强师资队伍建设，充分发挥骨干教师传帮带作用，加快青年教师的培养成长，我院经管系采取"以老带新、师徒结对"的办法，在去年开学后排出了8名年轻教师与8名骨干教师进行结对帮教，并专门组织了隆重的师徒结对仪式，师徒双方签订结对活动协议，并对指导老师的职责条件、青年教师的任务要求和活动安排等都作了明确规定。在一年的以老带新、教学相长实践活动中，新教师虚心向老教师求教，认真备课，精心设计教案，交流切磋技艺，在教研室形成了良好的教学氛围。新教师们教有所感、教有所悟，教学能力、科研水平也得到显著提高。在此基础上，为更好地发现人才、弘扬先进、比学赶帮，该系领导研究决定举办系首届"老带新"教师"比武"活动，旨在以比赛促进步，提高教师的专业技能。

2008年10月10日下午，以签订的经管系"老带新"师徒协议为依据，在对参赛教师的基础资料进行评比的基础上，又举行了现场"比武"活动。由院领导及相关职能部门的专家组成的评委会对参赛教师的表现进行了认真的评议，当场评出一等奖1对、二等奖2对、三等奖2对。"比武"现场，参赛的教师个个都精心准备，努力发挥水平；"师徒"间配合默契，相得益彰。他们扎实的学科专业知识和临场的较好发挥，受到大家的一致好评，也为系里其他教师提供了一次很好的观摩学习机会。

附："老带新"协议

为更好地发挥老教师的积极作用，加快新教师的成长步伐，特制定建工"老带新"协议。

一、新教师的定义

新教师是指在高等院校任教不满2年的学院教师。

二、指导教师的资格

指导教师是指具有副高职称以上或在高等院校任教10年以上，具有丰富的教学和实践经验的教师。

三、指导期限

指导期限原则上为两年，特别优秀的新教师或已有较长时间兼课经历的硕士研究生经系和教研室考核认为满足要求的，指导期限可缩短为一年。

四、指导教师的责任和权利

1. 指导教师应关心新教师的工作、学习和生活情况；及时在力所能及的范围内为新教师排忧解难；对于不能解决的问题应及时向系及学院反映，争取解决。

2. 注重新教师的思想政治修养，关心其进步，提高其师德水平。

3. 指导教师应指导新教师了解教学计划、教学大纲；对新教师的教案、授课计划、授课方法、授课内容进行审阅、把关，以使新教师提高其教学水平。

4. 指导教师应指定一到两门专业书籍让新教师阅读。

5. 指导教师应带领新教师进行工程实践，一般每年应下工地10次。

6. 指导老师应督促新教师写论文，至少发表1~2篇论文。

7. 指导教师应指导新教师把握好课堂教学的各重要环节，每学期应对新教师听课三次以上，进行指导。

8. 如新教师不服从指导教师的相关安排，指导教师有权利终止指导。

9. 对指导教师增加 50 学时课时补贴。

五、新教师的职责和权利

1. 新教师应到指导教师的一个班级跟班听课，并做好听课记录。

2. 服从指导教师的安排。

3. 认真学习，虚心请教。

4. 注重自身教书育人水平的提高。

5. 完成一到两本专业书籍的阅读，并写出读书笔记。

6. 每年下工地实习 10 次以上，并由指导教师签名。

7. 完成一到两篇教研、教改、工程实践、科研等相关论文，并正式发表。

六、成果

1. 新教师的教学文件（授课计划、教案、听课记录）。

2. 指导教师的指导总结及对新教师的评价、建议一份。

3. 新教师的读书笔记一份。

4. 新教师的实习总结报告一份。

5. 新教师的论文一到两篇。

第二节　专业教学团队建设

高职院校教师是培养高技能人才的主力军，是国家高层次人才队伍的重要组成部分，决定着高职院校的办学水平与人才培养质量。因此，建设高水平且具有"双师"素质结构的教师队伍是提高高职院校教学质量的重要保证，而加强教学团队建设则是实现这一目标的有效途径。

一、教学团队的含义与特征

依据美国著名管理学教授蒂芬·罗宾斯的定义，团队是指"一种为了实现某一目标而由相互协作的个体组成的正式群体"。共同的行为目标和有效的交流与合作，是团队的本质特征。加强高职院校教学团队建设，就是要以推进职业教育特色的专业建设和课程改革为目标，建立有效的团队合作机制，促进教学研讨和教学经验交流，探索有利于增加学生实践能力的教学模式，在校企合作平台上开发教学资源，提高教学水平。教学团队建设是高职教育师资队伍建设的重要环节，也是高职院校提升教学质量、实现可持续发展的重要举措。

20世纪90年代后期，我国的一些高等学校也开始组建教学团队，进行团队教学实验与研究。学术界基本认为团队是由少数技能互补，愿意为了共同的远景目标、业绩目标而相互承担责任的个体所组成的群体。基于此，可以将教学团队定义为：以教书育人为共同的远景目标，为完成某个教学目标而明确分工协作、相互承担责任的少数知识技能互补的个体所组成的团队。一个高水平或高效的教学团队一般应具有"共同目标、知识技能互补、分工协作、良好沟通、有效领导"五个特征，其中"有效领导"尤为重要。拥有出色的团队带头人，才能理清团队建设思路、明确团队发展方向、设计团队远景目标、协调团队成员行动、统领团队成员朝既定目标和方向努力。

二、高职院校教学团队建设的意义

（一）有利于教师专业发展，实现优势互补

随着学生对知识的需求越来越多元化，教学内容不断增多加深，任何一个教学过程，即使是教授一门课程，也会变得非常复杂。高职院校教师面对专业课程随市场需求变化不断调整的新局面，专业发展仅凭教师个人的学习和探索是远远不够的，需要通过团队学习实现教师的知识交流与共享，促进教师的专业成长。在教学团队中，青年教师需要有教学水平高、学术造诣深的老教师进行"传、帮、带"；老教师也需要在与青年教师的交流共享中更新观念。学校专任教师需要掌握实践技能，增加指导实训实验的能力；企业兼职教师也需要了解高职教育理念，不断提高教学水平。新老教师、专兼职

教师在取长补短、互相交流中达到共同提高的目的。

(二) 有利于拓展团队带头人的辐射作用，提升综合实力

相对于教师集编写教材、准备教案、讲课、辅导答疑、批改作业等多项工作于一身的单兵作战，教学团队能大大扩展团队带头人的辐射作用，形成综合实力，有效促进整个教学过程系统的优化。没有团队，教师的个人能力就变成了影响课程教学质量和效果的关键因素；而有了团队，通过教师之间的互相启发、补充和激励，可以激发更高的个人工作效能，及时把握学科发展的前沿，确立先进的教学理念，不断改革教学内容和教学方法。

(三) 有利于有效处理复杂的教学问题，提高人才培养质量

随着课程之间、专业之间、学校与社会之间的联系越来越多，以团队为基础对学生进行综合培养，强调的是团队成员在工作中的配合与协作，有利于有效处理复杂的教学问题，进而提高人才培养质量。当前，高职院校发展速度之快是前所未有的，但师资队伍建设远远跟不上学生规模的扩张，生师比高成为高职院校的普遍问题。从效率角度看，教学团队建设可以通过内部的沟通、整合，成员之间交流共享技巧和经验，在有限的师资下提升整体效率。同时，教学团队在专业知识传授过程中，能够充分实现教师与教师、学生与教师、学生与学生多重关系共存的团队内横向互动，取得良好的教学效果。

三、高职院校教学团队建设现状及存在的问题

(一) 教师实践能力较差，缺乏高水平专业带头人

我国高职教育起步较晚，建校时间大都在10年左右，并且多是通过"三改一补"成立的。原有的教师普遍存在缺乏实践技能的问题，"双师"结构极不合理，而且近年来伴随着高职教育的扩招，教师短缺。由于没有建立良好的用人机制，企业的专业人才及能工巧匠很难招聘来校，大量的高校应届毕业生涌进高职院校教师队伍，造成具有专业实践教学能力的教师严重不足，尤其是高级生产实习指导教师的缺乏，没有形成专兼结合的教学队伍，影响了人才培养质量。专业带头人是教学团队的领军人物，由于受师资来源和培

养方式的影响，致使教学团队松散，阻碍了高职教育专业和课程建设的有效实施。

（二）教学团队专业结构不合理

教学团队专业结构不合理，不能完全适应地方经济发展的需求。年龄结构断层较为严重，25～40岁之间的中青年教师比例总体偏高；学历结构层次偏低，师资队伍中具有硕士以上学位的教师较少；学缘结构存在欠缺，大多教师来自普通高校，没有经过高等职业教育的专门学习，而是照搬普通本科教育的方式开展教学；"双师型"教师比例较低，由于新引进的青年教师大多是从高校毕业后直接进入学校任教，理论知识方面是过硬的，但却不熟悉岗位实践，因此出现了"一条腿走路"现象，理论教学水平高却不能开展实践教学。

（三）教学团队整体意识不强，缺乏凝聚力和战斗力

在教学过程中，部分教师团队意识不强，没有建立一个整体概念，只顾个体教学，相互间缺少沟通协作，把教学看成是个人的工作，造成教学重复和矛盾，使得整个专业教学不成系统。还有的教师由于长期固守自行其是的传统教学方式，使得团队缺乏凝聚力，不愿探索和创新教学方法，墨守成规，教学团队无法形成统一的目标和采取统一的行动，表现出来的只能是个体发散而非团队凝聚，大大削弱了团队建设的作用和意义。

（四）教师培训力度较弱，教学团队缺乏激励竞争机制

从整体角度来看，高职院校专业教师知识结构陈旧，很难满足高职教育发展新时期、新变化下的新要求。最根本的原因是培训力度不够，部分教师容易满足现状，无法产生学习动机。培训渠道不畅、培训计划不当以及培训经费短缺，造成教师无法及时"充电"和更新知识结构，只能"坐吃山空"啃"老本"。还有一些教师不求进取，只是应付工作，混日子。长此以往，教师无法受到应有的激励而参与教学改革和竞争，导致整个教学团队的效率大大降低。

高职教育强调能力本位，要求以活动带动教学，通过行为引导、技能示

范的方式使学生对理论与技能融会贯通。而教师却普遍没有改变传统教育观念，教学无积极性和创造性，对旧的教学模式紧抱不放，照本宣科，无法达到专业教学目标。

四、高职院校教学团队的建设途径

就高职院校发展而言，教学团队是以提高教学质量、推进专业建设和课程改革为任务的，由为实现集体绩效目标协同配合、技能互补的教师组成。高职院校教学团队建设是一项系统工程，不仅在于表面形式上的组建，关键是要突破传统教学基层组织管理的体制性弊端，合理配置教学资源，建立有效的团队合作机制。

（一）以专业结合课程（群）为基础组建教学团队

针对高职院校专业设置突出职业性，课程体系突出职业能力培养的特点，强调理论与实践并重、教育与训练结合的人才培养特色，比较适用于以专业结合课程（群）为基础组建教学团队。基于专业结合课程（群）的教学团队必须围绕高职教育的培养目标，坚持以职业技术为核心，体现职业技能优先、实践能力优先。目前，有以专业基础课程、专业主干课程、专业实践课程、校企合作共享课程等多元课程为核心的教学团队，打破了原有的教学行政组织，以专业建设和课程建设为重要建构基础。在专业基础课程、专业主干课程、职业技能课程、特色课程基础上，由相关课程教师和实践教学教师、校内专职教师和校外兼职教师共同完成核心层、支持层、基础层、特色层等不同层次的多元课程模块。在教学团队中，由理论教师实施专业基础教学，由实践教师开展实训指导，由企业专家进行职业技能培训，由校企合作的实习基地提供实践场所，形成专业教学的模块建设。同时，建立与专业教学团队建设相配套的教学管理组织系统。

（二）加强校企合作，提高教学团队的专业实践能力

工学结合、校企合作是高职教育人才培养模式改革的切入点，也是提高教学团队专业实践教学能力的重要途径。高职院校必须加强与企业的联系，

密切与企业的合作，赢得企业的支持，这样才能为教师提供必要的实训条件，提高教师的专业实践教学能力。对于没有企业经历的专业教师，学校要制订计划，分期分批地派遣到企业"挂职"学习，顶岗锻炼，参与企业生产管理和项目论证、技术改造、产品营销和职工培训等；中青年教师可以脱产或半脱产轮流下企业实习，独立完成或合作完成工程项目；新进的高校毕业生都必须先到与专业相关的企业进行上岗培训，重点学习专业操作技能，并考取相关的上岗证和技能等级证书。另外，鼓励教师走岗位自学成才之路，结合所在岗位和所承担的教学任务，以任务带动技能提高。通过这些方法，提高专业教师的实践技能，建设一支既懂专业理论知识，又具有较强实践教学能力的教学团队。

（三）培养团队带头人，提高教学团队建设的质量

教学团队建设的核心工作是培养和引进高水平的团队带头人。一个团队必须有一个高水平的团队带头人，才能够有效地推动教学团队建设。因此，要加大团队带头人的培养力度，注意引进优秀人才，造就一批站在专业前沿、掌握行业企业最新技术动态和影响力的领军人物，使专业建设更好地贴近市场。

（四）加强师资培训，建立教学团队教师绩效考核机制

目前，高职院校的专业教师普遍存在知识老化、陈旧的问题，亟待加强培训，更新知识结构。高职院校要制定统一的培训计划和竞争激励机制，激发教师提高学历和取得职业资格证书的积极性，让团队成员不断超越自我。通过采用公平、公正、竞争择优的绩效考核方式，将岗位绩效与津贴挂钩。在专业教学团队中承担什么岗位、创造什么业绩，就拿什么津贴，岗位业绩变了则薪酬随之变化，使绩效津贴逐步成为专业教师收入的主要部分。这一措施的目的在于鼓励教师在团队中多作贡献，以加强对教学团队的管理和激励，促进教学团队的健康发展和高效运转，从而激励团队成员发挥智慧和潜能，提高专业教学质量，打造教学团队的核心竞争力。

同时，学校应努力营造氛围，给予教学团队相应的政策支持、技术支持、物质支持。一方面，对教学团队建设要合理规划，重点建设一支教学质量高、

结构合理的教学团队,遴选一批教学经验丰富、有创新意识的团队带头人,制定有利于教学团队发展的激励政策。对有突出成绩的团队带头人和成员给予物质、职称、评聘等方面的倾斜鼓励政策,从而为教学团队的健康发展营造具有竞争性的政策环境。另一方面,应有专项经费保障,把教学团队建设与现有的特色专业建设、精品课程建设、实验基地建设结合起来,把教学团队的优秀标准与衡量这些项目建设的成效有机结合起来,对教学团队的成果给予必要的物质激励。

(五)树立团队意识,增强教学团队的凝聚力和战斗力

教学团队所承担的任务必须依靠集体力量完成,团队成员必须团结协作,充分发挥各自的特长,作用互补,功能互融。目前高职学院教师"一条腿走路"较多,来自学校的教师不了解市场,来自企业的教师不了解教学;理论教学水平高的对实践教学无从开展,具有丰富实践经验的不知如何驾驭讲台。在教学团队建设中,如果教师是各顾各的教学,各干各的工作,缺乏沟通和协调,仅仅注重个人主义,忽视彼此的强强联合、优势互补,就会影响整体工作的质量或阻碍各项工作的顺利开展。

教学团队作为一个整体,必须具有整体观念或团队意识。团队中的每一个成员都要具有集体观念,无论是开展专业建设、课程建设、教材建设、实习实训基地建设、工学结合、校企合作、人才培养模式的改革,还是教学方法的研究等任何一项工作,都离不开团队的集体力量,只有增强团队意识才能够提高教学团队的凝聚力和战斗力。因此,我们要首先明确团队目标,构建教学、科研与实践的研究平台,充分发挥每一位成员的潜力,形成技术集成,强化团队意识,培养团队精神和团队的凝聚力;其次,根据每位成员的专业特长和专业建设需要,量身定做,拟订成员个人成长计划;最后,创造条件,为成员搭建培养平台。

(六)运用柔性管理,为教学团队建设创造良好氛围

考虑到教师的自主性特点及工作自主的需求,工作中实行柔性工作制,即把工作时间分为柔性工作时间和团队工作时间。在柔性工作时间段内,教

师可以灵活地选择自己工作的具体时间和方式，而团队工作时间段内教师必须到岗。柔性工作制的实施，对教师来说，一方面可以赢得更多能自由支配的时间，对工作时间有自主权；另一方面，由于感到个人需要和生活习惯得到了尊重，能够更好地协调家庭生活、业余爱好和工作之间的关系，因而使其产生了对工作的责任感，提高了工作效率。此外，学校要创造柔性的工作环境，设计柔性化的激励方案。在这个群体中，不同年龄、不同经验、不同背景、不同水平的人相互交流，相互影响，相互陶冶，诚信做人。团队负责人要注重团队优良气氛的培养，只有具备民主的氛围，团队才具有凝聚力，才能够不断吸纳优秀教师，不断提高整体能力。

五、创建学习型教学团队

学习型教学团队的建设是教师职业化建设的客观需要，有利于营造良好的学习氛围，促进教学团队文化建设，推动教学团队队伍建设。创建学习型教学团队，对教师的教学能力提出了更新更高的要求，争做学习型教师也是适应当下快速变革的时代需要。

（一）创建学习型教学团队的重要性和迫切性

1. 创建学习型教学团队是解决当前客观存在的现实问题的需要

目前教师疲于教学、科研、评估等繁重的工作任务，在此背景下，许多教师对学习索然寡味。相对于学习型组织的管理理论，教学团队当前的学习理念停留在传统的认识上，这难以激励出广大教师的潜能。教学团队的学习气氛不够浓厚，有较强学习能力和学习愿望的教师往往各自为战，缺乏统筹；团队学习没有引起重视；学校对学有所成的教师关注程度不高；学院领导在学习方面的示范作用不明显；系部之间缺乏相互沟通与交流等问题的存在，严重阻碍了教学团队的全面、快速发展。

2. 创建学习型教师是教师职业化建设的客观需要

教师职业化建设需要一支业务精通、作风优良、品格高尚的职业教师队伍，而大力提高教师的思想政治、业务素质必须通过强化学习。只有通过认真学习才能锤就一个具备优秀的政治品质、执著的职业忠诚、完善的道德品行、高度的自律精神的现代教师。只有坚持不懈地加强学习，才能塑就一个拥有扎实的理论功底、厚实的文化底蕴的职业教师。教师的职业要求与社会对教师的高期待决定教师必须加强学习。

3. 学习型教学团队是适应快速变革的时代的需要

时代对教学团队提出了发展的新要求，只有善于学习，不断地开拓创新，才能存在与发展。而目前教师的技能水平相对于时代变化的需要尚有一定差距，无法满足新时期的更高需要。

4. 创建学习型教学团队是实现教师个人愿景和教学团队共同愿景的需要

通过学习型教学团队创建活动，不断更新学习理念，明晰个人和组织的学习愿景，并使二者相互结合、相互促进，在持续学习的过程中提高教师的理论水平和职业技能，最终实现个人的自我超越和团队的期望。

由此可见，创建学习型教学团队是提高教学团队管理和教师能力的迫切需要，是加强基层教学团队建设的关键环节。

（二）对学习型教学团队的正确理解

习惯性思维将学习型教学团队单纯地理解为全院工作人员努力、勤奋、刻苦的学习，对它所包含的丰富而深刻的内涵缺乏一个全面、理性的认识。因此，大多教师产生了"这只不过是走过场，是形式上的需要"、"新瓶装旧酒，只是做样子"等错误认识，于是在行动上表现出一种被动应付的行为，在心态上表现出消极应对的情绪。因此，有必要解决对"学习型教学团队"的认识问题。

我院学习型教学团队应当定位于创建成为一个适合当前社会形势以及今后教学团队发展的，能够与时俱进，不断创新，并有崇高而正确的核心价值、信念和使命的教学团队。在学习型教学团队中，全体教师携手同心，共怀大志，共图大业，具有不断创新、勇于挑战、积极开拓的共同愿景，充分激发出教师的创新潜能，创造出异乎寻常的工作成果，最大限度地实现自身价值，使教师真切地体会工作与生命的意义所在，最终达到心灵追求的最高境界。学习型教学团队的学习理念侧重于更新学习理念、注重学会如何学习和学会如何思考,强调团队学习,不断提高整体学习力。它有三层含义:第一是学习型教学团队拥有与日俱增的学习和与时俱进的创新力;第二是它强调团队学习,共同愿景,激发整体学习力;第三是它注重在愿景实现过程中让教师真切地体会到工作与生命的意义所在。

(三)正确处理好学习型教学团队中的三个关系

1. 学习与工作的关系

学习型教学团队的本质特征是使学习与工作达到最佳结合,通过学习创新工作,在学习中获得创造力,在创新工作中检验学习成果,并再深入学习再作创新,由原来的被动型学习转化为主动型学习,将学习变成教师自身的强烈渴求,成为一种满足内在需求的原动力。在当前教师各类工作压力与日俱增的形势下,所表现出来的是并不会因为工作量增多而放松甚至放弃学习,也不会因为强调学习而降低教学质量;而是在工作中学习,在工作中思考,在工作中创新,在学习中工作,在学习中总结,在学习中提高。

2. 个体学习与团队学习的关系

现有的学习模式注重个体学习,团队学习没有受到应有的重视。这种相互独立或割裂的个体学习不能充分发挥出学习所具有的价值和学习所产生的推动力,在事件中表现为个体学习成果受不到应有的重视,学习成果得不到及时有效的转化,个体所需要的受组织关注重视的感受不明显,从而影响了个体积极性、创造性的发挥。因此,在我们的组织中必须建立学习团队,将分散的个体资源进行有效整合、彼此连接,搭建一个能够淋漓尽致地发挥教师的智慧与创造力的平台。在创建学习型教学团队的过程中,院系领导应当责无旁贷地担当起学习的先行者、倡导者、推动者和实践者。

3. 学习与行动的关系

学习成果的转化必须通过积极行动得到实现。停留在书本的学习其价值并未能真正得到体现。只有将学习这种手段通过付诸行动才能检验学习的价值存在。只有针对自身工作实际和需要,结合工作汇总各种新类型教学出现的各类新问题开展研讨,优化知识结构,提高解决实际问题的能力,才能真正做到学以致用。

(四) 学习团队的组建

(1) 确定院领导作为学习的一级团队，充分发挥其模范带头的引领、协调作用。从而营造尊重知识、崇尚博学、注重研究、学求有成的良好校风。

(2) 由学科成立以教学骨干为主的类似"课题组"、"教学案例研讨小组"、"人文素质教学团队"等，以及将跨部门组建的调研小组作为学习的二级团队，每年选择一两个题目开展调研，总结教学实践经验，研究教学规律，提高分析问题、解决问题的能力，成熟的调研成果可以用来指导教学实践。从而造就一批学识渊博、教学能力突出的精英教师。

(3) 不定期的教师沙龙、教师示范课等形式作为学习的三级团队，教师们可以互相学习、交流、探讨，相互影响，激发动力，共同提高。

(五) 多元学习方式的开展

(1) 业务培训和考试测评相结合。带动、引导和督促全院教师尤其是青年教师积极投身于提高解决教学问题的水平、提升课堂教学能力的学习中，使每位教师获得新知、增加才干。培训体制可采取全员培训与重点培训、集中培训与分散培训、定期培训与不定期培训相结合的形式。

(2) 经常化、制度化的业务学习制度与自主选学的自学制度相结合。要求制订详尽的年度学习计划，落实每周的学习；自学要结合工作实际，通过阅读书报、网络在线学习等方式进行，每个人都有一个长期学习的计划和读书清单。

(3) 严格的学习考评制度与激励奖励制度相结合。采用学习成果讨论交流、学习成果测试、开展理论学习征文等形式，突出考核教师在教学实践中汇总经验、实际问题的合理妥善解决能力。学习考核机制以"引导"和"量化"为主线。

(4) 完善继续教育制度，鼓励教师自学、在职学习和脱产学习，鼓励教师报考各类职业资格考试，在职攻读硕士、博士学位，并在报销学费、教学安排等方面给予优惠政策，从而激发全院教师追求知识、热爱学习的热情。

(5) 举办教师论坛，邀请知名学者、专家、上级领导和资深教师、业务骨干举办学术报告、专题讲座，辅导授课。并注重内容的实用性、前瞻性和新颖性，注重对教学实践中疑难问题的研讨，了解教学的前沿资讯。

（6）学习中注重帮带。采取以强带弱、以老带新、以熟带生的方法，院领导、中层领导和业务骨干应充分发挥作用，帮带学习能力较差和新进教学团队的教师，传授一些教学经验和学习调研心得，缩短他们摸索的过程，尽快掌握教学技能和学习方法。

第三节　园林工程专业教学团队的实践

一、团队概况

园林工程专业教学团队 1999 年成立，经历了从小到大、从弱到强的发展过程。现有专业及专业基础课教师 19 名，其中专任教师 17 名，专任教师比例为 89.5%。兼任教师 2 名，比例为 10.5%。专任教师中拥有高级职称者 10 名，比例为 58.8%；中级职称者 2 名，比例为 11.8%；初级职称者 5 名，比例为 29.4%。专任教师中"双师型"教师 11 名，比例为 64.7%。40 岁以下青年教师 11 名，比例为 64.7%。40 岁以下青年教师硕士研究生毕业者 4 名，比例为 36.4%。团队负责人丁夏君，团队结构如图 5-1 所示。

园林工程专业教学团队，在抓好理论教学的同时，十分重视实验、实训设施的建设。2000 年前主要设备资产 136.5 万元，目前主要设备共有资产 506.6 万元，实验室直接用房面积（含实训车间）2220m^2，辅助用房面积

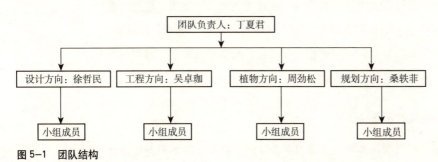

图 5-1　团队结构

640m²。三年来所购设备比 2000 年前几十年的总资产增加了 2.7 倍多，实验室建设得到了较大的发展。对加强实践性教学环节具有十分重要的作用。

园林专业现有专业实验室 12 个、专用机房 1 个、系资料室 1 个，建成的玻璃温室工程、校园苗圃、实训大楼为本专业学生提供了一流的实验实训条件。园林专业基础课基本集中于教学楼上课，另外配备容纳 200、100、50 人的多媒体教室 20 个。系里配备两个手工制图专业教室，模拟仿真实训基地等条件，教学基础设施完备。

二、团队教学改革特色

依据 1995 年 8 月国家教委在北京召开的全国高等职业技术教育研讨会上提出的："高等职业教育的培养目标是在生产服务第一线工作的高层实用人才。"依托国家教育发展的政策优势，大力发展高职高专教育。

据 2003、2004、2005 年对企业进行的调查，我省目前有园林企业近 300 家，今后 5 年内需求园林建筑工程类人才近 16000 人。经过分析，我们发现在园林本科教育中主要强调的是设计创意，其他高职院校园林专业教育的重点在植物方面。我们依托行业和建设类院校开办此类专业的自身优势，毕业生可以将植物配置设计与建筑设计结合起来，可以加强园林工程施工图设计、园林建筑设计，使园林变得更为完善优美。

以培养高技术应用型人才为中心，设计人才培养的课程方案。围绕"一个中心、四项原则"合理设计人才培养方案。即："以培养高技术应用型人才为中心。以培养高技术应用能力为原则，合理协调素质、知识、能力三者的关系。以紧跟行业形势发展为原则，健全教学科目课程，革新教学内容。以提高学生学习效率为原则，不断创新教学方式、改革考试方法。以保证教学水平为原则，健全规范教学管理制度。"

三、团队主持和完成的省部级项目

成果现有新世纪教学改革项目 3 项（高职学院园林工程技术专业校企合

作机制与人才培养模式的研究，yb07145.2007 年省新世纪高等教育教学改革项目；建设水利类专业教学改革研究与实践，zx08004.2008 年省新世纪高等教育教学改革研究项目；示范性高职院校教学质量校内评价体系的构建研究，2009 年浙江省新世纪高等教育教学改革二类项目）；主持国家精品课程"园林建筑设计"1 门；编写《建筑场地设计园林规划设计》、《建筑场地设计》、《村庄规划设计实务》、《园林规划设计》四本浙江省重点教材。

本章小结

（1）一支素质优良、结构合理、相对稳定的高素质专业教师队伍，在高职人才培养中有着举足轻重的作用。通过 6 条途径和 5 项机制加强师资队伍建设。6 条途径即：对原有教师队伍进行改造，提升其科研能力和高教理念；对新引进的本科院校教师，着重改变其教育观念；对新进的研究生，实行全方位的"老带新"培养模式；对新引进的一线技术管理人员，着重提升其教学能力；鼓励教师在教学改革和生产实践中提高水平；培养具有行业影响力和国际视野的专业负责人。5 项长效机制为：提高教师待遇，改善教学环境；鼓励教师参与实践，获取相应的报酬和职称；鼓励教师参加各种考试，获取相关执业资格；借鉴高校教师的培养经验，加大经费投入；启动"三项工程"加强师资队伍建设。

（2）教学团队建设是提高高职教学质量的重要保证。高职应结合专业课程（群）组建教学团队；加强校企合作，提高教学团队的实践能力；培养团队带头人，提高教学团队的质量；树立团队意识，增强教学团队的凝聚力和战斗力；运用柔性管理，为教学团队建设创造良好的氛围。建议高职创建学习型教学团队，处理好学习与工作、个体学习和团队学习、学习和行动三个关系，采用多元化的学习方式。

第六章 课程改革与实践

第一节 课程建设的总体规划

《关于全面提高高等职业教育教学质量的若干意见》（教高［2006］16 号）中指出"课程建设与改革是提高教学质量的核心，也是教学改革的重点和难点。高等职业院校要积极与行业企业合作开发课程，根据技术领域和职业岗位（群）的任职要求，参照相关的职业资格标准，改革课程体系和教学内容。建立突出职业能力培养的课程标准，规范课程教学的基本要求，提高课程教学质量。"

课程建设是高校教学工作的基础建设工作，是专业建设的核心工作，高质量的课程是衡量一所学校教学水平高低的重要尺度。加强课程建设是有效落实教学计划，提高教学水平和人才培养质量的重要保证。专业建设能否达到预期的人才培养目标，其落脚点应该落在课程建设上。课程建设不仅包括围绕专业建设而进行专业课程设置，而且也包括具体的课程教学质量。

一、结合示范院校建设，加强课程建设的规划

几年来，学院一直把课程建设作为教学工作的重要项目来抓，通过校级精品课程、省级和国家级精品课程的建设，有效地调动了教师开展课程建设的积极性，提高了课程教学质量，为提高学院教学质量奠定了基础。但离省级示范性高职院校的要求差距还很大，我们面前的任务还很重。我们必须进一步解放思想，加大课程内容改革力度，加快课程建设的进度。

（一）课程建设体系的分类

课程体系的分类是一个比较复杂的过程，它可以按照不同的要求分成不同的体系。按照课程建设的质量可以把课程分为一般（合格）课程、优质

课程和精品课程；按照课程的专业体系可以把课程分为基础课程、专业课程（专业基础课程和专业技术课程）；按照课程的内容可以把课程分为理论课程、实践实训课程（包含工学结合课程）；按照课程的作用和地位可以分为主干课程（包含核心课程）和非主干课程。不同的分类有不同的要求和作用。

学校以培养学生能力为主线，提出教学设计的理念和程序。从社会调查和职业岗位（群）分析入手，分解和提炼出从事具体职业岗位（群）工作所需的核心职业能力、专项能力以及能力要素，根据这些能力要素来设计具体的理论课程和实践课程。

高职课程体系构建，要强调课程教学的实践性。突出实践教学分量，明确规定各专业实践教学比重不低于40%，建立起了一套模块化、组合型、阶梯式的实践教学体系：包括实践教学目标、实践教学内容、实践教学管理、实践教学支撑保障。各专业的实践教学体系通过对真实岗位（群）的分析，确定相应的技能或能力模块，设置对应的训练课程或项目，初步形成了由基本技能、专业技能和综合技能（能力）训练课程（项目）和实习、毕业设计等构成的实践教学体系。同时，注重引进行业标准，确保实践教学内容与国家职业技能鉴定、职业岗位实际需求全面接轨，构建职业资格证书"直通车"。

（二）学院课程体系的确立

学院人才培养方案，将教学计划中的课程体系分为文化基础课程、专业能力课程和素质拓展课程三大类。文化基础课包括政治理论、计算机、语言写作、军事体育等课程；专业能力课程包括专业核心课程和专业基础课程；素质拓展课程包括人文素质、非专业技能和社会实践等课程。

每个专业首先必须确立专业能力课程中的核心课程，《教育部办公厅 财政部办公厅关于做好2006年度国家示范性高等职业院校建设计划项目申报工作的通知》中指出："按照高技能人才培养的特点和规律，参照职业岗位要求，改革课程体系和教学内容，每个专业建设3～5门工学结合的优质核心课程及配套教材、教学课件等教学资源，并在区域或行业内至少4所职业院校中推广使用"。每个专业要根据确立的核心课程合理确定专业能力的基础课程，加大专业课程的整合改革力度，加强实训、实践动手能力内容的课程建设，大力建设专业素质拓展课程。

各专业以"能力本位"课程观为指导，构建以适应行业（企业）一线工作需要、培养学生职业综合能力为主旨和特征的课程体系和教学内容。各专业要明确专业主干课程和专业核心课程，制定主干课程包括核心课程的课程标准，严格按照课程标准进行教学。学校重点专业要带头进行科学的、职业特色鲜明的课程标准的制定工作，并以项目负责制的形式落实到教师层面，由此规范课程教学的基本要求，以提高课程教学质量。为了贴近实践，让学生掌握行业工作最新的技能，重点专业在课程体系建设和课程标准制定方面要坚持走与企业、行业一线工作发展要求紧密结合的道路，与一线行业紧密合作，密切注视行业部门最新的工作动态，要求专业教师定期下基层调研，了解行业部门的最新要求，及时调整课程教学内容，并和行业专家一起研究探讨，努力制定能突出职业能力培养、操作性强的课程标准。

各专业要邀请行业和实务部门专家参与专业设置论证、教学计划制定和调整等人才培养工作，将行业单位专家参与人才培养的全过程紧密结合。根据相关行业人才需求情况和职业岗位基本要求，在人才培养方案中将专业所对应的工作岗位需求与学生学习目标紧密结合；在明确职业岗位关键能力的基础上，通过改革专业课程体系或相关课程内容，将工作内容与学生学习内容紧密结合；增加实践教学环节，加强校内仿真或生产性实训基地以及校外实训基地的建设，将工作环境与学习场所紧密结合；改革实践技能课程的考核和评价，将职业岗位工作要求纳入考核内容，将工作标准与学生学习考核有机结合。

二、以示范院校标准为要求，做好课程建设工作

"十一五"期间，国家将启动1000门工学结合的精品课程建设，带动

地方和学校加强课程建设。课程建设是个长久的、艰巨的任务，不是一朝一夕能够完成的。我们学院的课程建设，应该从以下几个方面脚踏实地地抓起。

（一）一般建设与优质建设相结合

一般建设主要是指对所有课程都开展基本建设，确保所有课程、特别是文化基础课和专业必修课有相对稳定的师资配备、相对规范的过程管理和基本的教学质量。优质建设指为提高资源效益，精选对全校和各专业人才培养质量影响较大的基础课程、主干核心课程，一些新开专业的课程或者已有一定基础、力争建设为省级、国家级精品课程的一些课程，扬优支重，进行重点集中建设。

（二）整门课程建设与单项建设相结合

整门课程建设项目包括师资队伍、教学条件、教学内容、教学方法与手段和教学效果等方面的建设，主要分精品课程建设、系列课程建设、网络课程建设、公选课程建设及扶持课程建设等；单项建设项目包括教学大纲修订、试题（卷）库建设、习题集编写、教材建设、教学素材库（挂图、音像、案例等）建设、多媒体教学软件开发、考试练习工具软件开发、研究性教学方法的运用、综合性与设计性实验实训开设等。

（三）短期建设和长久建设相结合

课程建设虽然是个长久的、艰巨的任务，但我们也应十分重视目前创建示范院校的有利时机，加快课程建设的发展步伐，理清核心课程、主干课程以及专业群平台课程的关系，制定出具体的建设规划，尤其是核心课程的建设方案。要做到目标清醒、措施到位、人员落实、责任明确。

（四）目标管理与过程管理相结合

学校制定各种各类课程建设的质量标准，并在课程建设项目的申报、中期检查和结项验收的每个环节中实行严格的管理；各系（部）和课程负责人提出本系（部）、本门课程建设的基本任务，并负责具体建设过程的管理，对本系（部）课程建设管理和课程建设目标的实现承担责任。

三、确立课程建设重点，明确课程建设目标

学院将课程建设工作作为全校教育教学基本建设的重点来抓，建立起以合格课程为基础、优质课程为重点、精品课程为示范和特色的课程建设体系。建立各门类、各专业的校、省、国家三级精品课程体系，并保证精品课程的可持续发展。具体建设目标如下：

示范期间学院将建设 100 门以上优质课程，确立一批覆盖面宽、直接影响学生素质与技能培养的基础理论与基本技能的文化基础课、专业必修课作为优质课程进行建设，加强专业主干核心课程和实验实训课程（特别是工学结合课程）的建设，以优质课程建设带动相邻的系列课程建设。通过示范期间的课程建设，我校的校级精品课程超过 30 门，省级精品课程达到 16 门，国家级精品课程 3 门，形成校、省、国家三级精品课程体系。在课程建设过程中，还要加强我校课程资源库的建设，为共享教学资源创造有利的条件。

四、强化学生的能力培养，改革课程教学内容和方法

（一）合格课程建设

合格课程建设是课程建设的基础性工作，达到合格课程标准是对课程建设的最基本要求。各系部要重视合格课程建设工作，尤其要重视新上专业的课程建设，尽早使其全部达到合格课程标准。合格课程建设主要进行教师队伍、教学内容、教材、教学文件等基本建设。

（1）重视教师队伍建设。课程建设教师队伍是关键，课程主讲教师应具有讲师以上职称，任课教师相对稳定，具有一定的教学、科研以及实践动手能力。

（2）重教学内容建设。教学内容科学，能够吸收一定量本专业领域的最新科技成果和先进的教学经验，理论教学与实践教学相结合。

（3）改进教学方法和手段。能够选用较为适宜的教学方法和比较科学、先进的教学手段，有利于培养学生的实践能力和创新精神。

(4) 恰当选用教材。选用适应于本专业培养目标的优秀教材。

(5) 规范教学文件建设。教学文件包括教学大纲、教案、习题、实验指导、参考文献目录、考核方法及试题库或试卷库等。

(二) 优质课程建设

优质课程建设是以合格课程建设为基础，使达到合格课程标准的课程进一步提高建设质量为目的。为此，优质课程要在合格课程的基础上，重点加强以下几方面的建设：

(1) 更新教育思想观念。以学生为主体、注重学生个性发展等现代教育理念要在课程教学中有所体现。

(2) 提高教师队伍水平。课程由教学与科研能力较强的具有副教授以上职称的教师主讲；形成结构较合理、人员较稳定、有一定比例的"双师"型的教师梯队，教师教学和科研的整体水平较高、教学效果好。

(3) 重视教学内容和课程体系改革。教学内容科学，注重教学改革研究，有校级以上（含校级）教改立项；注意吸收本学科领域最新的科技成果和先进的教学经验；做到理论教学与实践教学安排合理。

(4) 改革教学方法和手段。能够选用适宜的教学方法，使用现代化手段进行教学；教学有特色，对培养学生的实践能力和创新精神有明显的作用；鼓励网络建设，初步建成包括教学大纲、教案、习题、实验指导、参考文献目录、考核方法及试题库或试卷库等内容的网络教学资源库。

(5) 注重考试改革。考核内容和方法科学合理。

(6) 选用国家级优质教材、规划教材和有特色的自编教材，尤其是与行业企业共同开发紧密结合生产实际的实训教材，确保优质教材进课堂。

(7) 教学文件齐备（包含的内容同合格课程），教学组织管理科学、规范。

(三) 精品课程建设

精品课程是有一流的教师队伍、一流的教学内容、一流的教学方法、一流的教材、一流的教学管理等特点的示范性课程。有计划、有目标地建设成一批辐射性强、影响力大的精品课程，可以大范围地推进全校的课程建设，可以营造一种重视教学质量、重视课程建设、以人才培养为己任的良好氛围，同时也可以提升学校的知名度。所以，开展精品课程建设的工作也是对全校课程实行宏观管理、可持续地推进课程整体建设、提高教学水平的重要手段。因而，精品课程建设不能陷入一般化的课程建设，而要做到高起点、高标准、高要求，体现先进性、科学性和示范性，要以优质课程为起点，按照以下标准和要求进一步加强建设工作：

（1）要以先进的教育思想为指导，体现现代教育理念，能满足学生自主化学习、个性化学习的需求。

（2）拥有一支高水平的教师队伍。精品课程要由学术造诣较高、具有丰富授课经验的教授、副教授主讲，并在建设过程中逐步形成一支结构合理、人员稳定、教学和科研能力强、教学效果好的高水平教师梯队。

（3）重视教学内容的改革与建设。教学内容要先进、科学，及时吸收本学科领域的最新科技成果，广泛吸纳先进的教学经验和教改成果，体现新时期社会、政治、经济、科技的发展对人才培养提出的新要求，做到理论与实践紧密结合。

（4）不断改革教学方法。能够选用适宜的教学方法，教学方法有利于培养学生的科学思维能力和创新精神，要有鲜明的教学特色，效果显著，符合素质教育要求。

（5）注重采用先进的教学手段。合理运用现代信息技术等手段，改革传统的教学方法、教学手段和教学管理，使用网络进行教学与管理。

（6）加强网络课程资源建设。要在主要教学文件（包括教学大纲、授课教案、习题、实验指导、参考文献目录、考核方法和试题库或试卷库等）上网免费开放的基础上，加强网络课件、授课录像等方面的建设，争取经过几年的努力，达到能够进行远程教学的要求，实现优质教学资源共享。

（7）不断深化考试改革。建立有效、可信的考试机制，考核内容和方法科学合理，鼓励探索和尝试网上考试。

(8）注重教材建设。选用国家级优秀教材和规划教材，同时积极编写有专业特色的自编教材，并能够逐步建成一体化设计、多种媒体有机结合的立体化教材系列。

五、加强各级组织领导，落实课程建设措施

（一）加强课程建设的组织领导，保证课程建设工作的有效开展

加强课程建设是学校提高整体教学水平和人才培养质量的重要举措，它涉及教师队伍、实践基地、教学内容、教学方法和手段、教材、教学管理等教学基本建设工作的诸多方面，是一项整体性教学改革和建设工作。因此，必须加强组织领导，学校负责组织制定全校的课程建设规划、方案，组织开展新上专业合格课程的验收和优质课程、精品课程的评选、推荐，对各类课程进行检查、指导和评估等工作；系部组负责制定本单位的课程建设规划、方案，开展合格课程的建设、指导、验收和检查，组织申报精品课程等工作，从而为课程建设工作的有效开展提供组织保证。

（二）加强教师队伍建设，确保课程建设可持续发展

拥有一支师德高尚、治学严谨、学术水平和教学水平"双高"的教师队伍是提高课程建设质量、实现课程建设可持续发展的关键。为进一步加强教师队伍建设，学校应大力培养和引进学术水平和教学水平"双高"的主讲教师，鼓励并继续投入专项经费支持在职教师进行新课程短期培训和申请攻读学校真正需要的博士、硕士学位，不断提高教学科研水平；加强对青年教师的指导和帮助，迅速提高青年教师的教学水平；大力培训、引进"双师"型教师，聘请国内外知名教授来校任教、指导。

（三）加大经费投入力度，为课程建设提供必要的经费支持

为保证课程建设的质量，学校要加大课程建设经费投入力度，设立课程建设专项经费，专门用于校级优质课程建设和课程基本建设，同时各系部从专业建设中拨出一定比例的经费用于本系部课程基本建设。

(四)建立科学合理的管理机制,确保各类课程建设质量

课程建设是一项长期的基础性的教学工作,必须常抓不懈。为此,学校将修订《浙江建设职业技术学院课程建设管理办法》的相关规定,规范对课程建设研究项目的管理,定期组织专家对课程建设项目进行中期检查和结项验收,并推荐参与省级、国家级精品课程评选。通过监督检查,及时对各类课程的建设提出相应的改进意见和建议,使其在教学实施过程中不断完善和提高;对在检查、评估中发现的后续建设工作不力、水平明显下降的课程,将取消其相应的荣誉称号,停拨后续建设经费。

(五)建立有效的激励机制,鼓励教职工积极参加课程建设

课程建设是教学工作的重要组成部分,为鼓励教职工积极参加课程建设,学校应把课程建设纳入教学工作考核、奖励范畴,建立相应的激励机制。主要包括:对评选出的优质课程和精品课程分别授予荣誉称号,提供一定数额的前期建设补助和后续建设经费,并从优质课程中择优推荐参加精品课程的评选;把课程建设工作作为专业技术人员考核、职务晋升以及评选优秀教师、年终考评的重要内容之一。

第二节 综合实务仿真模拟课程的开发与实践

课程是教学的核心。学校根据市场对人才的需求,发掘课程资源,自主决定"教什么",并制订教学计划及确定教材,这种学校本位的课程,简称校本课程。校本课程的开发旨在提高学校课程适应社会变革的能力,有利于学校办学理念和办学特色的实现。我院自主开发的高职高专土建类"411"人才培养模式综合实务模拟系列教材包括《施工项目管理实务模拟》、《工程监理实务模拟》、《高层建筑专项施工方案实务模拟》、《工程监理资料实务模拟》(图6-1),《施工项目管理实务模拟》尚属国内首创。本节阐述了综合实务仿真模拟课程开发的必要性,论述了开发的原则、开发程序、构成要素、内容、特点和功能。

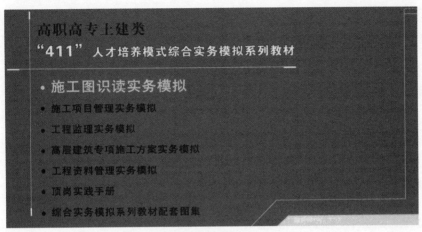

图 6-1 "411"人才培养模式综合实务模拟系列教材

一、综合实务仿真模拟课程开发的必要性

以就业为导向的职业教育教学改革受到越来越多的关注。为了培养学生的综合职业能力、实践技能和创新能力，应利用好学校和企业两个方面的教学资源，建设好校内和校外两个实训基地，搞好校内训练与企业顶岗实习的衔接至关重要。学生基本职业能力的形成是循序渐进的，从分散的知识、单项的技能掌握到各科知识和各项技能的综合应用，从校内实训开始到企业顶岗实习结束，既是一个积累的量变过程，也是一个从"学"到"用"的质变过程。这一转变能否顺利实现，关键就在顶岗实习前的校内的综合性实训课程的质量。

学生从学校毕业后所面对的社会不是一个简单地以课程划分的社会，他们所面临的也不是一个个孤立的学科问题，而是一系列综合性、整体性的问题。如果在学校里听任各学科独立教学而互不交流的话，那么学生在毕业进入社会后就会感到无所适从，觉得所学的课堂知识无法与社会实践很好地结合起来。因此，在校生在学完所有的专业基础课和专业课后安排一个综合性的实训课程是十分必要的。未来社会要求其社会成员具有较强的应变能力和创新能力，而这种能力最终将体现在对综合性问题的解决当中。综合实务仿真模拟训练是为了加强学生理论结合实践的能力，能够真正做到学以致用，通过打破学科界限把学生片段的学习内容整合起来，再把这些内容加以综合提炼，同时结合本地区的经济、社会的实际发展情况，对学生进行的一种综合性能力的培训。综合运用本专业（岗位）的主要知识和技能在学校集中进行的综合性、系统化训练。综合实训课程的目标是培养学生基本掌握本专业的核心能力和关键能力，为进入企业顶岗实习做好准备，并最大限度地增强对就业岗位的适应度。

二、综合实务仿真模拟课程开发的原则

综合实务仿真模拟课程开发立足高职培养目标。准确把握以下课程开发的原则。

（一）符合学校发展实际

综合实务仿真模拟课程的一个重要原则是符合职业学校发展实际。职业学校是综合实务仿真模拟课程开发的实验基地，教师是开发的主体，专业课程如不能反映本校的专业特点和办学条件，学校的办学思想和培养目标则得不到落实，学校的办学特色也无法显现。实际上，校本课程开发如不考虑学校的具体条件和实际需求，就脱离了学校的独特性和差异性，那么综合实务仿真模拟课程就没有存在的价值。

（二）以学生发展为中心

综合实务仿真模拟课程开发要考虑学生需求因素。规划课程在培养和奠定学生素质方面已形成规范的体系，但在专业课程上往往顾及不到具体学校、个体学生的兴趣爱好、实际水平和发展需求。学校教育要体现和满足这种差异性，就需要通过校本课程开发来完成，以岗位需求为依据开发综合实务仿真模拟课程。

（三）体现校企优势互补

长期以来，由于教师只能是执行有关课程计划，被动地完成教学任务，因而不具备课程意识和课程开发能力。目前，我国职教教师存在着缺少课程知识的培训，即使接受培训，其目标也是为了完成教学。为了确保以需求为导向，高职院校须与有关行业、企事业单位建立密切合作的伙伴关系，要让用人单位尽可能多地参与学生培养计划的设计和部分培养工作，提供一定的培养条件，使用人单位对培养工作有较多的实实在在的发言权。与企业专家合作可以取其现场经验和具体实践之长。这种优势互补必将促进校本专业课程教学的改革和发展。综合实务仿真模拟课程开发要与有相同专业的学校教师合作，学校内部教师之间也要采取联合攻关的形式。

（四）满足岗位能力需要

综合实务仿真模拟课程开发要充分征求企业的意见，开发出具有区域资源特色的校本专业课程，满足企业对学生职业岗位能力的需要。课程内容要及时反映新知识、新工艺、新技术发展的趋势。在选材时尽可能反映最新、最有价值的科技成果，主动适应企业发展对人才的需求，不断将动态的、具有较高价值的企业新成果、新方法引入课程。

三、综合实务仿真模拟训练课程的构成要素

综合实务仿真模拟训练课程的构成要素是指作为一门课程所必须具备的内容及要求。综合实务仿真模拟训练课程的构成要素，有如下六项。

（一）综合实务仿真模拟训练目标

综合实务仿真模拟训练课程的目标是依据实际工作岗位或相应职业资格鉴定标准制定的。目标中规定了通过综合实务仿真模拟训练课程学生应掌握的核心能力和关键能力及达到的程度。不同的综合实务仿真模拟训练课程可能采取不同的要素组合，从而形成不同的训练模式。

（二）综合实务仿真模拟训练内容

训练内容应围绕实训目标，针对专业所对应的职业岗位群、项目、任务来确定。在确定训练内容时，训练载体的选择是一个重要的步骤，它直接影响综合实务仿真模拟训练课程的质量。训练载体的选择有以下几种方式：一

是选择一个或多个轮换岗位作为训练载体，通过完成岗位工作、履行岗位职责，掌握岗位要求的职业能力；二是选择一项产品或服务任务作为训练载体，通过产品的产出和任务的完成，掌握生产服务流程和形成相应的职业能力；三是选择某一生产流程为训练载体，通过对生产流程的模拟仿真，掌握生产岗位的技术。

（三）综合实务仿真模拟组织形式

为了达到实训目标的要求，实训的组织形式应按照训练载体的工作要求和培养学生专业核心能力和关键能力的需要进行设计，尽量把两个方面的要求统一起来，形成综合实务仿真模拟训练的特定组织形式。具体的形式可以有：按实际工作流程安排的班组形式；按照工作任务或工作项目需要组成工作小组或项目小组；按模拟的工作场景扮演不同角色的形式等。

（四）综合实务仿真模拟训练环境

训练环境是综合实务仿真模拟训练课程效果的保证。训练设备及训练软件要有模拟操作性，便于完成接近企业实际的生产过程。训练场所和相应的教学资源要有真实性，便于反映接近现场的真实工作气氛，以满足做中有学、学中有做、边做边学的训练模式。同时，训练环境还应具有适应多个相近专业的可组合性，以提高教学实训环境的利用率和使用效益。训练岗位的数量应能满足每个参加训练学生都能动手的要求；训练岗位的种类应能满足学生分组、分岗位轮换训练。

（五）综合实务仿真模拟训练指导

综合实务仿真模拟训练的指导，既要遵循生产工艺的自身规律，又要遵循教学规律。学生在教师的指导下，有组织、有计划、有步骤地完成。指导综合实务仿真模拟训练的教师应是"双师型"教师，具有相关岗位工作经历或实践经验。综合实务仿真模拟训练教师不但要有理论结合实际的专业能力，还要具有良好的语言表达能力、积极的工作态度和协调、组织能力。必要时可以组成一个专业、技能、年龄结构优势互补的指导教师小组，靠集体的力量完成好综合实务仿真模拟训练指导工作。

(六) 综合实务仿真模拟考核评价

考核评价对整个教学过程起到导向、检验诊断、反馈调节等多重作用。综合实务仿真模拟训练的考核内容应注重多重性,如专业能力的考核与关键能力相结合,过程考核与结果考核相结合;考核方式强调多样性,如实际操作考试、笔试、面试;考核主体突出多元性,如个人评价、教师评价、企业评价和小组评价等形式。

四、综合实务仿真模拟课程开发的程序

综合实务仿真模拟课程开发遵循如下程序。

(一) 成立开发小组

根据校本课程开发的操作模式,学校成立专业课程开发委员会和相应的课程小组,为整个综合实务仿真模拟课程提供组织保证。专业课程开发委员会和课程小组的成员应具有广泛的代表性,由专业课教师、专业课实习指导教师和企业专家组成。工作程序具有民主、开放、科学和合作的精神,有利于教师专业自主性的充分发展和体现。

(二) 课程分析论证

专业课程的前期分析论证是做好综合实务仿真模拟课程开发的必要条件。在培养目标"培养生产、服务、技术和管理第一线工作的高等技术应用型人才"的框架下,分析培养目标与专业课程目标的关系。以胜任某种岗位要求为出发点,以实用为目的,以"必需"、"够用"为度。因为,在市场经济条件下,市场需求是最有力的调节杠杆,企业是劳动市场最大的买方,是职业教育的需求主体,企业一般都强调从业人员应能满足顶岗需要,以胜任岗位需要为出发点开发综合实务仿真模拟课程。

(三) 拟订课程方案

制订实施性综合实务仿真模拟课程开发研究方案,是在课程分析的基础上进行的。主要内容有:划分工作阶段、安排工作程序、明确每一阶段工作的任务和要求。综合实务仿真模拟课程开发研究方案的格式一般为：

（1）综合实务仿真模拟课程名称。

（2）编写委员会和课程开发人员名单。

（3）综合实务仿真模拟课程开发原因、意义、目的和任务。

（4）研究计划，其中包括实施要点和相关指标、资料的收集与处理等。

（5）组织工作，其中包括编写人员的组成与分工、日程，即分阶段工作计划或分阶段成果指标，以及所需设备和经费的预算等。

（6）主要参考文献。

（四）组织实施方案

实施课程开发方案是专业课程开发过程中的第二个阶段。从总体上讲，组织实施方案阶段包括对资料的收集、整理、分析和编制四个环节。

（1）收集资料。收集资料是指在运用既定方法进行研究的过程中，把所取得的有关研究对象的资料，包括文献资料、座谈记录、调查问卷、测试结果、学生作业、新旧教材等与课程有关的资料进行收集。

（2）整理资料。整理资料就是把收集到的资料进行加工整理，使资料整齐、有序，以便下一步研究工作的顺利进行。整理资料一般需要经过核对、分类、挑选等步骤。主要是对资料的来源是否完整、是否准确进行核实、核对，根据需要把资料分门别类地加以整理，并在分类的基础上挑选有代表性、有典型性的资料，淘汰错误的和用处不大的资料。

（3）分析处理资料。资料整理以后，要根据资料性质的不同进行分析和处理，分析研究的目的是获取有价值的资料，并对占有的资料进行思考和技术加工。

（五）课程试用总结

对开发的综合实务仿真模拟课程在试用的基础上，进行信息反馈，总结学生和老师在使用过程中提出的改进意见，分析使用新课程后的效果，跟踪学生的毕业情况，听取企业的建设性意见，不断总结经验，提炼相关的课程革新理论，使课程的改革不断螺旋式上升完善。

五、综合实务仿真模拟课程的特点

综合实务仿真模拟课程具有综合集成、仿真实用、辅助训练的特点。

（一）综合集成

综合实务仿真模拟训练项目集建筑工程技术专业三年的专业基础理论、专业知识、专业基本技能、专业技能和职业素养与要求于一体，以工作岗位群之间相互关联的关键职业能力培养为主线，体现出全面、系统、综合的特点。学生在经过全部训练后，对建筑工程项目的建设过程将有一个全面而深刻的了解，学生的关键职业能力得到极大的锻炼。

（二）仿真实用

为了突出高职特色，虽然实训内容不可能完全是真实的，但是一定要保证模拟仿真性好、实用性强。为了突出这一点，我们使用了真实的图纸、资料、合同、质量验收单等，建立了仿真模拟训练室。训练室已有完善的专业标准、规范、规程资料（包括国家标准、行业标准、企业标准）；有完整的土木工程施工标准图集；有专业教学所需的多媒体案例资源库；具有能从事资源库建设所必需的部分软硬件设备；其中有来自工程一线的实际工程全套资料 200 余套，近 5000 册；能进行相关资料的电子检索和网络阅览。仿真性与实用性得到了极大的加强。

（三）辅助训练

我们请企业专家参与了训练方案的制订与修改，并专门到企业去调研并收集企业实际的业务流程、业务资料、案例和数据。使各个训练项目的操作手段都向计算机化、信息化、网络化、电子化方向发展。积极运用现代化的技术手段和方法，将训练项目通过自主科研立项的途径开发设计成训练软件系统，学生借助计算机进行辅助训练。如：施工图识读综合实务能力训练软件不仅能显示每道题目正确的人数、错误的人数，还能进行成绩分布分析，学生和老师可以针对存在的问题加强薄弱环节的训练。这样，不但能提高实训的效率，而且在训练中所接触到的，都是在今后工作中用到的。在教学中，教师主要起到组织、引导、答疑、纠错和评估的作用。在训练中，每一个阶段的开始，教师首先要提出训练的目标与要求；在阶段进行当中，主要进行引导、答疑和纠错；实训结束后，对学生的工作结果进行评估。这样，更容易掌握每一位学生实际的能力与学习的效果，有针对性地进行辅导，进一步完善教学目标，提高教学效果。

六、综合实务仿真模拟课程的功能

（一）提高综合职业能力

1. 有利于知识整合和技能综合

综合实务仿真模拟训练具有帮助学生实现所学知识的整合与综合职业技能的全面掌握的功能。职业能力的形成，传统上是根据课程内容的结构，分知识点、技能点按照学科教学的进度、顺序分阶段掌握，但由于其不符合职业岗位的工作系统性，不能使学生对岗位群的各种能力全面认识，也不能实现完整的训练。而综合实务仿真模拟训练则通过岗位轮换、任务、项目的工作整体流程，将学生按课程顺序和教学环节进度分散掌握的能力贯穿起来，让学生在到企业实习之前就能对工作环境有全面的了解。

2. 综合实务仿真模拟训练促进教学与就业岗位的"零距离对接"

高等职业教育的专业一般是针对岗位群所设立，培养的学生应具备与就业岗位"零距离对接"所要求的综合职业能力。因此，在学生进入顶岗实习前，就应学会处理实际工作中所遇到的问题的初步方法，掌握基本职业能力。而以往的课程教学安排，比较强调课程中知识点和单项技能的掌握，忽视了这些知识、技能在实际工作中的综合应用问题，难以达到上述要求。综合实务仿真模拟训练则针对这一问题，重点解决知识、技能在哪些工作环节、哪些工作岗位、哪些工作情景的应用及如何应用的问题。

（二）引领教学整体改革

1. 引发教学组织方式与考试方式的改革

在综合实务仿真模拟训练课程中，由按教学班的组织形式改变为项目小组或分工作岗位小组，改变原有的单项内容、单一课程和单一环节的运行方式为各岗位轮换、全过程跟踪完整项目实施的综合训练方式。从对个别知识点与技能点的单个训练到对岗位群的团队工作的综合训练，使学生能全面了解专业所对应的岗位群的工作，有利于学生的合作意识、产品质量意识和团队精神的培养。新的考核评价是对学生训练工作全过程和项目实施成果的评估，考核评价内容包括能力形成过程和生产实务操作结果两个方面。考核主体向学生小组和学生个人延伸，改变以教师为主的评价方式为学生自我评估与小组评估、教师评估相结合的方式。

2. 带动教材、教学设备、实训场地的建设

综合实务仿真模拟训练课程是一种新的课程体系。首先，应建立以工作任务为驱动、以单元模块为主要结构形式的教材体系，便于吸纳和更新知识点和技能点。其次，打破纸介质为主的单一的、平面的、静态的教材形式，变为立体化、动静结合、多种介质组合的形式。第三，综合实务仿真模拟训练课程需要综合性的教学方案和与之相配套的教学资源，如课程大纲、教师手册、助教助学型课件、自测与考试系统等。第四，由现代教育技术和计算机网络通信技术提供电子教案、网络课程和相应的实训软件等教学资源，形成教师和学生服务的教学辅助体系。

3. 促进"双师型"教师队伍的建设

指导综合实务仿真模拟训练课程对教师提出了专业知识、技能与教学方法的双重挑战。对教师队伍的自我完善起到了推动作用，形成对教师知识结构与能力结构的重组，改革的挑战也是教师自我完善的契机。培养有综合能力的学生，要求教师不仅要有理论知识和较强的操作技能，还要有组织指导训练项目、任务的能力。因此，还需要教师进行知识和能力的更新，并掌握新的教学组织、教学方法和现代教育技术。

综合实务仿真模拟训练的灵魂在于按照就业岗位要求，应用综合知识技能的思路与方式训练学生。综合实务仿真模拟训练所形成的新的教学理念、课程结构、教学方法和考核评价方式，及成功效果，必将为其他课程和教学

环节作出示范，将带动整个教学内容与教学方式的改革，从而引发整个教学的新一轮改革与创新。

本章小结

（1）课程建设是高校教学工作的基础建设工作，也是专业建设的核心工作，课程建设质量是衡量一所高校教学质量和办学水平的重要尺度，也是教学改革成败的关键。通过对课程建设的分类、建设的内容和建设目标以及建设的要求进行分析，强调课程建设在示范建设中的重要性、紧迫性和必要性。

（2）我院自主开发的高职高专土建类"411"人才培养模式综合实务模拟系列教材包括：《施工项目管理实务模拟》、《工程监理实务模拟》、《高层建筑专项施工方案实务模拟》、《工程监理资料实务模拟》，《施工项目管理实务模拟》尚属国内首创。

第七章 实训基地

第一节 校外实习基地建设

校外实习基地是对学生进行实践能力训练、培养职业素质的重要场所，是实现学院人才培养模式目标的必备条件之一，重视和加强校外实习基地的建设、领导和管理是实现校企合作、开放办学的重要途径。随着以"工学结合、校企合作"为主导的职业教育改革的不断深化，校外教学实习基地建设在示范性高职院校全院性人才培养模式中的实践性教学体系中发挥着越来越重要的作用。本节首先介绍了我院校外实习实训基地的管理办法，其次对我院校外实训基地的建设现状进行了调查分析，并提出建设意见。

一、校外实习基地建设的管理办法

（一）校外实习基地的基本功能

承担我院高等职业教育、非学历职业技术技能培训等部分实践教学任务，积极创造使学生在真实环境下进行岗位实践的条件；培养学生解决生产实践和工程项目中实际问题的技术及管理能力，培养团队协作精神、群体沟通技巧、组织管理能力和领导才能等综合素质，为学生今后就业上岗从事各项工作打下基础；努力把实习基地建设成为实践能力训练的实习基地和专业素质培养的实践基地，并为专业技术开发、生产及新技术的应用推广等作出贡献。

（二）校外实习基地建设的原则

（1）有效原则。根据学院示范建设期紧密性基地的总目标，各系应对基地建设进行全面规划，协调拓展，避免各专业之间重复，提高校外实习基地的利用率。

（2）系统原则。各系应制订与本办法配套、符合专业建设要求的基地管理细则，即通过校外实习基地建立的一系列考勤、考核、安全、劳防、保密等规章制度，培养学生遵纪守法、爱岗敬业的职业习惯。

（3）固定原则。校企双方需配备固定的联络员和实习指导教师，负责该基地建设与日常管理中的相互沟通，指导学生实习等事宜。特别是要培养一支学历、技术职务和技能结构合理的指导教师队伍，以保证实训工作质量的不断提高和实习基地建设的不断加强。

（4）多样原则。基地应为"双师结构"队伍建设创造条件，采取教师到基地挂职锻炼或兼职技术骨干，企业能工巧匠或高工到学院兼职教学等多种形式，不断提高师资队伍的整体水平。在加大对兼职实训实习指导教师培训力度的同时，促使他们了解专业的教学要求，积极参与教学改革。

（5）需要原则。各系各专业应与合作企事业单位共同研究培养目标；根据新技术、新工艺的发展需要，共同制订专业技术技能培训教学大纲，组织编写校外实训的教材。并根据由校企双方商定的实习大纲、计划、方案等要求，结合基地的实际情况，认真完成相应的教学工作任务。

（6）服务原则。基地能为科技成果转化和应用型课题研究提供必要条件，充分发挥校企双方的智力、设施等资源，努力开展科研活动，使基地建设成为科技成果服务咨询和转化推广的集散地；并开展职业注册、技术技能等培训项目，提升基地的社会服务能力和辐射能力。

（7）就近原则。考虑经费承受能力及学生实训实习质量，尽可能就地就近选定专业对口、工艺和设备先进、技术力量雄厚、管理水平高、生产任务比较充足的企事业作为学校的校外实训实习基地。

（8）共建原则。经费投入可根据校企共建的原则，利用校企自筹、学校与科研单位或行业联合等多渠道筹集经费。学院在每年的财务预算中也将安排一定的资金用于资助实践教学基地建设与指导工作。

（三）校外实习基地的类型与认定条件

实习基地建设分为紧密型实习基地、一般型实习基地两个类型。学院分管各系领导分别负责协助各系联系一处以上紧密型实习基地，指导做好基地建设工作；各系应设立好相应的紧密型实习基地及一般型实习基地，并做好相关基础工作。

1. 紧密型实习基地的认定条件

作为紧密型实习基地，必须在以下条件中至少有四项有突出成效：

（1）基地依托的企事业单位规模大、资质高，行业诚信良好、文化内涵丰富、社会影响力较大。

（2）已建立基地管理细则，校企双方注重实习基地的管理，信息交流通畅。

（3）能积极开展定向或订单式培养。

（4）能共同探讨专业建设、教学计划制订、人才培养目标和人才培养方案，共同制订教学大纲、开发实践课程、编写教材等。

（5）能为教师提供挂职锻炼的机会。

（6）能共同促进企业职工的继续教育。

（7）能容纳数量较多的实习学生（一般 5 人以上）。

（8）能积极开展横向应用型课题的技术合作。

（9）能持续聘用我院毕业生留在企业工作。

（10）校企双方均委派工程经验丰富、责任心强的指导教师，数量满足要求。

（11）合作企业有一定的资金或人员投入。

2. 一般型实习基地的认定条件

（1）基地依托的企业具有接纳学生实习的条件。

（2）校企双方信息交流通畅。

（3）有较为丰富的工程经验的指导教师。

（四）校外实习基地建设的组织与管理

（1）紧密型实习基地的建立应在产学研办参与下签订合作协议，一般型实习基地可由系自主签约并报产学研办备案。协议应注明基地名称、依托单位、建立时间、面向专业、主要实训项目、年接纳实习人数、使用年限、是否有住宿条件、是否发放学生实习补贴、年接收毕业生就业人数，并明确双方责任、义务及协议有效期等项目内容。

(2) 紧密型实习基地的协议期限至少三年，一般型实习基地的协议期限至少一年。协议到期后经双方同意，一年内应重新签订协议，到期后半年内无法正常签署协议者，视为该基地已撤销。在协议期间基地撤销、续约，实习项目有重大变更时，需由一方向另一方提出书面意见，经双方同意后重新签署并认定。

(3) 要加强对校外实习基地的指导与管理，学院组织定期检查并进行指导，院领导每学期至少一次与紧密型实习基地的企事业单位领导进行沟通和互访，产学研办公室应对实习基地进行宏观指导与随机检查，相关系部（专业）应保持定期检查和信息畅通，以促使实习基地的建设管理工作真正落实到位。

(4) 实习基地要严格遵守国家有关部门颁布的法规，法令及条例，建立实训环境管理和劳动保护的管理规定、安全操作管理规程和文明生产措施，营造良好的育人环境。

(5) 学院将根据各系各专业实习基地的建设情况，给予一定的工作经费。紧密型实习基地的建设工作经费为1000元/个，一般型实习基地的工作经费为500元/个。

(6) 学院成立紧密型实习基地考核小组，每年下半年对各校外紧密型实习基地进行一次集中考核，对上一年度在基地建设和管理中有突出成绩的、或有明显进步的优秀紧密型实习基地进行奖励；对不合格的实习基地预告整改或建议撤销。考评结果将纳入系部（专业负责人）的年终考核范畴。优秀紧密型实习基地的数量原则上控制在校外紧密型实习基地总数的50%以内。

二、对我院校外教学实习基地建设的建议

(1) 校外实习基地的教学必须全面贯彻党和国家的教育方针，遵循教育、教学的基本规律，努力培养学生的专业基本能力、职业技能和职业素质，不断提高教学质量及教学水平。

(2) 校外实习基地的建设要按照统筹规划、互惠互利、合理设置、全面

开放和资源共享的原则，使学生在实际的职业环境中顶岗实习，实现职业教育的人才培养与行业、企业需求平顺对接。

(3) 整体上加强实习基地的规范管理。首先是对现有的基地进行梳理，无协议留底补充留底，过期协议续签或作废；其次是签约严格按照产学研办规定的流程执行并存档；再者是各系按学院的《校外实习基地管理办法》根据专业建设要求制定相应的《校外实习基地管理细则》并付诸实施；最后是依据管理办法中的附件《校外实习基地考评指标体系》每年年底进行考评与奖励。

(4) 注重对系部与教师的考核。由于校外实习基地是全院性人才培养模式中的重要实践教学环节，具体的运行控制又在系部，各系级领导对校外实习基地应切实加大建设和管理的投入力度，实习基地的评优结果建议列入年终先进集体评比条件之一；教师作为参与建设校外实习基地工作的主体，应结合专业省级示范的"双师"素质教师、"双师"结构团队建设要求，在教师业绩考核方案中配套制定相应的激励和考核制度，以期有效地推动和鼓励教师（尤其是中、青年教师）积极主动地参与建设并到校外实习基地带职锻炼。

(5) 充分利用职业教育集团的平台作用。按照高职院校"以服务为宗旨、以就业为导向，走产学研结合之路"的要求，积极寻求政府对校企合作方面的政策支持，以调动企业主动参与"工学结合、校企合作"的积极性。此外，学院各专业负责人积极主动地带领教师团队对合作企业进行经常性的走访和调研，密切关注行业、企业对人才培养的需求，以适时调整专业群对接岗位（工种），同时根据建筑市场的新动向，适时开辟建设新专业。最后就是落实应届毕业生实习的同时更注重学生的就业信息反馈与汇集。

总之，在科学发展观的统领和指导下，按照学院党政联席会议要求，五大专业群通过三年示范建设期，对至少34个紧密型校外实习教育基地的建设重点进行投入，加上现有共计100多个基地的建设与管理，其中特别是通过每年对实习基地考评模式的创新，遵循建设行业的市场发展规律，充分发挥并借助校外实习教育基地的有利平台条件，使其真正形成校企间互动、融通和对接的顶岗实习的人才培养鲜明特色，最终为社会、行业可持续发展提供我们源源不断的后备大军。

案例一：学院与森禾种业股份有限公司建立园林专业群紧密型实习基地

2009年6月9日，学院与浙江森禾种业股份有限公司紧密型实习基地挂牌签约仪式在森禾本部正式举行。

签约仪式上，丁夏君院长指出，学院与森禾种业股份有限公司的合作由来已久。郑勇平总裁是我院园林专业指导委员会专家，陈启璋副总裁已被学院聘请为教授。双方建立紧密型实习基地，合作开展人才培养，是促进企业可持续发展的不竭动力，切合当前行业健康发展的需求。

郑勇平总裁提出三方面合作期望：一是与学院进行人才培养对接，尽快培养企业需要的一线管理技术型人才；二是开展园林育种、设计、施工、养护等方面的科研合作；三是从业务的开展方面进行深入合作。

图 7-1　校外教学实习基地的建设

成立于2000年的森禾种业股份有限公司，是一家以花卉和观赏植物新品种选育、栽培新技术开发应用、新产品生产与推广为主的科技型股份制企业，是浙江省级的骨干农业龙头企业、省级的林业重点龙头企业。我院与浙江森禾种业股份有限公司签约建立紧密型实习基地后，双方在人才培养、学术交流、产研合作、挂职锻炼、员工培训、技术咨询等方面进行合作，形成共赢态势（图7-1）。

第二节　校内一体化实训基地建设

一、校内实训基地的地位和作用

坚持"以服务为宗旨，以就业为导向"是职业教育界在长期的摸索之中得出来的结论，在2005年，作为职业教育的办学方向在《国务院关于大力发展职业教育的决定》中正式确定下来，这将牵动职业教育从教学内容到教学方法的根本改变。

众所周知，高职教育要发展，关键在于培养高素质、高质量的服务于当地经济的实用型人才；而实用型人才主要体现在学生的实际动手能力和操作水平上，生产性实训基地正是训练和提高学生动手能力的重要手段。建设高水平、高效益的生产性实训基地，是高职院校加强内涵建设，提高教学质量的重要前提。教育部《关于全面提高高等职业教育教学质量的若干意见》（教高〔2006〕16号）指出：要积极探索校内生产性实训基地建设的校企组合新模式，逐步加大校内生产性实训和校外顶岗实习比例。"十一五"期间，国家将重点建设一批教育改革力度大、装备水平高、优质资源共享的高水平校内生产性实训基地。积极探索校内生产性实训基地建设的校企组合新模式，对提高实践教学质量，使培养学生成为具有较强综合职业能力、毕业后即能上岗、受企业欢迎的高等技术应用型人才，具有重要的现实意义。

二、建设类高职校内实训基地存在的问题

我国自 2004 年"职业教育实训基地建设计划"实施以来,财政部和教育部在数控技术、电工电子与自动化等专业领域进行了职业教育实训基地建设试点工作,共支持了江苏、上海、浙江等 9 个省市 50 所职业院校的实训基地建设。经过近三年的努力与探索,"职业教育实训基地建设计划"已初见成效,各地都建成了一批示范性的实训基地,多数实训基地已在教学、培训中发挥了重要作用,对职业教育的改革和发展起到了很好的示范和推动作用,如:温州职业技术学院的"三个合一"校内实训基地等。但是,一方面由于建设类产品与众不同的特性,另一方面由于建筑行业的特殊背景,目前我国高职院校的校内实训基地,特别是建筑类校内实训基地的建设还有诸多待解决和完善的方面:

第一,校内实训基地的建设功能单一、结构分割。目前多数实训基地的建设是以楼宇为主体的单功能定向的,采取将教学、实验和实训楼宇进行功能分配的大距离分散性建设格局。这种模式的结果是必然在物理空间上分割职业教育的整体教育观,割裂"工作过程系统化"的整体性,忽略真实的学习情境的创设。因此,职业学校建设往往重视一些与职业情境无直接关系的硬件建设指标,诸如占地面积的多少、建筑面积的大小、设备的数量等。实训基地的建设呈现出功能单一、结构分割的特点。而最需要营造的职业环境以及由此产生的职业氛围,却因此呈现所谓的真实的缺失。

第二,缺乏工学结合、校企合作的管理运行机制。由于实训基地建设投入大,无法吸引企业来校开展生产性实训,各高职院校或多或少地都存在着设备陈旧、投入不足、更新速度慢的问题。另一方面,由于观念意识不到位,校企合作、交流不够,出现了重复建设、资源浪费,再加上基地建成后的管理、运行机制的僵硬,缺乏自身的造血功能,使得基地建设后续乏力,成为学校的沉重负担。因此,需要转变建设观念,将基地作为一个市场主体,改革基地运行和管理机制,引进企业,以真实的工作任务进行生产,参与市场竞争,基地实行企业化管理,建立真实情境,真正做到基地建设与经济社会

的紧密结合，实现建设主体多元化。只有在真刀真枪的生产性实训中，才能实现校内实训从消耗性向生产性的过渡，学生才能掌握实践技能，"工学结合"的人才培养模式才能真正实现。

第三，忽略了基地在科技创新和社会服务中的作用。大多数学校的校内基地由于受资金、师资力量所限，往往只是单纯作为实施校内实践教学环节的场所，没有发挥其作为高新技术的开发、试验、推广、研发以及作为职业技术教育师资的培养基地等的社会服务功能。这与基地的设备条件落后和科研攻关能力薄弱有关，这就需要在基地建设过程中，紧密与地方中小企业、科研院所及本院教学实际相结合，尤其是与行业企业建立联合研发中心，利用双方优势，针对生产实际中存在的难题开展科技攻关，为地方经济与企业发展服务。

第四，没有很好地把握实训基地教学性和生产性的结合。目前很多高职院校都积极与企业合作建设生产性实训基地并取得了较大进展，但由于没有很好地把握教学性和生产性的结合，导致有些实训基地只重视生产，不重视教学，忽视了"培养人才"这一重要环节，使高职院校对校企合作共建生产性实训基地产生了怀疑；有些实训基地过分强调教学，不重视生产，忽视了实训基地的"生产性"特点，使企业对校企合作共建生产性实训基地失去了动力。

三、一体化校内实训基地的建设内容

（1）设计基于真实情境、仿真模拟和实物模型的建设类专业群共享型校内实训基地建设方案。基于融合性原则构建集建筑、园林、规划、施工、监理、设备、电气、安装、给水排水、房地产经营与估价、计算机技术与应用、楼宇智能、环境监测与治理等为一体的共享型专业群"教学工厂"。对实际职业情境加工后构建更具普遍意义的真实情境，设计智能化媒体的高仿真度模拟，以"工作过程系统化"为学习情境建设的主线，营造职业环境和职业氛围。做到"平面与立体"、"静态与动态"、"真实与模拟"的三结合，以获得

"真实的虚拟"。集知识传授、实验验证和技能操作于一体，将分散性楼宇的功能集中在近距离的空间内实现，使学习的过程与工作的过程一体化。

（2）建立筹资方式多样化、运行机制市场化、建设主体多元化的建设管理机制。深化基地运行机制、管理体制、人事制度、教学管理和监督评价体系等一系列配套制度的改革：创新基地运行机制，引入企业共建共享；以"学做合一"和"生产性实训"为基点，配备生产性设备和生产原料，建设校内真实职业环境；引进行业企业的"能工巧匠"，强化实训指导师资队伍；以相应的技术开发与服务中心为支撑，与企业合建研发中心，向社会开展技能培训服务；制定基地管理制度，建立与企业尽量相同的真实生产情境。通过产品生产、技术服务创收减耗，提高实训基地的可持续发展能力，实现建设、运行、再建设的良性循环。

（3）创建分项实践、仿真模拟、真实情境训练的训练体系。一体化共享型校内实训基地实验室集互动学习、行动学习于一体。实训教学内容与职业岗位和能力要求密切相关，并多采用模块化教学，各模块具有相对独立性，完成相应模块或单元的学习，可以具备相应岗位或完成相应工作任务的能力。

四、一体化校内实训基地应解决的关键问题

（1）传统基地功能单一、结构分割的问题。实训基地建设考虑了职业情境的综合性、整体性和真实性。便于实训设备的组合，便于开展项目教学、任务驱动、订单培养，实现了工作过程系统化。传统的建筑面积、设备数量、实验室大小等刚性指标被建筑的多功能性、设备的可组合性、实验室的柔性所取代。

（2）实训基地建设和运行的动力机制问题。实训基地建设和运行的关键是动力机制，而动力机制的基础是利益机制。市场经济条件下，利益机制是推动校企合作持续发展的动力和维系校企合作良性运转的纽带。如何与企业形成长期、稳定的合作关系，保证基地长期有效运转，形成基地良性循环发展格局？这就需要我们在共建合作中从彼此的利益出发，寻找双方合作的切入点和纽带，实现双方的互利互惠、优势互补，形成有效的利益共享机制，在共建共享中实现双赢和共同发展。把校内实训基地建设成生产性企业，或者把校内实训基地延伸到企业，以利益为纽带建立校企之间的紧密联系，实现校企资源共享。

(3) 实训基地建设的经费筹措问题。要建成一流的、满足学生生产性实训要求的校内基地，除了有先进的理念，更实质性的是经费问题，没有稳定、多渠道的资金来源，基地建设只能是纸上谈兵。学院通过建设省级示范性院校，争取到国家和地方政府的政策性经费，结合和企业建立深度合作，以基地养基地，不断提高实训基地的生产、培训及技术服务的效益，形成多元化的资金来源，解决基地建设的资金缺口问题。

五、我院一体化校内实训基地的特色

(1) 在理论上，以"建构理论"和"情境整合理论"为指导，突出学生实践技能的训练，专业岗位知识、能力、素质要素被分解落实到项目的每个环节中去，所学知识技能与当前各企业正在用的知识和技术相同，做到所学即所用，重在实际应用，学了有用，学了实用。达到了培养高技能人才的目的。

(2) 基于真实情境、仿真模拟和实物模型的专业群共享型校内实训基地建设思路，集互动学习、行动学习于一体。实训基地分别承担并有效落实了学生基本技能的实验实训、综合实务能力的实训和真实情境的训练，同时与校外顶岗实习有机结合起来，形成了一个科学、合理、完善的实践教学体系，在同类院校中具有借鉴、推广意义。

(3) 建筑业是个生产周期较长的行业，学生们很难在短时间内完成所有环节特别是核心工种的实践。基于真实情境、仿真模拟和实物模型的建设类专业群共享型校内实训基地和单项实践、仿真模拟、真实情境训练的训练体系，解决了建设类产品的固定性、生产的流动性和施工周期长，其他人才培养模式不适用的难题；体现了校内生产实训与校外顶岗实习的有机衔接和融通。

（4）在管理和运行机制上，建立了基于期望理论的利益机制。在建设资金投入上，实现投资主体多元化。学院按照教育规律和市场规则，本着建设主体多元化的原则，紧密联系行业企业，积极探索校内生产性实训基地建设的校企组合新模式，如由学校提供智力、技术、场地和部分设备等，吸引行业企业投入先进设备，提供优秀的实训指导师资，共同组织生产和实训。在运行机制上，引入市场化运行机制，校企双方共同出资、优势互补、共建共享，构建有效的校企双赢机制和激励机制。确保基地的健康运行。

六、一体化校内实训基地的具体实践方案

（一）一体化校内实训基地的建设思路

一体化校内实训基地以建构理论为指导，总体思路是围绕"工学结合"的人才培养模式改革，按照以深化生产性实训为目的，基于真实情境、仿真模拟和实物模型构建多功能、一体化的共享型建设类校内实训基地（图7-2）。通过深化基地的内涵建设，包括校内实训基地功能的完善、校企合作的深入、运行机制和管理制度的建立等，充分满足教学、生产、研发和社会服务的功

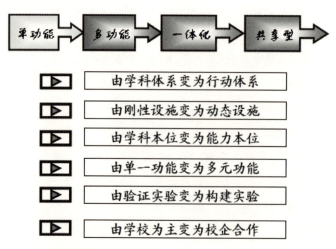

图7-2 总体实施思路

能，从而推进集"教、学、做"为一体的教学改革。基地的建设体现真实性、解剖性、模拟性和共享性。实现教室与车间生产合一，学生与学徒合一，教师与师傅合一，教学用具与生产工具合一，作业与产品（作品）合一，教学与科研合一，育人与创收合一。

1. 真实性

"真实性"体现在以下几个方面：一是设备的先进性。二是在工艺流程上具有生产性。三是在文化环境上具有企业性。按照"源于现场、高于现场、校内集成、校企合作"的思路，整体规划建设，涵盖建设类专业群的主要技能要求。把企业真实的设备、真实的工具、真实的环境、真实的任务搬到校园实训室来，学生在实训老师的指导下完成实训任务，生产出符合要求的"产品"，实训的过程与实际工作的操作过程完全一致，学生工作后领取一定报酬。真实化的生产任务、生产场景有助于促进理论知识与实践能力培养、教学与生产、师生与一线技术人员等的紧密结合；也有助于学生扎实掌握基本技能和综合技能，具备顶岗能力；还有助于他们及早熟悉工作环境，缩短磨合期。

2. 解剖性

解剖性是指实训基地的生产环境、设备机理、工艺流程等都尽量直观地展示给学生看，使学生看得见、体会得到，既知其然，又知其所以然。实训基地做到"解剖"性，首先，按照工艺流程进行整体解剖。第二，抓住关键环节进行解剖。第三，做到解剖与还原相结合。第四，留有"故障"和技术发展的空间。

3. 模拟性

按照真实的生产工艺流程和设备，通过电子成像技术或浓缩技术，以动画形式或具体模型模拟生产过程、设备结构和运转情况，使学生在直观感受中尽快理解工艺流程和设备原理。一是通过虚拟技术补缺补差。就是对校内实训基地建设中由于资金、场地、技术等原因不能建设的生产工艺、设备、材料等，通过建立虚拟的场景和图像予以补充，利用现代电子技术或者其他形式的模拟技术把复杂的问题直观地展示出来。二是通过虚拟扩展功能。再好的校内实训基地也可能由于工艺的复杂性、设备的不透视性,使得学生难以很快掌握技术要领,这就使得虚拟技术可以充分发挥其直观、形象的教育功能,通过虚拟性进一步强化生产工艺的"透明度",使学生更好地掌握专业实践知识、提高专业实践能力。

4. 共享性

一是土建类专业共享群之间的共享。我院有20多个土建类专业,不少课程都有相似的要求,在校内实训基地建设过程中,我们将根据市场需求、专业建设以及教学改革的需要对原有实训基地进行重构和整合,提高实训基地建设的水平,节省资金投入。建设共享型校内实训基地,既是效益问题,也是管理水平问题。二是与社会企事业单位合作共享。本着"自愿、互惠、互利、双赢"的原则,以资金、教育资源、人才资源、相关设备等入股,实行股份制合作或者其他协议型的合作。生产性实训基地实行企业化管理、市场化运作。企业化管理主要是营造企业化的职业氛围,实训方式、过程企业化。市场化运作是指按市场化要求进行实训成本核算,加强设备管理、工具管理、材料管理以及教学管理,使实训教学优质高效,社会效益与经济效益并重。三是教学与生产的共享。校内实训基地既是上课的"教室",又要努力成为"生产"的车间,体现"学做合一",在"做"中"学",在"学"中"做",使学生得到实际操作训练,真正培养出专业实践能力强的高技能型人才。校内实训基地是"工学结合"的基础和载体。根据校内实训基地建设的目的和作用,它必须既有产品生产的功能;又有技能实训的功能;也可以有社会培训和技能鉴定的功能,可以面向社会开展各种技能培训,成为高技能人才培训基地和技能鉴定中心;还可以承担新产品、新技术研发的功能,成为区域内的新产品、新技术研发中心。

(二)实训基地的结构布局

以基本建设项目的工作过程为主线,设计共享型实训基地(图7-3)。其中一体化实训室由第一层次的单功能实验室、第二层次的多功能实训室、第三层次的模拟实训室构成。

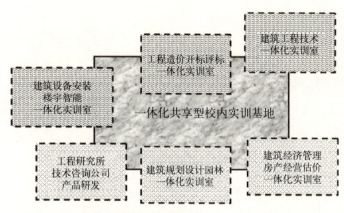

图 7-3 一体化共享型校内实训基地

基地建设不仅包括一个单位内部的工作环境，还包括企业与外部关联单位之间的工作关系，如总包企业、分包企业、设计院、质检部门、政府部门等。各个业务部门、各个职能岗位有机地连接在一起，学生不仅体会到自己在流程中所处的位置和应完成的工作，还能体会到企业基于流程的运作模式，全面了解基本建设的整个运作过程。

实训基地能使学生熟练识读水、暖、电、通风空调等系统的专业工程施工图，能独立进行图纸会审和施工技术交底；熟悉建筑设备安装的资料与工具准备和施工工艺流程，能够根据施工图纸编制施工与组织管理方案，安排和控制施工进程；能有效进行成品保护、质量自查和验收评定；能独立自主完成资料归档与工程交接；依据工程现场实际，会分析施工安全注意事项，编写保障施工措施等，让学生学中做和做中学，从而锻炼和提高学生分析问题、解决问题的能力。实训基地可直接为社会服务。

（三）实训基地的功能分区

我们将实训基地按功能分为理论区、模拟区、实操区（图 7-4）。模拟区部分为透明展示。如我们将建筑装饰工程的工艺由基层、中层到面层逐层制作，阶梯状展示给学生，学生在几百平方米的空间内就能了解和掌握各种建筑装饰工艺。对关键环节，如钢筋混凝土结构节点，将集中展示建筑结构

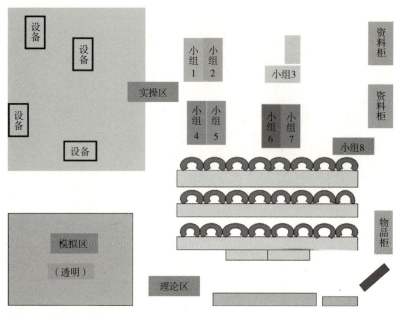

图7-4 实训基地的功能分区

中数十种钢筋混凝土节点钢筋的放置、绑扎、焊接、保护层厚度等。学生通过立体观察、动手和思考，在较短的时间内就能牢牢地掌握解决复杂图纸中平面问题的方法。如对模板工程，专门把梁、板、柱和楼梯等综合性结构的模板支设好。学生在实训时，首先进行观察，然后动手拆除，再按照设计亲手搭建起来。在第一线工作的工程技术人员，必须有发现故障、排除故障的技能，所以，在透明区还设置有"故障"的功能和技术发展实训项目。如留有常见的质量问题，学生在进行此项技术实训时，要求按照结构规范检查工程质量，进行质量等级评定，并查找问题，提出解决问题的办法。

本章小结

（1）校外实习基地是对学生进行实践能力训练、培养职业素质的重要场所，是实现学院人才培养模式目标的必备条件之一，重视和加强校外实习基地的领导、建设和管理是实现校企合作、开放办学的重要途径。校外实习基地的教学必须全面贯彻党和国家的教育方针，遵循教育、教学的基本规律，努力培养学生的专业基本能力、职业技能和职业素质，不断提高教学质量及教学水平。校外实习基地的建设要按照统筹规划、互惠互利、合理设置、全面开放和资源共享的原则，使学生在实际的职业环境中顶岗实习，实现职业教育的人才培养与行业、企业需求平顺对接。

（2）基于建设类产品与众不同的特性和建筑行业的特殊背景，设计了基于真实情境、仿真模拟和实物模型的建设类专业群共享型校内实训基地建设方案；建立了筹资方式多样化、运行机制市场化、建设主体多元化的建设管理机制；创建了分项实践、仿真模拟和真实情境的训练体系；解决了校内实训基地的建设功能单一、结构分割，实训基地建设和运行的动力机制和实训基地建设的经费筹措问题。

第八章 社会服务

职业教育是教育事业的重要组成部分，是与经济发展和社会进步联系最直接、最密切的教育，是直接为地方经济发展服务的教育。大力发展职业教育，是浙江省实施"两创"战略，加快转变经济增长方式，全面提高国民素质，实现经济社会可持续发展的必然要求，也是教育事业科学和谐发展的必然要求。作为省内唯一一所建设类高职院校，多年来浙江建设职业技术学院在服务地方经济转型升级方面作了积极探索。

教学、科研和社会服务是高校的三大功能。我们在社会服务方面构建了教学、技术、培训和对口支援四大社会服务平台，如图8-1所示。一是教学服务平台。包括精品课程的资源共享系统、国家级的示范实训基地、网络考试系统、教学评估系统、图书共享系统，以及大型仪器设备共享系统等。二是技术服务平台。重点开展应用型、集成型、技术合作型课题的研究，技术服务平台集工程检测、工程加固、职业技能鉴定于一体。三是培训服务平台。包括企业员工培训，新材料、新技术、新工艺培训，职业技能培训，就业再

图8-1 四大社会服务平台

就业培训，职业类师资培训。四是对口支援平台。包括区域院校资源共享、对口院校辐射、新农村建设与欠发达地区对口支援。这些平台已逐步成为浙江省中高职院校师资队伍培训中心、建筑行业技术骨干培训中心、农村剩余劳动力转移中心、企业和院校信息资源交流中心。四大社会服务平台的丰富实践创新了高校的教学、科研、社会服务三个功能（图8-1）。

第一节　教学服务平台

作为整个数字化校园建设的重点，我院长期以来一直高度重视教学服务平台建设。从2003年3月开始校园网建设以来，经过持续的投入，目前已建成拥有3200多个信息点的校园网络系统，校内办公与教学管理已实现信息化，多媒体教室也基本实现了网络化管理。目前已投入运行各类服务器23台，实现了DNS、WEB、FTP、OA、一卡通等基础的网络服务功能。各部门都建立了自己的二级网站，总数已达18个，基本实现了校内无纸化办公和即时信息交流。

学院采用千兆干线，百兆交换到桌面的网络链路，把全院的办公室、多媒体教室、机房、实验室和学生公寓楼全部接入校园网。同时，按照区域或使用人数划分了详细的VLAN，并通过3条百兆电信线路、1条百兆网通线路、1条教科网线路构成的校园网出口访问因特网。现有的网络出口能力，在网络响应时间、资源下载速度、视频在线点播等方面，已能满足教学资源库平台的要求，并能通过网络负载均衡系统确保网络的高速服务。在信息化安全方面，通过深信服UTM、DR.COM等管理控制设备，对内网用户的网络行为进行监控；通过网络管理软件以及网络杀毒软件、内网防火墙模块等一系列网络安全设备，来加强对内网网络设备、服务器、PC机的安全管理。

目前，我院正在建设数字化校园中的考试报名系统、多媒体课程录点播系统以及多媒体教学资源管理系统，最终打造总容量超过12TB的大型多媒体资源库，包括数字视频节目、各专业群的多媒体素材库、课件库等内容；

20% 以上的专业教师拥有自己的个人教学网站；目前我院已具有省内一流的数字图书资源中心，拥有数字图书、各类期刊、文献、论文、报纸、专利文摘、科技成果等 3000 万篇（册）。同时，我院已组织教师研制开发网络课程，加大多媒体课程建设力度与深度。

一、指导思想和总体建设目标

教学服务平台是形成具有主动性、独立性、独特性、体验性、问题性特点的现代学习方法和新型教学模式的重要途径，是展示和推广本校教学改革成果、服务于职业教育的重要平台。

以我院数字化校园建设和现有的数字图书资源为依托，本着共享性、高可靠性和可持续发展的原则，利用先进的计算机和网络技术手段，整合、优化校内现有的教学资源、职业培训及认证资源，引入国内外先进的建筑行业资源，目标是在三年内建立一个以教学资源管理为核心，以我院专业群为主线，以主干课程为中心，企业共同参与、设计规范、高可靠性的共享型教学资源库平台，并消除校内信息孤岛。最终，规范学院专业教学的基本要求，实现同类院校之间优质教学资源的共享，为学生自主学习提供优质服务，成为构建终身学习体系的公共服务平台，更好地服务于职业教育、职业培训、教学科研、社会文化建设，起到示范院校的引领辐射作用。

教学服务平台主要包括："共享型专业教学资源库软件平台"（数据库平台、教学资源库管理系统、远程视频教学共享系统）、"专业群教学资源库系统"，以及"数字化实验实训教学系统平台"。建成后，与全国高职院校进行资料库共享，为全国高职院校相关专业深化教育教学改革提供信息和借鉴；还可通过远程教学，利用资源共享系统使用我校的优质教育资源；同时也能为建筑类各专业不同层次的技能人才职前培训和职后提升提供自主学习平台。

二、建设内容

教学服务平台包括三个方面的内容：硬件平台、软件平台和数字图书馆。

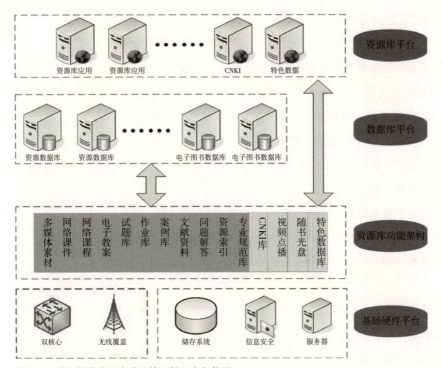

图 8-2 特色教学资源库建设软硬件平台架构图

硬件平台是资源库运行的基础，软件平台具有保证资源库实现的功能，数字图书馆是资源的支撑。建设内容框架如图 8-2 所示。

（一）硬件平台的搭建

共享型专业教学资源库硬件平台主要由海量存储系统组成。共享型专业教学资源库的存储设备满足高性能、高可靠性、高可用性、高扩展性、高安全性和海量存储等性能。本项目拟选择采用光纤存储（用于存储视频资料），扩展柜采用 SATA 存储（用于存储文本、图片和音频资料等）。

（二）共享型专业教学资源库软件平台

1. 数据库平台

共享型专业教学资源库是服务于社会的共享性平台，旨在为我院学生和教师提供内容丰富、形式多样的教学资源，并充分发挥平台的资源共享与辐射功能,实现同类学院的资源共享。

数据库平台访问人数众多,资源类型复杂,并包含有流媒体等高数据流量的信息,对服务器的性能和可靠性都提出了更高的要求。对于数据库平台要求更高的可用性和高性能,Oracle 是一个面向 Internet 环境的数据库,是目前世界上流行的关系数据库管理系统,效率高、可靠性好、吞吐量高、系统可移植性好、使用方便、功能强,适用于各类大、中、小、微机环境。因此,专业教学资源库的数据库平台采用 Oracle 为 DBMS。

2. 教学资源库管理系统

教学资源库管理系统是以信息共享为目的,面向海量信息处理,集信息数字化、信息分布式存储、信息管理、知识管理和数据挖掘分析、信息跨媒体传播为一体,实现方便的资源检索方式,提供标题和全文检索功能的集中式资源管理平台。

教学资源库管理系统的主要功能包括资源管理、系统管理、数据库管理、资源检索、内容发布、内容数字化采集加工、数据挖掘等。

3. 远程视频教学共享系统

远程视频教学共享系统提供流媒体形式的在线播放,实现多媒体教学资源实时传输和非实时传输功能,并实现两者之间的充分融合,使两者成为一个有机的整体,形成有效的教学应用平台共享教学成果,为具备远程教学和资源共享能力的对口高职院校提供完善的远程教育教学的技术支持。

(三)专业群教学资源数据库

以专业群核心课程为中心的教学资源库,将紧紧围绕教学目标与标准、精品课程体系、教学内容、实验实训、教学指导、学习评价等内容,在企业技术人员参与下,通过自主开发和引进相结合的方式进行建设。充分发挥其在教学中的实际作用,做到下载容易、点播顺畅、运行快速、检索方便,实现优秀教学资源的统一管理和全方位技术支持。

制定资源库建设标准,与企业技术人员合作充实专业教学资源库(图8-3),使资源库具有各个专业核心课程的专业教学课件和多媒体素材(文本、

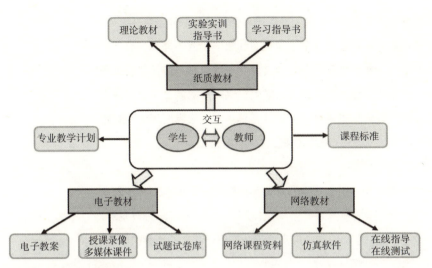

图 8-3 专业教学资源库

音频、视频、图形、动画等），丰富教学案例。将培养方案、课程标准、参考文献目录、授课录像、网络课件、在线测试等相关资料在网上公布，实现资源共享，方便学生在网络中自主学习；形成融纸质教材（实验实训指导书、学生学习指导书、理论教材）、电子教材（电子教案、多媒体课件、试题试卷库）及网络教材（网络课程资料、网上学习指导、在线测试、仿真软件上网）为一体的专业核心课程立体软件教学资源库。具体包含以下内容。

1. 多媒体素材

多媒体素材是传播教学信息的基本材料单元，其包括文本类素材、图形（图像）类素材、音频类素材、视频类素材、动画类素材五大类。收录该专业实训类为主的片段型视频教材和解决难点、重点为主的动画教材，收录专业的图片资源，形成共享图片库。

2. 网络课程

网络课程是指通过网络表现的某些课程的教学内容及实施的教学活动的总和，包括按一定的教学目标、教学策略组织起来的教学内容（网络课件、电子教案、电子讲义、作业库、试题库、问题解答库等）和网络教学支撑环境。

建立核心课程的网络课件资源库，将图、文、声、像等多种媒体整合在一起，为学生提供更多的在线课程教学，丰富教学资源和教学形式。建立核心课程的作业发布、作业提交、作业批改平台。通过建立在线考试系统，建立课程考核的评价体系，对学生成绩进行分析，为学生提供较好的测试平台。建立常见问题解答库和在线答疑指导平台，针对某一具体专业最常出现的问题给出解答，并按专业群，对问题进行数据挖掘。

3. 案例库

案例是指由各种媒体元素组合表现的有现实指导意义和教学意义的代表性事件或现象。以一个完整的案例为单元，通过观看、阅读、学习、分析案例，实现知识内容的传授、知识技能的综合应用展示、知识迁移、技能掌握等。

4. 文献资料

文献资料是指有关教育方面的政策、法规、条例和规章制度，对重大事件的记录、重要文章、书籍等。收录与整理与专业相关的图书、报纸、期刊、报告、标准、专利、学术会议资料、学位论文、法律法规等资源，形成规范数据库，为相关专业提供文献资源保障。

5. 专业规范库

专业规范库是指有关行业的相关规范等，以专业群为大类，专业方向为小类，收录各专业最新的规范资料，形成时效性、权威性强的标准、规范大全。

6. 网络资源目录索引

列出相关专业的网络资源地址链接和非网络资源的索引。收录大量科研、专业的信息资源，为学生了解本专业的前沿技术提供渠道，并为学院的教学科研创建良好的环境。

（四）数字化实验实训教学系统平台建设

主要建设两大模块，一是实训部的三大教学中心，二是技能鉴定中心。

前者以现有的实训室为单元，建立实训室管理系统，包含仪器设备图片库、仪器设备使用视频库、实训项目资料库、虚拟实训单元库、实训项目试题库等模块，强调网上虚拟实训室的建设。后者以现有的国家职业技能认证项目为单元，改版技能鉴定网站，实现在线报名，认证项目简介、电子教案、多媒体课件、历次试题库等模块。所有内容对教师和学生开放，强化我校的教学实训环节，扩大技能认证的规模与社会效益。

（五）制度和队伍建设

建立课件和多媒体素材的需求管理制度、建立良性的网络课程更新机制，使已经上网的教学资源及时更新，保证教学资源的准确性和及时性。建立专业的网络系统维护和多媒体教学资源制作队伍，并定期对其进行技术培训，提高专业教师对课件、动画等教学资源的制作能力。

第二节 技术服务平台

一、高职院校开展技术服务的意义

高等职业教育将技术服务作为社会实践的重要内容具有以下意义：第一，技术服务是专业建设与行业联结的纽带，有利于抢先创建新专业和改造老专业，并且创出名牌专业；第二，技术服务是课程开发的源泉，为高职院校课程的不断整合和教学内容的不断更新提供了保证；第三，技术服务可以为学生提供难得的实践教学环境，在教师指导下，有计划、有针对性地把学生组织到产业服务之中，通过观察、操作和思考的多次循环，培养学生的职业素质和职业能力；第四，拓宽了学校服务于社会、服务于经济的路子，促进了高职院校三大功能一体化；第五，提高了学校教育质量和办学效益，加强了学校科研成果的转化。

二、学院开展技术服务的形式

一是通过政府规划、扶持，建立了面向行业的技术服务中心，既较好地实现了高校服务社会的职能，同时也促进了专业的建设和发展。二是与行业协会合办技术创新服务中心。随着市场经济的发展，行业协会等中介组织的重要作用日益发挥。与行业协会、商会合作，可以整合学院技术优势，重点解决区域内有重大影响的技术工艺难题，为地区经济发展服务。三是与国内外名校合建技术研发中心。受省政府有关部门委托，负责组织全省高职、中职、职工建筑工程技术竞赛，开展建筑工程技术师资培训，面向社会提供建筑工程技术培训和鉴定服务。

近年来，在市场化办学思路主导下，学院针对国内和国际市场的需求，选取有前瞻性的科研项目，成立科研服务中心，潜心研究和开发，与政府、行业协会以及其他高校联合，结成合作伙伴关系，相互依托、优势互补、互惠互利，形成了教育、科研、生产紧密结合的新教育体系。首先，通过产业服务把专业教学和社会服务结合起来，在满足校内教学需要的基础上，面向社会，积极开展形式多样的技术服务。如学院建筑工程技术专业是浙江省重点建设专业，师资、技术力量雄厚，建有校内实训和对外服务一体化的服务中心，一直对外承担房屋检测、维修项目。为扩大技术服务范围，经省有关部门批准，2002年学院成立了"房屋鉴定所"，面向社会受理房屋鉴定加固业务，提供技术方面的依据，较好地实现了高校服务社会的职能，同时也促进了工程技术专业的建设和发展。再如学院正在筹建中的二期实训大楼，作为实行开放性服务的现代化科研实验机构，为企业研究、开发具有自主产权的共性、关键性、前瞻性技术和高新技术产业，重点解决区域内有重大影响的技术难题，为建筑行业的发展服务。

三、以科研为先导，抓创新促转型

推进科技成果转化最中心的环节是提高创新能力，使更多的成果转化为新的发展优势，在具体工作中，我院科研处做到三个集中：

一是集中力量建制度。学院先后出台了《纵向科研项目申报及立项管理办法》、《纵向科研经费管理办法》、《院科研项目资助基金管理办法》、《科技论文奖励实施细则》、《横向科技开发经费管理实施细则》、《专著出版基金管理办法》、《专利工作管理办法》、《科技成果请奖实施细则》、《科技合同及合同专用章使用和管理办法》等项制度，建立起了比较完整的科研创新转型管理体系。这些制度的建立，极大地调动了广大教职工的科研积极性。2002年以来，课题立项总数达 363 项。其中获得国家自然科学基金项目 2 项，省部级课题 24 项，市厅级课题 151 项，院级科研课题 186 项。2006～2009年四年间，教师在各级各类刊物上发表论文 329 篇，其中 SCI 检索 2 篇，EI 检索 11 篇，核心期刊 102 篇。国家自然科学基金项目、浙江省重大科技专项项目和浙江省科学技术一等奖均实现了浙江省高职院校零的突破。

二是集中力量抓攻关。学院充分发挥科技创新在帮助企业克难攻坚、转型升级中的重要作用，努力把科研工作的注意力转到应用性技术和为地方经济文化建设服务上来，积极支持教师从事服务地方经济建设方面的课题研究，积极参与地方经济文化建设。学院教师帮助企业解决碰到的技术、生产、管理难题，先后独立或合作完成 95 项工程项目，其中获表彰奖励 14 项，涉及合同金额达 11.92 亿元。实现了"产学合作，产学双赢"，取得了较好的社会效益，扩大了学院的知名度和影响力。近3年，学院获浙江省科学技术一等奖 1 项、三等奖 2 项，浙江省高校优秀科研成果一等奖 1 项，华夏建设科学技术三等奖 1 项，浙江省高等学校科研成果三等奖 1 项等。授权发明专利 3 项，实用新型专利 6 项，申请专利 27 项。出版专著 8 部。特别是围绕浙江低碳经济发展的新趋势，加强循环经济、污染治理、节能环保等关键技术的研发和应用做了大量努力。2008年，我院成功举办了"中德合作"城乡发展与生态节能建筑研讨会暨新技术、新产品展示会。

三是集中精力促转化。学院依托技术开发能力，加快科研成果转化。建立了有利于创新成果应用和产业化的网络，搭建企业和科研院所之间的直通车，使知识、技术、创意真正进入市场。学院先后完成了《浙江省县域村镇布局规划与优化的机制及政策研究》、《浙江省新农村村庄建设导则》以及《浙江省农村生活污水处理现状及对策建议》等省部级课题的研究，承担浙江部分地区的村庄规划编制、村镇建设干部培训、规划院长培训等，为区域经济发展贡献学院的技术合力。此外，还编写了《低温热水地板辐射供暖应用技术规程》、《岩体结构面抗剪强度经验估算方法》、《混凝土短肢剪力墙结构设计、施工规程》等多部地方规范。2009 年，我院被评为"浙江省高职科研管理先进集体"。

总之，技术服务平台产生了如下效应：一是调动一切可以调动的行业、企业力量和资源，形成了强大的合力，为解决高等职业教育在技术、师资、基地、设备、毕业生就业、经费等方面的问题开辟了道路。二是极大地促进了科研发展。三是在技术服务的过程中，获得了政府有关部门的支持与资助。四是为相关行业解决了技术工艺难题。五是实现了教学服务与社会效应的双赢发展。

案例一：黄奕沄副教授为首的科研团队以科研成果带动产学研

以我院黄奕沄副教授为首的科研团队设计了我国首个地面辐射供冷及供暖节能住宅。2001 年起黄奕沄副教授开始着手研究地源热泵及地面辐射供冷及供暖相关课题。课题组吸收了部分建筑设备工程技术专业的大二、大三学生参与了实验室建设及实验数据记录等工作，增加了学生对本专业的兴趣和学习动力。建成的实验室成为供热工程课程的参观场所，使教师的科研项目与教学有机结合。

哈尔滨伟达建筑技术开发有限公司市场推广人员于 2004 年看到黄奕沄副教授等教师发表的辐射供暖及供冷相关论文后，双方进行了接触并达成了今后合作的意向。

2004 年年底，哈尔滨伟达建筑技术开发有限公司将黄奕沄副教授的研究成果地面辐射制冷技术推荐给东方明珠城建设方宁波国骅集团房产有限公司，并很快达成了合作意向。

2005 年下半年，宁波慈溪东方明珠城国际公寓节能住宅被评为 2005 年建设部十个节能示范工程之一，是当年浙江省唯一入选的项目。

东方明珠城三幢高层住宅共有建筑面积约 7 万 m^2，节能改造和辐射空调的应用增加成本约 300 元 /m^2，住宅销售价格提升了 1000 元 /m^2，产生直接经济效益 4900 万元。同时，由于提升了住宅的知名度和宣传热点，使房子更快地销售出去，回笼资金产生的间接经济效益则数以亿元计。按相同标准的普通空调系统每年平均能耗 $30kW/m^2$ 为基准，东方明珠城项目设置（7 万 m^2）辐射地板可节能约 15%，则每年节约电费可达 31.5 万元。

2009 年黄奕沨副教授主持的省住房和城乡建设厅课题"地源热泵与辐射地板联合运行实验研究"获 2009 年浙江省科技进步三等奖。

黄奕沨副教授还与杭州意格供热技术有限公司进行了紧密合作，经常为该公司进行员工培训和方案讨论。2007 年协助该公司在发展绿城·留庄项目（3 万 m^2）时争取到了地面辐射供暖工程项目。该项目虽然建筑面积不太大，但在高档精装修住宅中具有较大的影响力。自留庄项目以后，杭州大部分的高档精装修住宅都开始考虑采用地面辐射供暖技术。

目前国内特别是华东地区地面辐射供暖专业技术人才十分匮乏，黄奕沨副教授作为杭州意格供热技术有限公司的特聘专家，多次出席了杭州滨江房产和绿城房产的地面辐射供暖技术论证会，对于一些行业内存在已久的错误观点或做法进行了指正，提出了合理化建议，对于方案的最终确定起到了决定性作用。

案例二：学院与浙江省建设工程质量节能检测中心共同开展技术服务

学院与浙江建筑科学设计研究院联合共建节能检测中心，该中心为住房和城乡建设部及国家质检总局授权的建筑幕墙门窗工程及产品许可证检测机构，具有计量认证和国家实验室认可资质。主要从事建筑物理、门窗幕墙、通风与空调、拉索预应力、建筑热工及相关工程质量的检测和相关技术规范标准的编制，接受工程质量监督部门和法院委托的建筑外围护装饰工程的有关技术咨询、安全鉴定等工作。可进行的实训项目包括门窗幕墙抗风压、气密、水密、平面内位移力学等性能检测，门窗幕墙围护结构件的传热系数检测，建筑玻璃物理性能检测，外墙外保温系统性能检测，建筑围护结构传热系数、缺陷等热工性能现场检测等其他项目。中心的建筑面积 $1120m^2$，面向建筑施工及检测技术、工程监理、设备、暖通等专业开展检测业务。该中心建于学院实训楼区域，为校企双方联合共建的紧密型实训基地，中心每年互派师资进行实践教学，开展技术咨询、节能设计方案测评服务；开展节能材料试验应用课题研究与开发（如建筑门窗保温性能试验承担了国家标准《建筑幕墙热工检测标准》编制中的建筑幕墙传热系数检测试验任务）；选送综合素质较强的学生进行质量检测实习和就业；共同进行与检测人员有关的培训服务。

案例三：我院开展建筑屋面工程施工技术规程的编写

2008年1月7日，学院产学研合作办、科研处与建筑节能研究所，会同中天建设集团、浙江省建工集团、杭州天地防水保温材料有限公司、嵊州市科达新型建材有限公司等，在学院召开了建筑屋面工程施工技术规程编写研讨会。

该规程已列入浙江省工程建设地方标准修订范围，规程由我院牵头，联合中天集团和省建工集团两家特级企业作为主编单位，共同完成编写、评审以及出版工作。该规程将从施工准备、材料要求、施工工艺、成品保护到质量验收各方面进行详细阐述，内容包括卷材防水屋面、涂膜防水屋面、刚性防水屋面、瓦屋面工程、屋面保温、隔热屋面等，规程的出版将填补浙江省此类工程技术规程的空白。规程编写牵涉面较广，编写组由来自企业的技术总工和技术骨干，学院建筑节能技术研究所、建筑工程系的专业教师，我省防水保温新型材料公司的企业家共同组成。编写组成员还将广泛汲取来自施工一线人员的宝贵经验，使规程的适用性和地域覆盖性变得更广，为我省技术管理人员能更好地掌握新型绿色节能屋面施工工艺提供帮助。

第三节 培训服务平台

高技能人才匮乏已成为制约我国经济社会持续发展和阻碍产业升级的"瓶颈"。高职院校是高素质高级技能型专门人才培养的基地。我院以国家职业技能鉴定标准为依据,建立模块式培训课程、计划,按不同对象、不同层次要求,面向在校学生和企业员工、社会人员进行企业员工、新材料、新技术、新工艺、职业技能、就业再就业、职业类师资等培训,实现在"基本技能、专项技能、综合技能"三个层次上的培养目标,学员可以从层次到种类任意选择,选学自如。

一、培训服务平台的构建

(1) 开放型的管理机制。培训服务平台面向全社会开放,并在教学时间包括暑寒假内全天候开放。专业班的学员可以根据自己的时间安排,在相应层次的学习包中进行实训,直到合格为止,合格的学员由实训教师在学员的实训手册中作标记。非专业班的学员根据自己理论知识掌握的程度、兴趣、爱好、将来的就业意向,进行不同技能的选择。

(2) 双师型的师资队伍。培训服务平台的教师全部是能将理论与实践结合起来的技师或在学校师资队伍中培养起来的双师型教师。个个能做到"一专多能",并且获得职业资格证书,掌握国家职业技能鉴定标准,能按照专业职业技能要求进行熟练的技能操作演示与讲解。

(3) 操作型的训练教材。培训服务平台所用教学计划、课程大纲没有固定的模式,教材也没有样板、模板,教师以国家职业技能鉴定为标准,在工作岗位中熟练掌握实训设备的性能、操作规程和实践教学规律,结合培养目标,自编或选择适合不同层次的实训教材或指导书。培训服务平台使用的教材都要注重学员职业技能的培养,具有可操作性,对学员具有指导性作用,并能保证实训教学的科学化、规范化。

(4) 证书型的技能测试。培训服务平台以国家职业技能或职业等级证书考核作为实训教学课程的终极考核成绩,要求学员获得职业资格证书。

二、培训服务平台的实践

培训服务平台综合利用了高职院校的教学资源,按职业技能鉴定的工种或者是按工作或生产岗位的性质、工艺技术特点、劳动管理需要搭建，并以各工种为基础设置实训区，便于对劳动者进行职业技能水平考核、评价，便于对新上岗或上新岗的人员进行培训，同时还便于实现个人的"回炉"教育，在校生和社会学员都可以充分利用教学设备进行学习和培训，为加快高技能人才的培养创造了条件。

第一，培训服务平台加强了专业岗位实践能力的培养。培训服务平台的实践教学培养的是技能型和技术型人才，根据各职业技能的中、高级的实践教学要求进行实训，从而加强了专业岗位的实践能力培养。

第二，培训服务平台为在校学生提供更贴近国家职业技能标准、贴近企业、贴近社会的技能实训服务，提高了教育教学质量，增强了毕业生的就业竞争力。

第三，培训服务平台实现差异性教育。由于培训服务项目是可以自主选择的，所以学员可以根据自己的智力及非智力因素、专业理论的基础情况、实践操作能力的强弱，同时根据将来就业和岗位的需要，自由地选择各个培训平台，选择适合自己的实训教师，可以跨工种、跨层次、跨级别接受实训。在实训教学中，教师以学员为本，采用不同的教学方法，根据学员的不同需要和个体差异因势利导，因材施教，实施有差异的教育，尤其在教学的重点、难点、关键处下工夫。注重每个学员潜能的开发，促进学员有差异地发展。这样，为学员顺利走上岗位、实现就业、提高职业素质奠定了坚实的基础，从而培养出更多、更好的高技能人才。

第四，培训服务平台加强了校企合作，与职业技能鉴定相结合，培训新上岗或上新岗的人员，拓展了继续教育，提高了学院的办学效益和社会效益。

案例：实训部多举措开展培训，服务企业与地方经济发展

作为浙江省就业与再就业的定点培训单位，学院不仅安排教学经验丰富的理论课教师，还特地从企业请来技术人才担任培训教师。为了配合农民工的工作时间，培训时间均特别安排在晚上和周末，实训部还根据农民工的日

图 8-4　老师讲解　　　　　　　图 8-5　学员动手操作

常工作情况以及技能鉴定标准专门制订了教学计划，让农民工真正学到技术，确保高质量、高满意度地完成培训任务。培训项目涉及钢筋工、电焊工、管道工、电气设备安装调试工等九个工种，其中以电气设备安装调试工以及电焊工尤受欢迎。参加培训的人员既有进城务工的农民工，也有来自九鼎、中冠、南鸿等多家知名装饰企业的在岗人员（图 8-4、图 8-5）。

第四节　对口支援平台

一、新农村建设与欠发达地区对口支援

　　党的十七大在统筹城乡发展、推进社会主义新农村建设内容中明确指出：解决好农业、农村、农民问题，事关全面建设小康社会大局，必须始终作为全党工作的重中之重。要加强农业基础地位，走中国农业现代化道路，建设以工促农、以城带乡长效机制，形成城乡经济社会发展一体化新格局。我省近年来以"千村示范万村整治工程"为龙头，全面推进"康庄工程"、"环境优美村镇和生态村镇建设工程"、"绿化示范村建设工程"、"千万农村劳动力培育工程"等一系列工程，促进了城乡经济社会的统筹发展，形成了强大的新农村建设的工程效应。

浙江省在新农村建设的进程中已取得许多喜人的成绩，但存在的问题仍然非常突出，例如劳动力素质低下、村庄规划滞后、环境污染严重、再生资源短缺、防灾能力薄弱等问题均不容乐观。没有发达的农业，就没有繁荣的农村；没有殷实的农民，就没有全国人民的小康，三农问题的解决进程直接影响着整个浙江省的工业化与城市化进程，我们必须继续加大投入，集社会各方的力量服务农村、建设农村。

作为浙江省内唯一一所公办建设类高等职业院校，我院现有19个专业已涵盖了建设行业的大部分领域。50年的办学历程已培养了大批城镇规划、建筑设计、园林景观、建筑工程、房产经营、市政建设、环境治理、智能电气、水暖设备、装饰装修等方面的技术人才，活跃在我省经济社会建设发展的一线，为统筹城乡经济的发展作出了重要贡献。

根据省委、省政府《关于全面推进社会主义新农村建设的决定》的总体目标，以及省教育厅、财政厅《关于开展省级示范性高等职业院校建设工作的通知》的相关要求，根据学院已有的资源条件，浙江建设职业技术学院社会主义新农村建设服务平台建设的目标定位为：

建设农村人才资源培训服务平台，培育能适应分工分业发展要求的有文化、懂技术、会经营的农村劳动力，培育能适应时代发展需求的新农村建设和管理人才。

建设农村规划与科技咨询服务平台，促进城乡区域融合，促进节能环保技术进步，把村镇规划建设成为有利于满足生产发展、有利于满足生活需求的文明、整洁、民主、和谐、温馨的社会主义新农村。

新农村建设服务平台主要包括农村人力资源培训服务平台和农村规划建设科技咨询服务平台两个方面。

（一）农村人力资源培训服务平台

1. 农村劳动力培训

依托我院浙江省劳动和社会保障厅"农村劳动力转移与再就业培训"省级定点单位及"国家职业技能鉴定所"的有利条件，开展农村剩余劳动力的培训，提高农村劳动力向建筑企业转移人员的基本素质，促进其成功转移。学院将继续开展农村剩余劳动力转移培训，强化专业技能、提高农村劳动力基本素质的培训，开展混凝土工、钢筋工、测量放线工、建材试验工、建筑电工、绿化工等一系列工种培训，以及举办各类技能竞赛活动。

2. 农村建设管理干部培训

依托以学院为龙头组建的"浙江建设职业教育集团"，借助各研究所的技术资源，加大对新农村建设的一线工作的管理人员的培训力度，内容包括村镇规划编制、村庄环境整治、建设法律法规、村镇建设节能减排、农村景观开发利用、项目经济运作、基础设施建设等，提高村镇干部队伍素质、健全组织管理、增强领导班子战斗力，帮助村镇建设从规划入手，加快基础设施建设，改善农村人居环境，推进和谐社会建设，保持农村社会稳定发展。

（二）农村规划建设与科技咨询服务平台

1. 开展农村规划设计建设咨询服务

依托我院的建筑设计院、城乡规划研究所的技术力量，有针对性地开展地形测绘、村镇规划、建筑设计、园林建设、古建保护、观光农业等方面的技术咨询服务。利用先进的教学理念、高水平的师资力量和完善的实训设施，以服务"三农"为主线，组建相应的服务团队和服务人员到农村建设一线，直接参与新农村的村庄规划、建筑设计、古建筑保护、观光农业开发等技术咨询，为培育中心镇，改善村容村貌，支持小城镇发展，增强小城镇的辐射能力，实现城乡一体化建设服务。

2. 开展农村节能环保科技咨询服务

依托建筑节能研究所的技术力量，汇同省建筑科学研究院，以及省内几家企业的节能研究中心，共同进行课题的专项研究，引导我省新农村的村镇开展节能环保科技咨询工作。例如，提供太阳能结合地源热泵空调，结合热水系统的应用，提供农村微污染水回用技术的应用，使农村能用上新型能源，喝上干净水源，在良好的环境中生产生活。学院还将进一步进行能耗调研、节能规划以及污水处理技术推广。随着经济发展，我省农村空调使用日益广泛，能耗巨大，电力负担日益严重。尤其是农村污水处理和排放也形势严峻，过去水资源丰富地区也面临着清洁水源被污染导致用水紧张的局面，减少排放、废水利用成为解决农村水资源问题的有效途径。逐步形成覆盖我省各地区的节能环保科技咨询网络，主动承担农村"三废"治理、节能减排课题研究，为村镇开展节能减排工程建设以及技术咨询工作。

通过几年的努力，我院先后完成了《浙江省县域村镇布局规划与优化的机制及政策研究》、《浙江省新农村村庄建设导则》、《浙江省新农村建设基础知识读本》、《浙江省新农村住宅施工基本知识读本》、《浙江省农村生活污水处理现状及对策建议》、《热湿独立处理的辐射地板冷暖空调系统》、《生活废水回收利用、废弃物处理与资源再利用》、《微污染水在节水节能型建筑中的应用》、《聚苯板薄抹灰外墙保温系统》、《种苗新品种引种驯化》等相关课题的研究，并承担了许多村庄规划编制、村镇建设干部培训、规划院长培训等工作，为我省村镇的建设与发展作出了重要贡献。

二、对口院校辐射

针对西部高职院校整体办学条件差、资金投入不足、教学基本设施缺乏、实验设备陈旧、实习实训条件简陋、师资力量薄弱、专任教师数量少、毕业生就业率低等问题，浙江建设职业技术学院本着优势互补、资源共享、互惠互利、共同发展的原则，建立了对口院校辐射支援制度。

支援过程中，学校积极探索示范帮扶与合作发展的新路子，开展了以教师及管理干部培训、联合培养学生、指导专业及课程建设、捐赠教学仪器设备及管理软件为主要内容的对口支援工作，取得了卓有成效的成绩。对口支援主要采取五种方式：一是师资，包括师资培训、师资互派、师资在教学与科研方面共同合作等，选派政治思想好、作风正派、业务能力强、身体健康的教师和管理人员包括退休人员，到受援学校任教或任校领导，帮助提高受援学校的教育质量和管理水平。二是干部，包括干部挂职锻炼、干部交流等。三是学生，包括联合招生、联合培养、就业合作等。四是专业，包括专业建设、实训基地建设以及教学、课程、实践教学交流与合作等。五是设备，包括图书资源共享、设备支援等，向受援学校无偿提供闲置的教学仪器设备、教具和图书资料等，包括使用过但仍可用的计算机、电视机、录像机等。

案例一：我院与广西建设职业技术学院签订对口支援建设协议

本着"优势互补、资源共享、互惠互利、共同发展"的原则，2009年10月30日，浙江建设职业技术学院与广西建设职业技术学院缔结为对口支援院校，签订了"对口支援建设协议书"，双方确定在未来三年，就人才培养、课程建设、干部队伍和师资建设、教学培训、科研合作、资源共享和学院改革发展等领域开展交流合作，以合作推动两所院校共同进步、发展。

案例二：服务社会主义新农村的村镇规划

项目一：上虞永和镇城镇总体规划（2007~2020年）

项目地点：上虞永和镇

委托单位：上虞市永和镇人民政府

项目承担单位：浙江建设职业技术学院建筑设计院

项目负责人：李伟国；参加教师：桑轶菲等

项目简介：永和镇位于上虞东部，北跨姚江与谢桥交界，西边虞东平原与丰惠接壤，东南部接余姚四明山区。永和镇共辖8个行政村。2006年全镇人口16199人，镇域面积31.32km^2。全镇属亚热带季风气候，全年气候温和湿润，雨量充足。永和城镇总体规划按《村庄和集镇规划建设管理条例》和《镇规划标准》编制村镇体系规划；按《城市规划法》规定编制城镇总体规划。本次规划确定的规划区范围包括村镇体系规划范围和城镇总体规划区范围两个层面。

项目二：舟山市普陀临港生态产业区控制性详细规划

项目地点：舟山市普陀区朱家尖岛

委托单位：舟山市普陀区朱家尖风景旅游管理委员会、舟山市普陀区人民政府朱家尖街道办事处

项目承担单位：浙江建设职业技术学院建筑设计院

项目负责人：桑轶菲；参加教师：陈万义、朱翠萍

项目简介：舟山市普陀临港生态产业区位于舟山市普陀区朱家尖街道，在《舟山市国民经济和社会发展第十一个五年规划纲要》中提出，由连岛工程连接的金塘岛—舟山本岛—朱家尖岛一线将成为舟山市经济社会发展的主体区域，是未来全市城市化水平最高、产业实力最强、发展条件最优的区域，普陀临港生态产业区正是位于这条黄金产业带的最东端。2007年规划编制组受舟山市普陀区朱家尖风景旅游管理委员会和舟山市普陀区人民政府朱家尖街道办事处的委托，承担了《舟山市普陀临港生态产业区控制性详细规划》的编制任务，至2009年完成，对该区块约4km^{2}区域编制了控制性详细规划，以指导和规范下一步的城市建设。

项目三：淳安县左口乡总体规划（2008~2020年）

项目地点：淳安县左口乡

委托单位：左口乡人民政府

项目承担单位：浙江建设职业技术学院建筑设计院

项目负责人：桑轶菲；参加教师：陈响亮、陈万义、朱翠萍

项目简介：根据省人民政府浙政函［2006］68号文，淳安县于2006年调整部分乡镇的行政区划，新的左口乡行政区划形成。同时，近年来杭千高速、杭新景高速的建成，以及千黄高速（千岛湖—黄山）项目的规划，带动了左口乡的社会、经济、文化的各方面发展。2007年规划编制组受左口乡人民政府委托，秉承环境优先的生态景观理念、个性塑造的传统文化理念、弹性规划的市场运作理念，编制了《淳安县左口乡总体规划》(2008~2020)，为左口乡的经济、社会、文化的全面可持续发展，作了总体布局。

本章小结

教学、科研和社会服务是高校的三大功能。我们在社会服务方面构建了教学、技术、培训和对口支援四大社会服务平台。

(1) 教学服务平台。包括精品课程的资源共享系统，国家级的示范实训基地，网络考试系统、教学评估系统、图书共享系统以及大型仪器设备共享系统等。

(2) 技术服务平台。重点开展应用型、集成型、技术合作型课题的研究，技术服务平台集工程检测、工程加固、职业技能鉴定于一体。

(3) 培训服务平台。包括企业员工培训，新材料、新技术、新工艺培训，职业技能培训，就业再就业培训，职业类师资培训。

(4) 对口支援平台。包括区域院校资源共享，对口院校辐射，新农村建设与欠发达地区对口支援。

四大社会服务平台的丰富实践创新了高校的教学、科研、社会服务三个功能。这些平台已逐步成为浙江省中高职院校师资队伍培训中心、建筑行业技术骨干培训中心、农村剩余劳动力转移中心、企业和院校信息资源交流中心。

第九章　学生素质养成体系

第一节　大学生心理健康教育

随着高校心理健康教育工作的进一步深入与改进，高校心理健康教育已不再是教师为主体的单一教育模式，各地高校开始建立由学校、院系和学生组成的三级心理健康教育与心理危机干预网络体系。学生心理自助和互助在高校心理健康教育中发挥着越来越重要的作用。

我院党政领导班子一直以来高度重视学生心理健康教育，把学生心理健康教育工作纳入学校素质教育和学生成长成才服务体系中，健全组织机构，完善管理体系，提炼校园文化品牌。我院以心理健康教育为抓手，建立了院—系—班三级心理健康教育工作网络，建有心理工作领导小组和心理危机干预机制，通过新生心理健康状况普查、建立学生心理健康档案、对有心理问题的学生进行跟踪辅导，并运用心理工作坊的形式对不同群体的学生开展团体心理辅导，同时还结合课堂教学、社团活动、朋辈辅导等一系列活动，面向全体学生开展全员全程心理健康教育，取得了良好的效果。近年来，学院先后获得浙江省高校心理健康教育示范单位、全国大学生心理健康教育工作先进单位等荣誉称号，大学生心理协会荣获浙江省十佳社团和杭州市优秀社团，阳光心育工程被评为浙江省校园文化品牌。

塑造学生良好的个性心理品质，培养自尊、自爱、自立的优良品格，增强心理调适能力和社会适应能力，提高学生的心理素质，是高职人才培养的重要方面，也是确保校园稳定、学生平安的有效措施，更是高职学生成长成才的迫切需要。几年来，我们根据高职学生的心理特点，从课程教育、工作网络和服务机制等方面，对如何有效地开展学生心理健康教育，进行了积极的实践和探索，构建了高职院校心理健康教育的有效模式。

2008年12月28日，我院举行了国家心理咨询师培训班开班仪式。学院学工部、系党总支书记、思政教师、学工秘书、学生辅导员等一线学生管理人员共 30 多人将参加为期半年的心理培训，培训以课堂讲授、专题讲座、临床实践、心理工作坊和专题研讨相结合的方式进行，系统地学习心理学理论知识和心理咨询技能。学院的这一举措，对于进一步提高学生管理工作的力度，切实加强学生心理健康教育工作，提升学生管理人员和教师的心理素质，营造良好的校园心理氛围，具有非常积极的意义。而这种对学生管理人员和教师进行心理咨询集体培训的方式，在我省高校尚属首例，这标志着高校学生工作更趋人性化，高校心理健康教育工作将向专业化迈进。

一、面向全体学生，构建心理健康教育的课程体系

2001 年，教育部颁发《关于加强普通高校大学生心理健康教育工作的意见》等系列重要文件，强调大学生心理健康教育工作要重在建设，要以课堂教学、课外教育指导为主要渠道和基本环节，形成课内与课外、教育与指导、咨询与自助紧密结合的心理健康教育体系。而面向全体学生开展心理健康课程教育，是高职心理健康教育最重要的形式和途径，也是心理健康教育的主渠道。首先，这是由心理健康教育的基本原则所决定的。课程教育的普及性特点就是向广大学生传播普及心理健康知识，使学生认识自身，树立健康意识，增强自我心理调适能力。其次，这是由心理健康教育的特殊地位所决定的。心理素质是其他素质发展的中介和基础，而心理健康的课程教育正是这种素质教育的完整体现。再次，这也是由心理健康教育课程的功能所决定的。心理健康教育以预防和发展为宗旨，更强调对正常学生心理健康水平的维护和提高。课程教学根据学生的心理特点，有针对性地讲授心理健康知识，帮助他们解决好各方面的困惑，促进德智体美全面发展。此外，也是由学生心理健康问题所决定的。学生面对的心理健康问题大多是适应性和发展性问题，且带有普遍性。通过课堂教学，使学生以科学的态度对待成长中的心理问题，指导学生自己调适和解决一般的心理困扰，也可以预防心理问题的障碍化发展。

高职学生心理健康教育，必须面向全体学生，充分发挥课堂教学的主渠道作用。目前，大多数高职院校已开设了心理健康教育的选修课，少数学校开设了必修课。浙江建设职业技术学院于1999年开始开设《大学生心理卫生》全校选修课，2003年以后相继开设了《大学生心理学》、《人际关系训练》、《管理心理学》、《消费心理学》、《秘书心理学》、《公共关系心理学》、《大学生生涯规划》等全校选修课和限选课。开展了学生干部拓展训练、贫困生自信性训练、情绪调节与压力管理、人际沟通与团队合作等不同主题的团体训练。同时还针对不同学生的需要开设各类专题讲座，受到学生的热烈欢迎。这些课程既体现了心理健康教育课程的针对性和实效性，也使一些心理健康教育活动达到课程效果的延伸和巩固效果，从而推进课程教育从广度到深度的发展，形成课程和团体训练活动相配套、覆盖所有年级和学期、理论与实践相结合的教学模式。

心理健康教育课程体系显现了"三大模块"的特点，包括主干课程模块——以心理健康教育主干课程为主导；支撑课程模块——以应用心理学课程为支撑；活动课程模块——以专题活动类课程为补充。这三大模块互为对应、有机联系、各具特色。在课程教学中突出"三大注重"，即：注重理论的实际操作性，让学生理解心理学与学习和生活的密切相关性；注重改善学生的行为，调动学生改善自我的强烈愿望和动机，继而培养良好的行为习惯；注重提高学生的素质和能力，重新认识自我，挖掘潜能，发展自我。

二、以学生为主体，建立三大心理健康教育工作平台

高职学校心理健康教育要以学生为主体。所有工作要以学生成才成长为出发点，同时要使学生的主体地位得到实实在在的体现，把教师的科学教育与辅导和学生的积极主动参与真正有机结合起来。为了达到这一教育目标，我们构建了学校、系部、班级和学生自助组织的三级工作平台，整合全校资源开展心理健康教育。

一级工作平台：学校心理健康教育领导小组和心理健康教育指导中心，

处于领导地位。学生心理健康教育领导小组，由学校主管领导和职能部门负责人组成，统筹规划学生心理健康教育工作，在政策指导、人才培养、资源共享和督导检查等方面发挥重要作用。

二级工作平台：处于中介地位的各系心理辅导站。由总支书记、学工秘书和专职学生辅导员组成。我们对全校 36 名学生管理部门的老师进行了国家三级心理咨询师培训，培养了一支专业化的兼职教师队伍，并将心理学知识用于学生管理工作中，业务上接受心理健康教育指导中心的工作指导，开展经常性的业务交流，提高心理问题的辨别能力和化解矛盾的能力，具体指导班级心理委员开展工作；针对有问题的学生进行心理辅导；开展有关心理学知识方面的宣传活动等。

三级工作平台：学生的心理健康自助组织。由班级心理委员、大学生心理协会和朋辈心理辅导员构成，处于基础地位。班级心理委员由班级和系部推荐、由心理健康教育中心按照考核培训的要求产生，主要职责是宣传有关知识、关注重点人群、反馈相关信息、开展班级主题活动等。大学生心理协会由有兴趣的学生自愿组成，以发展自我、服务他人为宗旨，开展各类宣传和知识普及活动。朋辈辅导员是心理中心专门培训的学生心理辅导员，负责学生公寓"阳光心情屋"每天的来访接待和电话咨询活动，成为老师的得力助手，很受学生欢迎。学生自助组织在工作上接受心理健康指导中心指导。

浙江建设职业技术学院大学生心理协会于 2003 年成立，是全校人数最多的社团之一，开展了大量的心理健康宣传活动、社会实践活动和户外拓展活动，成为心理健康教育的主力队伍，取得了卓越的成绩。2005 年发起组织为安徽贫困山区捐助了希望书库，2007 年成功策划举办了"首届在杭高职心理情景剧汇演"，2008 年组织召开了"高职院校学生自助组织工作研讨会"，引起极大反响。2005 年被评为省级十佳社团，2008 年被评为杭州市优秀社团，并多次获得校级五星级社团荣誉，在学生社团中有较高的认可度。我们在 2005 级学生中全面建立了心理委员制度，经组织培训后，分别承担了宣传、实践、服务等工作。心理委员制度的建立使心理健康教育具有了更扎实的学生基础，为学生自身素质的提高开拓了新的途径，作为最贴近学生的一个群体，也为校园平安建设提供了一条安全通道。

三、全方位关注，完善五大通道的服务体系

高职院校心理健康教育要树立服务与指导并重的理念，要根据学生的心理状态把握好障碍性指导、适应性指导和发展性指导三个层次，既突出发展性指导的中心地位，又及时为有心理障碍的同学解决好问题。宣传教育包括三大内容，一是传统的报纸、广播、橱窗、展览等；二是宣传的专项活动，如宣传周和心理健康节等；三是网络信息阵地。我们于2004年建立了"阳光岛"心理网站和BBS心理论坛，在网上开设了现场答疑、在线咨询、心理知识宣传等多个栏目。

团体辅导：近年来，团体辅导在各校受到高度的关注和积极的推进。开展团体心理辅导和训练是学校心理健康教育的必然发展趋势，也是心理健康教育纵深发展的迫切需要。相对于个别咨询它具有无可比拟的优势和特点。我们对一些特殊群体的学生开展了多样性的团体辅导，在障碍性、适应性和发展性三个层次的指导方面均达到了理想的教育效果。

个别咨询：采用一对一的面谈、信件往来、电话交流等方式进行，是最早进入高校的基本手段，现在仍是最有效和必然的方式之一。从2003年起，我们坚持工作时间全天候心理咨询值班，学生不必预约，由三位专职教师接待，学生随时可以咨询。每天下午和晚上则由朋辈辅导员在公寓咨询室为学生提供辅导，最大限度地满足学生需求。许多教师还通过电子邮件和手机短信开展心理咨询服务。

测量建档：心理测量作为心理学的一个分支，目的是通过量化手段使心理学的分析日益精确，能够更好地为实践服务。自2000年我们就开始对高职学生心理健康普查和建档的尝试，运用UPI量表进行心理普测，并对筛选出来需要关注的学生实施了跟踪和建档。

跟踪转介和危机干预：跟踪转介是对心理疾患学生的人文关怀，从教育

模式转向医学模式，帮助有心理疾患的学生尽早减轻症状，恢复健康，回到正常的学习生活中来。重点通过网络宣传等阵地加强教育指导，通过心理测量等手段及早发现偏差积极介入，通过日常值班制度做好来访学生的心理矫正，通过及时转介让有心理疾病的同学得到专业医院的治疗。对学生进行危机干预教育，利用专家讲座提高学生的心理危机意识，对心理委员及学生辅导员进行技能培训等来提高学生处理心理危机的能力。学校成立有"学生心理危机干预领导小组"，颁发了"学生心理危机干预办法"，心理危机干预领导小组由党委书记亲任组长，分管学生工作的副院长任组长，组员由学工部、心理中心、系总支书记、保卫处、后勤公司、校医院等组成，这是一个有序高效的对应机制和应急机制，做到全员、全过程、全方位共管和配合，一旦发生心理应急事件，立即启动遇警机制，各相关部门协调配合，以保证在第一时间采取最有效的危机干预措施。

第二节　学生第二课堂活动

第二课堂活动是校园文化建设的重要组成部分，也是校风、学风建设的主要载体之一。要真正实施高职人文素质教育，就要打破教育者长期的应试教育、专业教育、技能培训等所形成的定势思维，转变教育思想和观念，大力开展学生第二课堂活动。浙江建设职业技术学院就高职工科院校第二课堂素质教育体系建设的理论与实践进行了有效的探索。

一、第二课堂活动的优点

长期以来，高职工科院校非常重视学生的专业教育与技能培训，从师资力量配备、教学任务编排、教研教改立项等方面都予以重点倾斜，而对学生的第二课堂素质教育比较忽视，认为只不过是一种群体性的活动，可有可无，也未纳入正规的教育培养计划作整体规划。在重视学生综合素质发展的今天，高职工科院校专业教育与技能培训固然重要，但其局限性也在逐步显现，主要在于：第一课堂以其标准化、专业化和集中化的显著特点，解决的主要是学生的认知、专业能力问题，学生被动接受性强，而诸如对社会的认识与体验、社会实践能力的锻炼、优良社会人格的塑造、团结协作精神、科研创新能力的培养等，仅靠第一课堂教育是无法实现的。而在这些方面，第二课堂便体现了它的优势。第二课堂内容广泛、形式多样、方式灵活，并大多是学生自愿参加，满足了他们的自身兴趣和特点，能有效发挥学生的主动性；第二课堂集中体现了因材施教的原则，不受教学计划和大纲的严格束缚，让学生按照各自的兴趣和特点选择发展方向和培养领域，鼓励优秀人才冒尖。

第二课堂将许多学生的思想政治教育工作有机地融入到了生动活泼的活动之中，既能切实落到实处，又易于学生接受；第二课堂有利于学生将固态知识在实践活动中活化，克服思维上的惰性，增强思维的深刻性和灵活性，丰富想象力，发挥创造力，形成合理的智能结构；第二课堂缩短了大学生理想与现实的差距，许多学生进入大学前都对大学生活充满了美好的憧憬，而大学沉重的学业压力和"三点一线"的生活方式，使他们深感失望和压抑，甚至产生各种心理障碍和心理疾病，丰富多彩的第二课堂充分满足了他们的精神需求，提供了开放的环境以利于他们身心的健康发展。第一课堂与第二课堂相互补充、相互促进，第二课堂不是第一课堂的简单延伸，不是单纯意义上的"课外活动"，应作为学校整体教育计划的共同组成部分，同基础课程、专业基础课程、专业课程等教学模块一样，作为学生总体培养目标来规划和教育实施。

二、我院第二课堂活动的实践

（一）第二课堂活动开展的原则

1. 全面发展的原则

高职工科院校人才培养的基本目标是培养社会主义事业的建设者和接班人，为达到这一基本目标，应使学生做到知行统一，知识的增长与能力的提高相一致，专业素质的训练与基本人格的培育相结合，在思想、道德、心理、知识、文化、能力和体魄方面协调发展,实现高职工科院校学生全方位发展。

2. 适应竞争的原则

现代社会发展瞬息万变,竞争日趋激烈,要主动适应这一新变化,必须提高学生的社会环境适应力,让学生尽早接触社会、感受社会、体验社会,增强心理适应性,锻炼社会工作能力,提高竞争力,实现毕业前的竞争性适应。

3. 创新实践的原则

在校内外活动及实践活动中,以课外科技、社会实践和文体活动为载体,提出创新性实践的要求,以培养高职工科院校学生的创新素质与创新能力,在实践中创新,在创新中实践,实现创新思维与意识的日常化。

4. 个性发展的原则

在提倡学生全面发展的同时,积极鼓励和支持有特殊兴趣和特长的学生充分发展,为他们创造尽量宽松的环境,提供基本的条件如个性化社团的成立、学生创业公司的运营等,不同形式地发掘个性化潜力,重视专长人才的引导和培养,激发学生的创新意识和特长发挥。

5. 简易操作的原则

在组织、实施、管理、评价等方面建立和制定切实可行、制度化的系统体系,减少随意性和主观性,增加客观化评定指标,变无形指导为有形控制,精简操作步骤与程序,提高评定质量与控制效率。

三、第二课堂活动的内容

我院根据长期开展学生第二课堂活动的经验,将常规活动系统化地分为社会实践、科技活动、文体活动、社会工作及公益服务五大组块,分别给予一定的学分,并规定各组块的学分分布和完成的年学分上限,不同组块的总体培养目标和分年级应达到的要求,并根据其专业特点制定了分类培养计划表和详细的评定程序与指标,促使学生根据自身条件合理安排,保证各项综合素质的提高。

（一）社会实践

社会实践能使学生亲身感受我国改革开放的伟大成就，在调查、实践中进一步认识社会，服务社会，培养学生的综合素质。主要包括参加学院统一组织的社会实践团队活动、社团活动，参加马列主义、毛泽东、邓小平理论学习小组学习、党课或团干培训、利用假期进行的社会调查等。整个实践活动要求有详细的记录材料、实践单位的证明、实践报告和总结等，由分团委负责审核。根据参与学院、系组织的社会实践（或经学院同意的其他社会机构组织的社会实践）的时间，累计一周（按七天计）得0.5分。同时，为强化学生参加社会实践活动，原则上学生应在社会实践活动中获取1.5及以上分（两年制的1分）后方有资格获得第二课堂学分。

（二）课外科技活动

课外科技活动是为了培养学生的创新精神和严谨的科研作风及科研能力。主要包括参加各类学科竞赛、开展科技发明创造、撰写论文、担任校内外科技人员助手、开展科技咨询服务、听学术报告等。各年级应达到的要求：一年级，培养科学兴趣，养成良好的学习风气，树立科学精神。二年级，培养学生理论与实际相结合的学习作风，在实际的科学研究中增长才干。三年级，将所学的专业知识运用于实际操作中，培养严谨的科研作风和踏实苦干精神。

（三）文体活动

文体活动可以陶冶学生的情操，提高广大学生的文化、体育、艺术等各方面素质，培养素质较高的文体活动人才，丰富校园生活。主要包括参加院系及其以上组织的文体活动，文化、艺术、体育团队，在院级以上刊物公开发表文艺作品，个人举办的文化展览等。根据获奖级别分别给予加分。各年级应达到的要求：一年级，培养锻炼身体的习惯和对集体文体活动的热爱，旨在锻炼强健的体魄，丰富大学生的日常生活，在其中发现文体尖子。二年级，将文体活动与素质全面发展相结合，提高学生的文化素质、体育运动技能，进一步培养其团体精神，从而使其积极参加学校的各类文体活动。

（四）社会工作

社会工作是为了锻炼学生的社会工作及活动能力。主要包括担任团学社学生干部、社团负责人、学生工作助理等职务。其中，学生参与组织学院或系举办的活动或承办校级及以上层面的各类活动，其主要组织骨干成员可得0.5分（可加分总人数限制在10人以内），一般成员可得0.2分（可加分总人数限制在20人以内）。根据本条规定，由院、系举办或承办的活动，分别由院团委、分团委确定人数和具体分值，一学期此项最高不超过1分。各年级学生应达到的要求：一年级，培养学生的服务思想，培养学生良好的工作作风，提高学生的工作能力。二年级，充分发挥学生的"三自"作用，培养学生成熟的社会工作能力，树立服务意识，培养学生正确处理个人与社会发展的关系的能力，锻炼学生合理处理各类社会关系的能力，实现由学生向社会角色的过渡。

（五）公益服务

公益服务是为了树立学生的劳动观念和服务思想，培养学生的劳动习惯。各年级学生应达到的要求：一年级，培养学生热爱劳动、热爱集体、关心集体、珍惜劳动成果的良好习惯。二年级，树立学生的奉献精神，增强服务意识，学会在奉献中实现自我的升华，进一步培养为社会作贡献的品质。

四、第二课堂活动的学分化

过去我院也在学生中积极开展第二课堂活动，但其主要目的是为了丰富校园生活，营造文化气氛，只是作为倡导性的软性指标，未作硬性要求，至多作为评选先进、评定奖学金（综合测评）的参考依据。2009年，经过学院领导及相关专家的论证，认为大学生第二课堂素质教育培养应以必修学分来控制，以鼓励学生培养自身综合素质的自觉性、目的性和系统性，提高学生参与第二课堂培养科目的主动性。目前我院已将第二课堂纳入了学生的总体培养计划，作为其中的一个必修模块，规定了4个必修学分，并写入《浙江建设职业技术学院学生管理规定》，作为硬性指标，要求学生在大学期间必须完成，以促使学生有目的、有计划地发展自己的综合素质，真正将高校素质教育落实到每个学生身上。

第三节 学生社团活动

校园文化是指学校这个特殊场所所具有的特定的精神环境和文化氛围，一般是指校园中的物质文化和精神文化，它反映在硬件部分包括校园环境、教育和教学设施；反映在软件方面包括校风、教风、学风、校园文体活动等。良好的校园文化环境具有催人奋发向上、积极进取、开拓创新的教育力量。它可以促使人在一种无形的巨大力量推动下，在积极向上的氛围中受到激励、鞭策，健康成长。而社团作为校园文化的重要载体，作为校园文化宣传的主要阵地，是广大青年大学生以相同或相近的兴趣、爱好、特长、信念、观点或自身需要为基础，自发形成的一种特殊的大学生志愿型群众团体，具有参与广泛、内容丰富、形式多样、机动灵活等特点，对大学生扩大求知领域、完善知识结构、丰富内心世界、培养兴趣爱好以及丰富校园文化生活、推进素质教育，加强和改进大学生思想政治教育等具有重要的作用。

一、我院学生社团的现状

菁菁校园，生机盎然 年轻学子，风华正茂 他们精力充沛、求知欲旺盛，为此，我们积极开展丰富多彩的文体活动，丰富和活跃校园文化生活。遵循"大力扶持理论学习型社团，积极倡导科技服务型社团，热情鼓励专业技能型社团，正确引导兴趣爱好型社团"的指导原则，2004年以来我院在大力推进学生社团的繁荣和发展方面做了大量的工作，到目前为止共成立各类学生社团46个，注册会员3952人，达到全院学生总人数的68%。

学生社团紧紧围绕学院的中心工作，近年来相继举办了"体育文化节"、"文化艺术节"、"社团文化节"、"建筑技能节"、"科技文化节"、"公寓文化节"、

"心理健康宣传月"、"增强团员意识教育"等主题教育活动，通过讲座、文艺晚会、主题班会、大型现场咨询、图片宣传等活动形式，将为人处世、做人做学问的道理传授给广大同学，用充满温情、自娱自乐的方式替代了以往传统的冷冰冰、枯燥说教的思想政治工作面貌，同时进一步加强了广大同学的爱国主义、集体主义观念，丰富了校园文化生活，提升了广大同学的思想境界。

在积极发展学生社团、丰富校园文化生活的同时，我们强化学生自主管理、自我发展意识，鼓励学生社团走出校园，走向社会，一方面热心参与公益活动，另一方面积极参加各类比赛，提升社团的实力和社会影响力。2005年院定向运动队首次参加"全国大学生定向越野锦标赛"，获"体育道德风尚奖"；2006年院定向运动队参加"全国学生定向越野锦标赛"时，获得高校专科组团体第一、高校女子专科组团体第一、男子团体第三的骄人成绩。在全国首届大学生艺术展演大赛中，我院大学生艺术团选送的美术作品、摄影作品分获二、三等奖，并在浙江省大学生艺术展演大赛中获得一等奖。院艺术团合唱队、舞蹈队分别获省大学生艺术展演大赛三等奖。院健美操队获浙江省大学生健美操锦标赛团体二等奖。院大学生心理协会在2005年被评为"浙江省高等学校十佳学生社团"，院大学生艺术团被评为"浙江省高等学校优秀学生社团"。大学生志愿者协会先后被团省委评为"志愿者活动杰出集体"、"萧山区青年志愿者活动杰出贡献奖"。

各类社团通过自身的努力，在丰富校园文化生活，为广大同学提供一个加强交流、提高能力、锻炼自己的舞台等方面起了非常积极的作用。

二、目前学生社团存在的主要问题

由于学生社团发展历史较短，经验不足，在实际运作中还存在着一些问题，主要有以下三方面。

（一）社团发展水平参差不齐

由于高职办学历史较短，大学生社团的发展虽然短期内迅速遍布，有如雨后春笋，但在发展过程中，由于经验相对不足、总体实力不强，各社团之间不平衡，社团发展良莠不齐，两极分化严重，有的社团规模大、活动多、参与面广、影响深；个别社团则有其名无其实，无组织、无活动、无生机，部分社团甚至出现"昙花一现"的现象。

（二）校园文化建设作用不够突显

社团在引导大学校园主流文化方面影响力不足、作用发挥不明显。目前比较多的是兴趣爱好型的社团，偏重于文体活动的社团较多，而体现高等学校特点的知识技能型社团偏少，在营造良好学风、促进校园文化建设方面的作用还有待于进一步加强。

（三）部分社团指导工作不够到位

按照社团管理的有关条例，每一个社团都必须有一名或一名以上的指导老师，但在实际工作中，有些社团的指导老师因为教学、行政等方面的工作牵扯、教师与学生课余时间不一致的冲突等，导致社团的指导不到位，活动开展尚有欠缺。此外，社团管理也不够科学、组织不规范、制度不完善，社团活动相对较少、质量不高、参与面不广、影响不大。

三、加强社团建设的建议

学生社团作为学生自我教育、自我管理、自我服务的重要阵地，是高校思想教育、学风建设、校园文明建设的有效载体，也是高校校园文化中最活跃、最丰富、最动人的一道风景线。为使学生社团的发展走上一条持续、健康、协调的道路，提出以下建议。

（一）规范管理，体现特色

作为高职院校，我们立足于地方经济和行业经济的发展，为社会培养高素质、高技能应用型人才，因此在社团审批、成立、活动开展、考核等环节要规范管理。学生社团特别是专业技能型社团应该是整个学生社团的主流，社团更多时候要起到将课堂延伸的作用，要鼓励同学积极参与，通过社团这个平台，帮助提高同学的职业能力。

（二）积极鼓励，科学引导

要明确学生社团的发展方向，要以"激发潜能、发挥特长、培养能力、提高素质"为宗旨，把学生社团建设成为思想政治教育的重要基地和大学生素质拓展的实践平台，让学生在丰富多彩、形式多样的活动中不断提高自己的道德文化修养和综合素质。要积极鼓励，科学引导，保质保量地发展学生社团，建立布局合理、种类众多的高校社团结构，满足广大同学多层次、立体化、高品位、高质量的文化需求，避免盲目发展、一厢情愿。

（三）加强选拔，重点培养

所谓"三军易得，一将难求"。从某种程度上来说，一个社团有无发展潜力，很大一部分取决于社团主要负责人的素质和能力。有些社团主要负责人长期无活动，结果使组织处于瘫痪状态。因此，要严格社团学生干部的选拔使用，重视学生干部的德才兼备是我们搞好工作的第一步。同时，对这些社团的主要负责人要重点进行培养，通过干部培训班、经验交流会、外出学习、集中指导等方式，全力打造一支高效、精干、务实、负责的学生社团干部队伍。

（四）把握主题，发挥作用

社团建设要贯彻党的教育方针，坚持社会主义教育方向，在融汇爱国主义、集体主义、社会主义理想信念教育的同时，侧重加强创新精神和创新能力的教育培养。弘扬社团发展的主旋律，凸显其在校园文化建设中的高品位，构建富有时代特征的校园文化，沿着社会主义先进文化的发展方向，通过各类丰富多彩的活动，培养同学们的综合能力，活跃校园文化，提高思想认识水平。全面理解和掌握胡锦涛总书记提出的"八荣八耻"社会主义荣辱观的深刻内涵和基本内容，树立和践行社会主义荣辱观，把新时期的道德观融入社团文化活动中，努力让社团成为校园文化中一道亮丽的风景线。

（五）提高意识，打造品牌

目前我院学生社团数量较多，种类多样，形式丰富，但这些并不代表社团发展的层次和水平，社团的存在和影响不仅需要有意义和有实效的活动来证实，更需要一批品牌社团来体现。因此，学生社团应该结合自身的特点，树立品牌意识，提高活动质量，真正展现新世纪大学生的精神风貌和能力素质，表现时代特征和文化内涵，努力打造精品社团。

第四节　大学生创业教育

2002年，教育部等部门在《关于进一步深化普通高等学校毕业生就业制度改革有关问题意见的通知》（国办发〔2002〕19号）中明确提出"鼓励和支持高校毕业生自主创业"，国家和地方政府也陆续出台鼓励和支持大学生创业的政策。此后，高职院校创新创业教育如雨后春笋般地展开，多数学校办有大学生创业园，创新创业已经成为高职生就业的主要渠道之一。

浙江是中国民营经济最发达、民间创业最活跃的省份，已经形成了创业环境不断优化、民间创业意愿强烈、新生代创业者走上舞台等趋势。作为培养实用型专业人才的高职院校，开展创业教育是适应知识经济发展、拓宽学生就业门路和构建国家创新体系的长远大计，也是高职院校办出特色、办出水平的应有之策。

我们在实践中发现某些被学校认为是后进生、拖了两年才毕业的"丑小鸭"却在工作中表现优秀，当上了老板，而学校认为优秀的某些毕业生却缺乏创造力，只能给企业去打工。为了让人才评价更符合企业需求，学院积极响应国家有关大学生创新创业的号召，培养我院大学生的自主创新创业意识，激发大学生科技创业、实践成才的热情。学院先后出台了《关于进一步加强创新创业教育的实施意见》《浙江建设职业技术学院大学生创业园管理办法（暂行）》等政策文件，开办了创业培训班，对学生进行了一系列的创新创业专题培训。同时，学院还辟出专门场地成立创业园，在全院范围内征集创业园项目，鼓励我院学生成为具有创新创业意识、善于捕捉市场机遇、勇于开拓广阔市场的创业者。

教育部副部长陈希指出"创新创业教育要面向全体学生、结合专业教育、融入人才培养的全过程。要以转变教育思想、更新教育观念为先导，以提升学生的社会责任感、创新精神、创业意识和创业能力为核心，以改革人才培养模式和课程体系为重点，不断提高人才培养质量"。浙江建设职业技术学院在近年来的创新创业教育实践中，正是坚持"面向全体、结合专业、构建体系、改革模式、全程培养"的方针，依托建设行业背景，结合学院办学实际，闯出了一条创新创业教育的新路，创新创业教育"五起来"模式为学院的人才培养模式改革、教学体系创新、课程建设和毕业生就业都带来了巨大的影响。

一、全员普及创新创业教育

学院在多年的创新创业教育实践中逐渐认识到，创新创业教育绝不仅仅是选择一些优秀的学生进行创新活动，为学院取得几项竞赛成绩；也不仅仅是为了学生开几家商店，解决一小部分学生的就业问题；创新创业教育的最终目的是为了培养学生的创意思维、创新精神和创业能力，使学生在掌握职业能力的同时，培养工作中发现问题、解决问题、创造新技术，并将新技术转化为生产力的能力，促进学生的全面发展，真正把学生培养成具有创造力的高级应用型技能人才。

我院的创新创业教育面向全院学生，根据不同年级学生，分层次、分对象进行创新创业教育。为此，学院建立了比较完整的创新创业教育体系，该创新创业教育体系由创新创业教育、创新创业活动和创新创业实践三部分组成。开设创新创业课程是进行创新创业教育的重要途径，通过创新创业选修课、创新创业培训班等形式进行，主要面向大学一年级学生，培养他们的创意思维和创新精神。创新创业活动是理论教育的延伸，通过"创业方案设计大赛"、企业实习、成功创业家座谈会、政府机关领导的专场讲座等活动开展，主要面向大学二年级学生。创新创业实践旨在培养学生的实际能力，通过成立创业园扶持学生实践，同时注重与社会的对接，在企业设立学生创业实践基地，尽力为学生提供创业实践的社会平台和机会。

多年来，我院坚持全员普及型的创新创业教育，使创新创业深入人心，也影响了部分毕业生的择业观。2009 年，我院毕业生共有 2212 人，其中 30 人选择自主创业、自由职业或者其他灵活就业，占毕业生总数的 1.35%。

二、创新创业实践结合专业

创新创业教育是专业教育的补充和提高，创新创业实践不能脱离专业教育，应依托行业，具有各高职院校的办学特点。作为浙江省唯一一所公办建设类高职院校，我院具有 50 多年的办学历史，为浙江省城乡建设系统和地方经济发展输送了各专业毕业生 3 万余名。因此，学院充分发挥建设类专业齐全、师资力量雄厚、建设领域校友众多、行业联系紧密的优势，大力推动基于专业的创新创业教育。

创新创业教育与专业教育相结合，更加有血有肉；创新创业教育渗透到专业教育的每个环节中，更加丰富多彩。学院一是把创新创业教育融入到专业教育中，围绕创新创业所需，有针对性地讲授专业，更贴近实际，避免了专业教育纸上谈兵和实验实训室模拟的不足，学生更易接受，专业教育更具感染力。比如在专业类课程教学中，重点围绕"创业者所需"这一目标进行教学。注重专业知识的深度和广度、实用性、前瞻性等。对教学内容进行筛选，做到理论与实践相结合。在专业课教学过程中注入创业教育知识、能力的相关内容，让学生边学专业知识边了解行业信息，取得双重收获。二是在创新创业教育中实践专业知识。这样的创新创业教育更有深度，更有利于专业的人才培养。学生的创新创业实践通过开展一些与所学专业有关的产品设计、开发、生产和销售，不仅实践了创新创业，同时也加深了对专业知识的理解，促进了专业学习。

通过基于专业的创新创业实践活动的开展，学院取得了丰硕的成果。在浙江省第一届高职高专院校"挑战杯"创新创业竞赛中，荣获一等奖 3 项、二等奖 1 项、三等奖 2 项和优秀组织奖；在浙江省第二届高职高专院校"挑战杯"创新创业竞赛中，荣获特等奖 1 项、一等奖 5 项、二等奖 4 项、三等奖 3 项和优秀组织奖、特别组织奖；在浙江省第六届"挑战杯"大学生创业计划竞赛中，荣获二等奖 1 项；在浙江省第十一届"挑战杯"大学生学术科技作品竞赛中荣获二等奖 1 项和最佳进步奖；在浙江省第六届给水排水工程大学生创新大赛中荣获三等奖 1 项，在专业知识竞赛中荣获团队第一。其中，大多数都是学生结合专业进行研究开发，具有建设类专业特点的项目，如"外悬式外墙脚手架"、"高性能混凝土早龄期拉伸性能试验机"、"新型电机定子绕线机电控系统研究开发报告"、"一种住宅内使用可移动式微污染水回用装置的研制"、"浙江省电动车废旧铅酸电池回收处置现状调研报告"、"杭州市贴沙河生态建设规划"、"两种无机高分子混凝剂的最佳投药量试验及其结果分析"等项目，都和学院建筑工程技术、环境监测与治理技术、建筑电气工程技术、园林工程技术、给水排水工程技术等专业紧密结合。

三、丰富创新创业教学载体

创新创业教育和专业理论教育有着本质的区别，不能照搬课堂授课式的传统教学模式。学院为了搭建各类创新创业教学载体，营造有利于学生个性发展和创新创业的良好环境，激发学生创新创业的兴趣和热情，针对高职学生热衷实践、喜爱活动、动手能力强等特点，经常性地组织开展创新创业论坛、讲座、创新创业计划竞赛等活动，通过广播台、报纸、海报等形式，营造一个有利于学生创新创业意识培养和创新创业素质提高的校园文化环境。

一是举办丰富多彩的各类活动。学院于每年 10～11 月举办面向全院学生的"生涯规划与创业指导主题月"系列活动。系列活动分为"政策宣传、竞赛、讲座教育、实践活动"四个大类，采用讲座、沙龙、影展等多种形式开展。如"大学生创业如何做好财务管理——店铺管理财务软件辅导"、"成功从大学开始"、"创业从现在开始"等专题讲座；浙江建设职业技术学院大学生职业生涯规划大赛暨全国选拔赛；浙江建设职业技术学院创业与就业辩论赛等活动。

二是设立大学生创业园。本着"学院投入、校友资助、教师参与、学生为主"的创业原则,学院投入大量人力、物力、财力,设立了近 1000m² 的大学生创业园,并在全院范围内确定一批创业项目进行孵化,目前已有 10 家大学生创业团队入园开始运转,这为在校学生提供了创业实践的平台。

三是主动与社会各界建立多方位、多渠道的联系,争取政府、企业及社会各界对学院创新创业教育的支持和帮助,学院在开展创新创业教育过程中得到了工商萧山分局领导的大力支持,并与我院建立了"共创共建基地"。

四是与杭州市劳动和社会保障局联合举办大学生 SYB 创业培训班,积极开展大学生创业教育,进一步提高广大学生的创业能力。

五是承办各类省级赛事,开拓学生视眼,加大学生交流,提升学生的创新创业能力。2009 年 12 月,学院承办浙江省第二届高职高专院校"挑战杯"创新创业竞赛决赛。决赛期间,竞赛组委会在学院举办了浙江省第二届高职高专院校"挑战杯"创新创业竞赛决赛参赛作品成果展,吸引了来自全省各地的近 3000 名学生参观。

六是设立大学生跳蚤市场,充分利用资源、方便广大同学,买卖双方互相体谅、互利互惠,促进了学生之间的交流,在交流中传递了经验,在收获中体会了快乐,受到了学生们的一致欢迎。同时,培养了大学生勤俭节约的习惯,为构建和谐校园作出了贡献。

四、孵化创新创业活动项目

学院一是定期开展各项竞赛活动,鼓励学生参加挑战杯、科技创新竞赛、创业方案设计大赛等,从中选取具有专业背景的、科技含量的作品参加省市组织的大型科技创新创业竞赛。将参赛作品中出现的可操作性强的项目引入到大学生创业园进行孵化。二是充分利用行业优势明显、校企合作紧密等特点,引导学生积极参与企业的创新创业工作。2009 年,学院与浙江歌山建设集团建立"青年就业创业见习基地",本着"双赢互惠"的原则,邀请企业成功人士担任创新创业导师,直接指导学生创新创业,建立"师导生创"的教育方式。三是积极联系工商等相关部门，为学生创业创造良好环境。2009年学院与工商萧山分局建立大学生创新创业"共建共创"对接服务基地，在政策范围内，工商部门将开通绿色通道全程免费办理工商注册，落实专人、定点定时上门服务我院大学生创业，积极协调相关行政职能部门解决公司注册问题，主动搜集地方政府的各类优惠政策上网共享等。

在学院的大力主导下，我院涌现了不少基于专业的创新创业典型案例，这些案例展示了我院大学生将创新成果转化为创业实践，将创业实践转化为自主就业的成功之路，典型带动了更多学生参与到创新创业活动中来。2009年，以建筑工程系陈华鸿同学为首的研究小组，通过发现建筑施工中脚手架屡屡发生倒塌事故、给施工带来安全隐患的问题，结合所学的专业知识，在行业专家和专业教师的指导带领下，开发了外悬式外墙脚手架，在原材料、能耗、人力等方面与现有技术相比较，只有现有技术的 $1/3 \sim 1/12$，而安全性则得到了显著加强，建筑物高度越高，其效益就越发彰显。该项目在 2009 年的浙江省第二届高职高专院校"挑战杯"创新创业竞赛中荣获特等奖；与此同时，学院积极扶持该项目，纳入首批大学生创业园入园项目予以孵化，并且在工商注册、注册资金等方面予以倾斜支持。2009 年，以陈华鸿为法人代表注册了杭州鸿巢建筑技术有限公司，该公司是一家建筑、建材的企业，经国家相关部门批准注册的企业，主营新式爬升脚手架技术的开发与销售，适用于现在高层、超高层建筑的外墙施工，拥有自己的知识产权。目前，该公司已进行深入的运作和经营，陈华鸿同学正以这个公司为基础进行实习，进行自主创业。

五、健全创新创业体制机制

为了使创新创业教育全面深入、正常常规地开展下去，学院构建了比较完备的创新创业教育机制，包括激励机制、竞赛机制、保障机制等。

一是建立了创新创业激励机制，引导学生正确处理创新创业与学业的关系。完善学生学分奖励机制，制定出台了《大学生创新创业学生学分奖励措施》。设立大学生创新创业发展基金，扶持专业支撑强、产业前景好的学生创业。出台《大学生创业园评奖评优实施方案》，增强大学生的实践能力，培养大学生的创业理念，提高大学生的创业激情。同时，对教师指导创新创业工作的成绩也要给予充分肯定与鼓励，制定出台了《大学生创新创业指导老师奖励措施》。

二是建立了创新创业竞赛机制。定期开展各项竞赛活动，鼓励学生参加挑战杯、科技创新竞赛、创业方案设计大赛等，从中选取具有专业背景的、科技含量的作品参加省市组织的大型科技创新创业竞赛。同时，将参赛作品中出现的可操作性强的项目引入到创业园进行孵化。

三是建立了创新创业保障机制。

（1）政策保障。制定印发了《关于进一步加强创新创业教育的实施意见》、《浙江建设职业技术学院大学生创业园管理办法（暂行）》等文件，制定了《浙江建设职业技术学院创业园入园管理制度》、《大学生创业园项目评审管理办法》、《浙江建设职业技术学院创业团队管理条例》、《大学生创业园评奖评优办法》、《大学生创业园考核制度》、《大学生创业团队考核细则》等制度。

（2）机构保障。学院成立创新创业教育领导小组，负责学院创新创业教育工作。创新创业教育领导小组下设创新创业竞赛委员会、各系创新创业教育工作小组、创业园管理办公室。创新创业竞赛委员会由招生就业处、学生处、团委、四系、科研处相关人员组成，负责创新创业方案设计大赛的赛事组织、评选、入园项目评审和创业基金发放评审。各系创新创业教育工作小组由各系分管负责人、相关专业教师和辅导员组成，负责创新创业竞赛项目的推荐，对本系入园创业的项目进行专业指导。创业园管理办公室由学院团委相关人员组成，负责创业园的日常行政管理、公共设施管理、入园项目考核、创业资金发放。

（3）队伍保障。加强创新创业教育的师资培训，鼓励教师参与企业咨询、实践活动，安排教师到企业实践锻炼，体验创业，积累创业经验。采取培养和聘用相结合的方式，邀请创业成功人士、行业专家能手和政府职能部门人员担任创业教育顾问，形成一支富有创业理论知识和实践经验的导师队伍。

（4）资金保障。为鼓励广大在校学生参与到创新创业实践中去，经学院和企业沟通，浙江天亿集团有限公司在学院出资设立了"天亿创意创新奖励基金"，优秀创业团队将获得 3000～3500 元不等的奖励金。

本章小结

（1）塑造学生良好的个性心理品质，培养自尊、自爱、自立的优良品格，增强心理调适能力和社会适应能力，提高学生的心理素质，是高职人才培养的重要方面，也是确保校园稳定、学生平安的有效措施，更是高职学生成长成才的迫切需要。几年来，我们根据高职学生的心理特点，从课程教育、工作网络和服务机制等方面，对如何有效地开展学生心理健康教育，进行了积极的实践和探索，构建了高职院校心理健康教育的有效模式。

（2）大学生第二课堂素质教育以实践活动为支柱，以课堂教学、系列讲座为两翼，实现了知识由静态向动态、由接受性学习向发现性学习、由固态向活化、由知识向能力的转化，实现了知识与能力的有机结合。

（3）学生社团作为校园文化的重要载体和主要阵地，具有参与广泛、内容丰富、形式多样、机动灵活等特点，对大学生扩大求知领域、完善知识结构、丰富内心世界、培养兴趣爱好以及丰富校园文化生活、推进素质教育、加强和改进大学生思想政治教育等具有重要的作用。针对学生社团存在的问题，提出高职学生社团的建设应规范管理，体现特色；积极鼓励，科学引导；加强选拔，重点培养；把握主题，发挥作用；提高意识，打造品牌。

（4）实践表明，某些被学校认为是后进生、拖了两年才毕业的"丑小鸭"却在工作中表现优秀，当上了老板，而学校认为优秀的某些毕业生却缺乏创造力，只能给企业去打工。为培养大学生的自主创新创业意识，激发大学生科技创业、实践成才的热情，学院通过五种途径培养学生的创业能力，一是创新创业教育全员普及；二是创新创业实践结合专业；三是丰富创新创业教学载体；四是孵化创新创业活动项目；五是健全创新创业体系机制。

第十章　教学管理改革

第一节　创建新型管理文化，促进高职教育发展

高职院校重在培养学生的实际应用能力，使高职院校毕业的学生可以适应时代发展的潮流，如果不能审时度势、抓住机遇、及时调整战略发展自己，将难以在竞争中取胜。因此，针对当今高职教育所面临的各种机遇与挑战，我们要大胆地进行实践和探索，采取应对措施，完善与健全高职管理文化，促进高职教育不断创新与发展。

一、高职教育面临的诸多困境

（1）当今的高职院校与普通高校相比，还存在着诸多劣势。各高职院校的建设和发展还处于摸索时期，在教学设施、师资力量、办学规模、教学管理、教育经费等软硬件条件上都比不上普通高校。虽然国家把高职教育定为高等教育结构中的一部分，具有与普通高等教育相同的地位，但是部分人在观念上认为职业教育不是高等教育，接受高职教育是不得已而为之。而且高职院校在生源范围、质量素质的选择等方面都存在着比普通高校更大的困难。

（2）中国加入世界贸易组织后，高职院校还面临着来自国外的竞争。一方面，国内教育需求将进一步国际化。越来越多的人选择出国接受高等教育，这将加重高校生源市场的流失。另一方面，国外将对国内提供更多的教育供给，越来越多的国外教育机构抢滩国内市场，它们将争夺一部分特别是具有一定支付能力的生源。

（3）高职院校还面临着其他同类高职院校的竞争。此外，还有许多普通高校开设了高职班，这无疑也是一股不可忽视的竞争力量。

针对当今高职教育面临的先天不足、竞争压力等因素，迫使高职教育对

传统的不完善、不健全的管理，要迅速地、在短时间内作出调整，创建一种新型的学校管理文化。

二、新型高职管理文化的内涵

所谓"管理文化"是指在一定的社会历史条件下，管理机构及其管理人员在各种管理活动中形成的一种精神文化形态，是管理机构及其工作人员共同具备和遵守的理想信念、文化观念、价值观念、道德标准、行为模式、文化环境、人才品质等各种社会准则与行为规范的总称。这种管理文化既是学校的无形资产，也是一种管理手段。它不但能够增强学校的凝聚力、向心力和持久力，而且能够保证学校行为的稳定性，推动学校的可持续发展。

随着近几年高职院校办学规模的扩大，如何正确处理好规模、质量与效益三者之间的关系，如何培养适应社会、满足市场需求的高技能人才，实现学校的可持续发展，是摆在每所高职院校面前的一项重要课题。科学的管理是实现目标的重中之重。但在以往的高职院校管理中，由于师生在强势管理方式下，在学习或工作中只能被动地服从，缺乏主动性，往往导致管理文化的失范。为了使高职管理文化与社会环境相适应，发挥其重要功能，我们就必须由以往的强势管理走向人本管理，建立与营造一种全新的、有特色的高职管理文化。

这种以人本管理为主的新型管理文化的内涵是：以人为本，以人力资源为中心，建立科学的管理机制，改变传统的教学模式，走产学结合、工学结合、教研结合、知做合一的人才培养道路，实施各样的柔性教育，经营学校，培养社会和市场需求的合格人才，提高高职教育内涵的一种具有当代特色的高职管理文化。

三、如何创建新型管理文化，促进高职教育可持续发展

（一）建立科学的管理机制，最大化激活人力资本

一个产品的好坏，主要取决三个因素，一是经费的因素——货币资本的投入；二是人的因素——人力资本的投入；三是管理的因素——怎样使两种资本效益最大化。教育产品也是如此。教育产品即教育部门和教育单位所提供的产品，也称教育服务。为使货币资本与人力资本效益最大化，首先应从人力资本入手，建立激励机制和相应的约束机制。

激励机制主要是对人力资本的经济利益进行激励。体现多劳多酬、优劳优酬的原则。激励机制也还包括荣誉和地位的激励，尤其对知识分子来说更具效应。为此，在高职管理文化中应当建立一整套科学、合理的激励运行制度，促使人力资本的效益最大化。

然而有了科学的激励机制，还应有相应的约束机制。如制度约束、契约约束、道德约束以及在激励中体现约束。

（二）创建不易模仿的办学特色

1. 特色应当是"人无我有"

就目前现有高职院校具有的特点：一是高职教育人才的定位是高素质高级技能型专门人才；二是教学上应突出应用性和针对性，加强实践教学环节，坚持利用企业平台、科研支撑、技能培训等条件，把能力培养贯穿于教学全过程；三是还应具备稳定的实习、实训基地及"双师型"的师资队伍等。

但是，高职教育要在竞争中取得胜利，仅仅具备这些特色是远远不够的，因为这些是高职教育的共有特点，所有高职院校都具有的特色。从当今现状来看，创建特色最主要的任务是要能在同类院校中脱颖而出。如，可以利用现有的条件开发与众不同的专业，即使专业在名称上不能做到与众不同，也应根据市场需要在课程设置、授课内容、技能培养体系、学生素质培养上力求独特，还可以在学生考核标准、授课内容、考核方法上区别于其他高职院校。

2. 特色还应当是"人有我优"

要想使自己的特色优势在未来相当长的一段时间内得到保持，其特色就应当不容易被竞争者学习和效仿。当我们的办学特色发挥出明显的优势，学校因此而受益时，竞争者们就会竞相效仿，一旦效仿成功，创建的特色也就荡然无存，特色优势也只能是一时的从而难以持久。因此，特色最好具备不易模仿性。但是，要做到这一点谈何容易。必须在具备特色硬件及特色软件的基础上，达到教学各部门、管理各环节的动态协调，也就是说，我们不仅要把特色渗透到高职管理的每一个细节中，还要使之相互配合，形成一个有机整体。如我们建设类学院，就不能仅以施工或设计单一的专业管理入手，而要体现以项目科研、规划设计、施工管理、市政园林、环境给水等一系列建设类实践应用技能教育为一体的综合教育体系。因此，这样创建的特色就难以被轻易复制，因为复制一个部分容易，但复制一个系统就较为困难。

3. 学会"舍得"

"大学，从原则上说就是一种氛围，为学生提供一种环境：教师、教材、实验室、图书馆及其他各种获取知识的手段等；大学需要培养多种规格的人，既要培养能工巧匠，又要培养大师；既要培养普通人才，又要培养顶尖专业人才"，这样的时代要求已经过时了。从战略的角度看，创建特色需要明确产品定位和市场定位。任何企业都很难生产所有的产品，满足所有消费者的需要，小企业更是如此。高职院校在竞争中的地位与小企业相类似，其产品是毕业生，其市场是用人单位，它没有足够实力培养所有类型的学生去满足用人单位的所有需求，而必须有所选择，有所放弃，这就是定位。只有主动放弃某些东西，才能拥有一个独特的位置，而且放弃的越多，留下的越稳固。高职院校必须根据市场需求在自己的优势上纵深发展，把有限的力量集中起来，切忌贪大求全、面面俱到，这样才能把特色搞好。

（三）改变传统的教学模式，实施各样的柔性教育

首先，要使专业教学计划柔性化。目前众多高职院校采取的是专业一旦确定，教学计划也就随即确定。也就是说课程设置、培养目标、教学周安排、课程的学期安排等被确定后，还须根据教学计划编制相对稳定的教学大纲，教师再根据教学大纲选择教材、写教案，以便课堂教学能够按部就班地进行。如果说计划经济时期我们还可以这样墨守成规的话，那么现在这样做就不符

合时代要求了，因为现在是市场经济时代，情况是不断变化的，这些变化可能会使我们的教学不能按照原定的教学计划进行。如果把教学计划定得太死，并要求教学各部门、各环节不折不扣地执行，那么将难以在随时可能发生的各种变化中迅速调整计划，教学活动也只能一成不变地进行。因此，教学计划必须具有足够的柔性。

高职教育教学管理上可以在实行学分制的基础上，加大选修课的设置比例，使学生充分依据社会需要、个人兴趣和自身条件自主选修课程，通过允许学生依据实际需要工学交替，适当延长学习期限或分阶段完成学业来达到学制柔性化。

其次，还得在教学组织过程中实现柔性。要想真正在教学管理中引入柔性机制，单靠制订一个柔性的教学计划是远远不够的，还要使计划的执行方式、下达方式具有足够的柔性，要在教学组织过程中实现柔性。

除了通过建立科学的管理机制，形成独有的办学特色，实施柔性教育等措施外，还可在工作实践中不断地摸索、创造更多的策略方法，创建新型的管理文化，形成独特的管理文化品格，促进高职教育的可持续发展，为社会主义市场经济的建设和发展作出应有的贡献。

第二节 教学制度的改革与创新

一、高职院校教学管理体制改革的必要性

（一）时代在前进，教学环境在变化，高职教学管理体制也需要与时俱进

教学管理制度是观念与行动、目的与手段的有机统一，是理论与实践相结合的中介。它具有协调管理者与被管理者的关系，调控教学资源需求，保证教学质量和管理效率等多种功能。高等职业教育在迅猛发展中，暴露出一些制约自身长远发展的矛盾和问题，为从根本上解决这些问题，就必须努力

把握现代教学的本质，突出高职院校定位，制定符合高职人才培养需求的现代教学管理制度，推动学院健康发展。

浙江省教育厅2007年印发了关于《浙江省高等学校教学管理基本要求（试行）》的通知，通知指出教学管理制度改革是高等学校教育教学改革的重要内容，对于高等学校提高人才培养水平和办学质量具有重大意义。为促进我省高等学校教学管理的科学化和规范化，切实提高管理水平、教学质量和办学效益，保障高等学校人才培养目标的实现，各高等学校要切实坚持和落实科学发展观，构建与"以人为本"、"和谐发展"、"实践创新"等时代要求相适应的教学管理制度和人才培养新模式，根据高等教育大众化背景下对人才多样化培养的新形势、新要求，及时修订或废除不合时宜的教学管理制度，依法治校，规范管理，为学生健康成长、全面发展创造更为和谐的学习环境。

（二）"以服务为宗旨，以就业为导向"的高职办学宗旨需要先进的体制来保证

教学制度不仅是教学活动的一般前提与外在环境，也是直接地构成教学活动的一个重要内生变量。所以，教学制度建设既是教学改革顺利进行的保障，也是教学改革的题中应有之义。教学制度创新不仅是深化学校管理体制改革的重要内容，更是促进教师专业成长、推动教学改革、提高教学质量的重要保证。教学制度创新是创造性教学活动的必要内容和必然结果，也是衡量教学活动是否具有创造性的主要标准之一。

坚持"以服务为宗旨，以就业为导向"。它是职业教育界在长期的摸索之中得出来的结论，在2005年，作为职业教育的办学方向在《国务院关于大力发展职业教育的决定》中正式确定下来。而且，走产学研结合发展道路的办学宗旨已经成为高等职业教育战线全体工作者的共识。这一切都必须采取有效的、先进的制度、机制来保障和落实。

（三）制度建设是高职教学管理根本性、全局性的关键问题

加强对高职教学管理制度及其改革的研究，已经成为我国高职教学和教学管理的现实需要。2002年9月，江泽民同志在北京师范大学校庆典礼上着重提出：要深化教育体制改革，加快教育创新。《国民经济和社会发展第十个五年计划纲要》提出，要推行弹性学习制度，放宽入学年龄限制，允许分阶段完成学业。《全国教育事业第十个五年计划》强调要进一步解放思想，深化改革，扩大开放，加强制度创新。这些足以说明高职教育与管理制度在高等教育和高等教育管理理论研究中的分量。教学管理制度是实现科学管理、提高效率、增强凝聚力的有力保障，规章制度建设则是学校建设与发展的坚强基石，规章制度建设情况可以如实地反映一所学校的管理水平、工作效率和质量。在全国教育体制改革不断深化的今天，学院只有根据自己的实际情况，制定出符合实际工作需要的规章制度，不断提高管理水平和工作效率，优化管理理念，提升学校办学水平和办学能力，才能在日趋激烈的市场竞争中立于不败之地。高职院校教学管理制度建设需要与时俱进，通过完善和创新，不断规范和激励高职教学管理迈上新台阶。

高职教学管理制度既是教育管理思想观念的外显形式，又是教学管理实践的行动指针，是理论与实践、思想与行动、目的与手段的结合体。因此，研究我国高职教学管理制度，既有一定的实践意义，又有一定的理论价值。

高职院校内部的制度建设水平和机制创新水平直接决定着一所高职院校的发展水平，先进的制度会极大地强化激励的有效性。麻省理工学院、斯坦福大学等世界名校之所以能够云集大师、精进学术、辈出英才、长盛不衰，也得益于积极的制度建设和合理的机制创新。科学规范的教学管理对确保和提高教育教学质量、实现人才培养目标、提升教学管理水平具有重要作用。不断建立健全教学管理制度，既是强化教学管理工作的需要，也是加强教学基本建设的一项重要任务。随着教育教学改革的不断深入和发展，教学制度的建设成为适应当前学校发展和教师成长需要的紧迫任务，也是深化教学改革的方向和重点。

二、高职教学制度改革的理念

高职教学管理制度需要与时俱进，需要体现刚柔相济的原则。高职教学管理制度改革，要着力体现以学生为本、以教师为本、以院系为本的理念，形成学校统筹协调、院系管理为主、师生自主发展、服务体系健全的教学管理新机制。

（一）思想观念放开——以师生和系（部）为本

解放思想、转变观念是教学管理改革的先导，是教学管理制度更新的动力。如果没有教学管理新思想、新观念的萌动，就难以推进高职教学管理制度的创新。相对于过去以学校为本、以管理者为本、以控制为主的状况，新的高职教学管理制度要着力体现以学生为本、以教师为本、以系（部）为本的理念。

1. 以学生为本

学生是教学过程的本体。生本教育的特征之一，就是真正认识和把握学生这个本体，把一切为了学生成人成才作为教育的最终目的。其实，教育这件事情是发生在学生身上的，是为学生服务的，这原本是无可争辩的事实；我们必须把为教者设计的教育，转变成为学生设计的教育。

2. 以教师为本

大学教师的工作不是生产产品，而是让学生自己"生产"自己，促使学生主动地发展。学生学习的自主性，对教师的工作提出了较高的要求。它要求在教学活动中，教师从人的发展的高度去看待自己的工作，随时作出包含对人的活动和反应的判断在内的各种决策。在以学生为本的教育模式下，教师的工作不能像车间工人那样，完全被一些刚性的规范所约束。因而，高职教学管理制度应当渗透以教师为本的基本理念。要让教师在生本教育实践中去体会以学生为主体的意义，加强交流和教研，取得经验，提高教育教学水平。学校管理的改革，最终应以实现学生的主动发展为目标。所有的工作，包括教务、后勤服务，都应以此为准绳。

3. 以系（部）为本

高职教学活动的主体是教师，是学生，而教师和学生又分布于各个系。可以说，学校教书育人的任务主要是通过各个系（部）来实现的。因此，学校办学实际上是系开课、教师从教、学生从学的有机统一。与此同时，系（部）层次对各个具体专业、具体教学的情况最了解，也最熟悉，他们应当最具有发言权。那么，学校及其职能机构"能做"和"应做"的主要是发展规划、资源保障、矛盾协调、质量监控、信息服务等工作。因此，高职教学管理制度要体现以系为本的理念。

（二）管理重心下移——增强系（部）教学管理活力

在传统体制下，我国高职教学管理权主要集中在校一级（包括教务处和学生处等），学校职能部门承担了大量的事务性工作，是一种集权式、过程型管理模式。这种集权式的高职教学管理体制，在过去教育规模较小的情况下，对于稳定高职教学秩序、保证教学质量起了一定的积极作用。但是，随着高等教育体制改革的深入，大学招生规模不断扩大，校均在校生规模不断增长。面对在校生超过 5000 人甚至 1 万人的新情况，如果恪守原先那套高职教学管理体制，显然是不合时宜的。学校职能部门也会感到力不从心。因而，改革高职教学管理体制势在必行。

1. 学院适度下放教学管理权

教务处是全校高职教学管理的主要职能部门，教务处的工作状态反映一所学校整体教学工作的状态。要注意发挥教务处（部）等职能部门在全校高职教学管理中的应有作用，让其扮演应当扮演的重要角色。但是，教务处（部）等职能部门要走出微观管理、过程管理、事务管理的误区，注意发挥系（部）的管理职能，调动系教学管理的积极性，把本来属于系（部）或由系（部）负责更合理的教学管理决策权放下去。一是高职教学工作由集权管理逐步转向分权管理，使教学管理权限由过分集中逐步走向相对分散；二是校部由过程型管理转向目标型管理，由事务型管理转向服务型管理，由微观管理转向宏观管理，实现高职教学管理重心由上向下的转移。在这种改革思路下，一方面，教务处等职能部门要简政放权，让系（部）放手做好高职教学管理工作；另一方面，教务处要强化调查研究、规划设计、政策指导、协调服务、督导评估等宏观性、导向性、智囊型、服务型职能。特别要强调教务处职能机构对系的服务和评估的职能。此外，要注意健全教务处内设科室机构，加强教学管理队伍建设，保证全校高职教学工作稳定、高效、灵活地运行。

总之，要重新划分院与系在高职教学管理上的职责、权利和义务，使教务处（部）等职能部门在"有所为"、"有所不为"的基本原则下，把"该管"的事情管得更好，把"不该管"以及"管不好"的事情放权让系（部）去管，从而，最大限度地释放系一级在高职教学管理上的能量。

2. 系（部）成为教学管理中心

系（部）是高职教学的实体。系（部）既了解学校的情况，又熟悉所属专业的特点和优势。按照前述的教学管理体制改革构想，大学要将高职教学管理的相应权力下放给系（部），使系（部）成为教学管理的中心，使系（部）高职教学管理的责、权、利相匹配。

实践证明，权力过分集中于校部及其职能部门，往往导致系（部）被动地执行上级指令甚至应付差事，无法有效地发挥系（部）一级的优势和功能。实行教学分权管理，赋予系（部）一级更大的自主权，既可以增强学系（部）的责任感，调动其主动性和积极性，提高教学管理效率，又能避免"一刀切"，保证系（部）根据专业等特点，因地、因时、因人制宜，形成各系（部）不同的教学管理特色，增强系（部）乃至全校的教学管理活力。也就是说，赋予系（部）更多自主权，使其成为本级教学管理的中心，适应人才培养模式改革的需要，顺应现代科学技术发展的趋势，能促进系（部）内部管理体制改革的深化。

系（部）要在国家和学校方针、政策的指导及相关制度约束下，切实做好专业结构调整、系（部）建设规划、师资培养计划、教学实习基地建设、教学计划制（修）订、考试方式确定、任课教师方案、招生（专业大类）计划、毕业生就业指导等工作。也就是说，系（部）要着重在管理措施的落实等方面下功夫。

概而言之，扩大系（部）教学管理自主权，使其成为系（部）高职教学管理中心，对于推动系（部）高职教学改革，挖掘其教学和科研方面的潜力，增强系（部）管理活力和竞争力，提高高职教学管理绩效等都将具有促进作用。为此，各系（部）要切实履行相应的职责，努力实现自身角色的转变，用好、用足、用活学校赋予的权力，创造性地开展本系（部）的教学管理工作。并通过实行系主任负责制、推行目标管理责任制、完善配套规章制度、建立科学的考评制度等，确保系（部）成为本级教学管理的中心。

（三）管理制度放松——保障教学自由

现行高职教学管理制度是一套以科学管理为基础的刚性的制度体系。新的高职教学管理制度，要在人本理念的指导下，充分体现出刚柔相济的特征，保障大学教师"教"的自由，保障学生"学"的自由。

1. 保证学生学习的自由

学习的选择性是学习自由的重要特征。选择性是指个体或群体具有自由表达自己的意愿、主张和思想，自主决定自己行为方式的权利和能力。具有选择性是社会进步、人类文明程度提高的重要标志。只有充分尊重学生的自由和天性，学习就会成为一种快乐的事情，学习热情才能得到最大限度的激发，而这种热情正是创新的心理基础和动力。没有丝毫兴趣的强制性学习，将会扼杀学生探求真理的欲望；要激发学生的创造欲望，必须给他们按照个人兴趣和志趣学习的选择自由。

2. 保证教师教学的自由

致力于营造开放、自由、协调的制度环境，保障大学教师的教学自由，鼓励教师在教学上追求个性化，激发其创造性教学的欲望。

（四）改革视野放宽——营造良好的制度环境

教学管理制度改革是一项复杂的系统工程，既需要一定的物质条件作支撑，也需要相应的舆论氛围作后盾；既需要先进的思想理论来指导，也需要深入细致的实践来验证；既需要宏观体制的改革作保证，也需要微观制度的创新作基础。

高职教学管理制度改革是高职校内管理体制改革的一项重要内容，只有以高职内部相关体制的配套改革作基础，高职教学管理制度改革才能逐步推向深入。例如，在开展校内管理体制改革时，要调整教务管理部门与平行职能部门的权能，同时，搞好纵向层次的职能定位与调整，实现学校行政管理重心的下移，才能确保以院系为本的教学管理体制，才能进一步实现管理主体与客体关系的调整，最终实现以教师为本、以学生为本。

1. 科学定位，注重实效

制定规章制度的目的在于提高管理水平，健全约束机制。规章制度的职能决定在制定的过程中要掌握好权威性、科学性、实用性和可操作性。规章制度对于学校工作的开展具有极其重要的作用，所以必然需要具有权威性，有较强的行政约束力。我校在制定规章制度的时候特别强调了这一点，例如在制定约束和激励机制的同时，强化了领导、管理和监督机制，保证了规章制度权威性的体现。科学性是制定的规章制度是否具有生命力的重要标志。制定规章制度需要认真学习国家和上级有关文件精神，参考借鉴兄弟院校的经验，对各项制度反复推敲，力求精确表达。实用性是规章制度个体的表现。学校的办学理念、办学特色、管理水平和现状等决定规章制度的制定需要从实际出发，准确把握尺度，既不能流于形式，缺乏约束力，又不能过严，使之难以实施。可操作性是指制度制定出来后，要付诸实施，实施过程中，要进行检查与监督。所以，在制定规章制度的时候必须注意便于操作，条款要清楚，意义要明确。对于一些能够量化的指标要求数据翔实、可靠，不能含有水分。对一些只能定性分析的工作，在制定规章制度时，可采用目标责任制，使之有据可查，有章可循。

2. 广泛宣传，深入人心

为使全校师生员工更好地了解学校制度，学校应把宣传贯彻各项规章制度作为规章制度建设的一项重要内容来抓，做好宣传工作。除在各级各类会议上强调外，还通过各种手段进行普及，如把学校的各种规章制度汇编成册，发放到各基层单位和部门，各种制度逐步上学校的校园网，既要求各单位和部门认真遵照贯彻执行，还要求全校教职工监督检查，并随时提出修订意见。

3. 坚持督查，落到实处

学校在制定和完善各种规章制度的同时，应重视各项制度的落实。如在学校召开的全体教职员工大会和中层以上干部会议上，学校领导强调规章制度的重要性，并责成各有关部门领导亲自抓好制度的贯彻和落实。总之，只有建立健全一个完整的规章制度体系，才能保证学校各项工作顺利开展，保证学校发展、建设任务的最终实现。

三、学院教学管理体制改革的内容

（一）构建院系二级教学工作管理模式

1. 院系两级教学管理工作职责的界定

院级教学工作管理的职责初步地界定如下：①根据学校的实际情况，提出学校教学工作的发展目标和发展计划，为校领导决策提供参考；②根据学校的办学宗旨、培养目标和办学理念，负责提出教学计划和教学大纲制定原则，并据此审定教学计划和教学大纲；③结合学校的实际情况，提出符合学校发展的专业调整和专业设置意见；④根据学生发展的需要，统筹基础课程和专业课程的比例，并合理确定教学时数；⑤通过制定《教师行为规范》等各项教学规章制度保证良好的教学秩序，促进教学工作的有序开展；⑥负责提出各类实验（训）教学和各类教学实习的基本要求和指导性意见；⑦会同学校人事部门负责任课教师资格的审定；⑧对教师的教案进行检查，并通过教案评比等手段促进教案的规范化、科学化，充分发挥教案在教师教学中的作用；⑨组织专家或有经验的教师听课，掌握教师讲课情况并及时进行反馈，帮助教师提高教学实践能力；⑩通过座谈会、专题报告、举办辅导培训班等形式,加强对教师的培训工作,不断优化师资队伍结构,提高教师教学水平;⑪制定学生学籍管理制度,并根据制度审核学生的学籍变更情况和毕业资格;⑫指导各系教学工作的开展;⑬协调好学校其他各个校级相关部门,为教学工作的顺利开展提供保障,以形成良好的教学工作格局。

系一级教学工作管理职责,主要就是要落实好院级教学工作管理部门布置的各项任务,并结合本系实际情况创造性地开展工作:①落实学院和教务处制定的各项规章制度;②制定专业发展规划和本系师资队伍发展规划;③合理制定专业教学计划和专业培养目标;④制定各课程教学大纲并组织实施;⑤落实教学任务、组织好日常教学工作并进行检查;⑥组织并指导学生选课;⑦依据学籍管理制度具体办理学生的学籍变更手续并组织毕业资格的初审;⑧负责制定校内外实习基地建设规划,切实搞好实践基地建设;⑨组织好本系学生的实践(训)和实习教学工作;⑩制定本系教学改革规划和实施办法,组织教师开展教学内容、课程体系、教学方法、教学手段等的改革;⑪通过建立科学、合理的激励机制和开展教师讲课评比等各项活动,激发教师工作的积极性和主动性;⑫积极深入学生,召开学生座谈会,了解学生对教师讲课情况的评价,并作为对教师进行考核的依据;⑬切实为教师和学生服务,加强对教师和学生日常生活的关心,帮助教师解决好工作、学习、生活上的困难;⑭结合本系的实际情况,提出符合本系学生发展的专业调整和专业设置意见;⑮组织好期中、期末考试等各类考试。

2. 教学管理团队建设

教学管理团队建设主要包括系(部)领导班子建设和一般管理人员队伍建设。对于一般管理人员,通过进修、培训和在实践中学习提高等方式加强建设。而对于系(部)教学管理的核心骨干,则通过"内培外引"的方式,尽可能聘请那些既懂管理又懂专业、既能严格要求又具备人文情怀的教学管理人才担任,这样才能尽快树立系(部)的管理权威和学术权威,在此基础上不断形成富有特色的系(部)文化,达到更高层次上的文化管理。

3. 专任教师团队建设

首先,重点加强以专业带头人为核心、有行业企业专家参与的专业课程团队建设,使他们具有较高的教育认识能力、专业发展方向把握能力、课程开发能力、组织协调能力、教研教改能力、学术研究尤其是应用技术开发能力,能引领本专业的建设和发展。其次,要大力加强以双师素质教师为主体的骨干教师团队建设。通过校企合作、产学研结合等形式,选派中青年骨干教师到企业生产一线顶岗锻炼,参与企业技术开发;从企业中聘请专业人才和能工巧匠担任兼职教师,建立动态优化的"兼职教师库",保证生产实践中的新知识、新技术、新工艺能及时反映到专业教学中。

(二)梳理各主要部门和工作内容之间的相互关系

1. 学院与系(部)的关系

在学院和系(部)的关系上,坚持学院和系(部)分工协作的原则。强化学院作为主办者的办学权利和责任。学院作为主办者,行使宏观管理权;系(部)作为教学承办者,行使微观管理权,主要负责教学过程管理。系(部)相对独立,自主办学。在内部的教学、科研、人事、学生管理、财务预决算等问题上,享有较大的自主权,逐步建立自我发展的办学机制。

2. 学院与职能部门的关系

在学院与职能部门的关系上,坚持适度集中和分权管理原则。学院主要负责影响学院全局发展和教育事业建设的问题。如学院的发展规划、校园的建设、院系及专业学科调整、合并工作的进行、学校管理体制与运行机制的确定等;一些专项教育管理权力明确给各职能部门行使。如教学日常管理、科学研究工作、专项经费的使用管理等,由有关的职能部门负责管理和组织。学院可以从具体事务中解脱出来,专心研究涉及学院改革发展的重大问题。

3. 职能部门与系（部）的关系

在职能部门和系（部）的关系上，坚持条块管理原则。职能部门在其职责范围内行使管理权力，系（部）要接受职能部门的指导和监督，同时对职能部门反馈一线信息，提出意见和建议。学校协调职能部门与各系（部）的关系，按照条块分割的原则进行权力分配。

4. 改革、发展与稳定的关系

二级管理体制改革的目的在于促进学校发展，不能推进和深化管理体制改革，就不能有效地消除阻碍学校发展的羁绊，就不能实现学校为经济社会发展多出人才、快出人才的办学目标。但也要看到，与其他改革一样，管理体制改革也是一个权力利益再分配和再调整的过程，涉及许多部门和单位的切身利益，直接影响着学校稳定工作的大局。因此，在推行二级管理体制改革的过程中，要切实加强领导、统筹规划、精心组织、妥善安排。既要顾全大局，又要照顾到各方面的承受能力；既要积极推进，又要维护学校的稳定，将不良效应减少到最低程度。

（三）构建符合高职定位的教学管理制度新体系

1. 针对市场需求，建立专业设置，调整制度

一是建立专业社会调查制度。通过深入企业对毕业生进行跟踪调查，及时掌握用人单位对专业知识及技能的需求，充分利用调适机制，使专业培养计划、课程设置与知识点的传授更切合人才市场的需求。

二是建立按职业方向分流培养制度。坚持以就业为导向是高职院校的职责所在。根据市场的用人需求，采取灵活措施进行专业调整。根据区域经济发展趋势和市场调研结果，在每个专业内部划分不同的职业方向，对学生进行分流培养，有针对性地强化专业技能，增强就业竞争力。

三是建立学生自由选择职业方向制度。允许学生在掌握专业基础课程之后，根据自己学习的兴趣、特长及能力的不同自由选择职业方向，使学生的个性发展与职业定向相一致。学校要辅以相应的专业课程讲授、职业证书考核辅导及职业技术训练作支撑，这样既可以提高学生学习专业知识的积极性，

也可以最大限度地满足学生的就业需要。

2. 针对学生来源，建立因材施教的教学改革制度

高职的培养对象是高校中文化知识水平相对较差的学生，他们学习习惯不佳，自控能力不足，基础不全面、不扎实。对此，制定浅入深出、因材施教的教学制度，让每一位学生都懂得社会需要具有技术的人才，但高技术人才不一定是高学历的等同，只要努力，都能学有所得，都会学以致用，得到发展。

3. 针对高职特点，建立突出高职定位的课程设置、技能培养制度

高职课程设置围绕高职教育的培养目标，将高职教育课程目标与高职教育目的相衔接，坚持以职业技术为核心，以社会需求为导向，体现职业技能优先、动手能力优先，将技术教育与职业考证相结合，同时必须兼顾对学生人文与科技素养的培养，做到理论知识必需、够用，技能训练充分、合理，以此为原则构建符合高职人才培养定位的高职教育课程体系，并下功夫依靠现代教学管理制度规范课程结构体系的每个环节。

4. 完善监督与评价制度

一是建立完善的系（部）教学工作评价奖惩办法，通过对教学工作及教学管理进行监控和评价，奖励先进，鞭策后进，广泛调动全系教师搞好教学工作的积极性。二是加强对教师教学工作的综合考核，把考核结果与教师的学习培训、进修深造、职务职称晋升、工资津贴晋级等挂钩。三是加强教学法规建设，严肃查处教学事故和违纪行为。四是系（部）领导应对教学管理机制本身加以制约，加强教学管理人员的教育与管理，明确其职能、责任和权限，定期检查考核，奖优罚劣。

四、实现教学管理的流程化

为促进我院教学管理的科学化和规范化，切实提高管理水平、教学质量和办学效益，保障高等学校人才培养目标的实现，我们将繁琐复杂的教学管理环节制成流程图，使工作者一目了然（图10-1）。

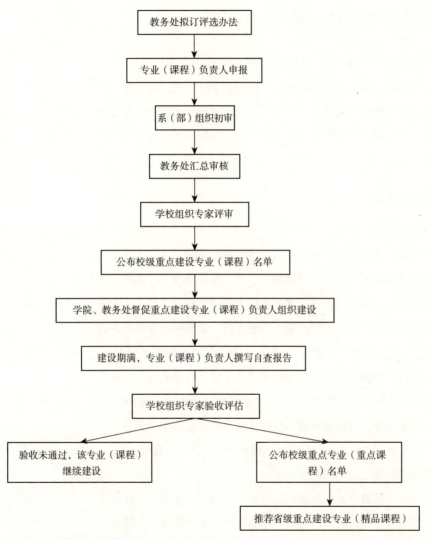

图 10-1 重点专业（精品课程）评选

第三节 基于工学结合的高职学分制运行机制

工学结合的教育模式决定了学生在教育过程中的主体地位,强调以学生职业能力的掌握为根本,这为高职院校实行学分制提供了强有力的支持。为此,构建一个与之相配套的学分制运行机制,无疑是实现工学结合人才培养模式的有效途径。浙江建设职业技术学院实施学分制已有六年,在建立学分制运行机制方面积累了一定经验。

一、整合和优化教学资源

(一)改善课堂教学条件

浙江建设职业技术学院从 2003 年开始实施学年学分制。由于选修课门类逐年增加,对课堂教学条件的要求日益提高,因此学校对教室、实验实训场地等资源进行了一系列整合。目前,学校的所有教室都配有多媒体教学设备,学生可以在有限的时间内接受到大量的信息,教师也尽量采取生动、直观的形式提高学生听课的质量,改善教学效果。从提高管理水平的角度出发,一方面学校教务处对排课进行优化,将现有资源尽可能地合理利用;另一方面,按照高职教育人才培养水平的评估要求,结合具体专业的课程教学要求,学校对图书馆、实验实训室及特殊授课的教室等教学配套设施进行新建、改建、扩建,努力改善课堂教学条件,从外部环境为学分制的实施提供保障。

(二)建立建设类校内生产性实训教学工地

本着"分项实训、仿真模拟、真实情境训练"的原则,建立以"校内实训车间为基础,综合实务模拟室为核心,共享教学资源库为衔接,工程真实情境训练室为特色"的实训基地,紧密围绕生产过程开发实训项目,从工场设计、组织生产、检测等各环节进行教学设计,使学生所学知识与实际工程应用顺序保持一致,在真实的工程情境中更好地掌握相关专业知识,体现"学做合一"的教育宗旨,确保知识迁移和内化的有效性。在满足学生获得基本学分的前提下,学校扩大社会服务功能,承接对外技术服务、企业员工和农民工培训等工作，以体现生产性实训建设的真正内涵。

（三）强化校外实训基地合作机制

为使学生更好地获取知识、提高能力，把实训实习教学延伸到企业生产中，让行业企业全程参与学校的教学工作，保证人才培养方案与行业企业的发展需求同步。根据专业发展需要，通过建立科研项目合作机制、签订教师锻炼协议和学生顶岗实践协议等方式，建立多家校企全过程合作的紧密型校外实训基地，真正实现教学、科研、工程项目三位一体。如建筑系园林专业采取让学生到企业与工人同吃、同住、同工、同酬，全程参与生产和管理，让企业工程师对学生进行学业评价。同时，围绕生产实训实习，聘用企业的工程技术人员与学校教师共同开发教材、调整课程体系，主动适应工学结合的需要，使教师围绕教学接项目，运作项目促教学，指导学生顶岗干，从而达到资源共享，确保学分制的顺利实施。

建立和运行校外实训基地合作机制是一个非常复杂的过程，仅有财力支持还不够，必须创新融"教、学、做"于一体的教学方法与手段，建立有效的校企共评考核及管理机制。工程项目的复杂性决定了实习工作过程的综合性，学生需要掌握的职业能力有很多，考核的节点和环节也很多，因此需要构建一个与行业接轨的科学严谨的考核评价体系。例如，建工系为完善顶岗实践管理制度，构建"641"管理体系——完善6种制度（专业交底和安全上岗制、实习导师制、日志和周汇报结合制、巡回检查制、总结报告制、联合答辩制），落实4项到位（保障、组织、人员、保险到位），构建1个体系（量化顶岗实践考核评价体系），通过4年的实践，极大地提升了毕业生的就业竞争力。

二、优化师资队伍

（一）师资队伍结构处在转型期

多年的实践显示，学分制运行面临的最大困难是学校师资数量和质量不能满足大量选修课对于教师的需求。近年来，高职教育大发展，很多教师既要应对多样化的教学要求,又要忙于实现自我提升,压力大,责任重;大部分教师由于接受的是传统的偏重理论知识的"精英教育",动手实践能力欠缺;目前高职教师的职称评定标准往往是比照普通高校教师,过分强调科研论文的数量与质量,为此高职教师处在教学、科研的双重压力下,疏于对知识、技能结构的梳理,造成传授知识、技能缺乏集成性,这对高职人才的培养相当不利。学分制需要教师具有多元化的知识、技能结构以及充足的教学时间,尽管目前已加大对有企业工作经历教师的引进力度,但还需对其进行教学规范的培训,重视"双师型"教师团队的构建。

(二)工学结合的人才培养模式对教师提出新要求

工学结合模式下,高职教师必须在观念上强化职业教育的育人理念,通过到企业参加生产实践,参加行业技术研发、精品课制作、编写工学一体化实训教材及国家职业资格认证考试等,掌握本专业最新的知识和技能。而作为教学管理的职能部门,也应该积极跟踪,促使精品课程、教材、科研项目等成果尽早获得转化,以丰富学分制的建设内涵。

(三)出台有效机制促进教师发挥最大效应

为鼓励专业教师向"双师型"教师发展,学校采取有效措施:要求专业指导教师必须持有相关职业资格证才能上岗指导实训;聘请企业工程技术人员或经验丰富的一线在职人员担任实践教学的兼职教师,建立外聘教师资源库,形成专职教师静态结构和兼职教师动态结构互补;派送专业教师定期到企业参加生产实践,以提高教师的创新能力与实践能力。在学分制教学管理模式下,部分课程是学生选择教师,学生通过选课对教师的教学效果进行比较和评价,促使教师不断更新教学内容,改进教学方法,提高教学质量。教务处在教学工作的常规性检查中重视教研活动,通过集体备课、教学竞赛、共享教学课件等方式,使教师充分汲取各家之长,不断改进教学方法,提高授课水平。

三、更新管理观念

学分制改革需要各个行政部门和后勤机构的积极配合,进而使整个学校的管理真正服务于教学，服务于师生。此外，各级管理人员对学分制的实质、实施条件和影响因素的认识程度，也会直接影响学分制的实施。因此，做好对学分制的研究，并向全校进行宣传、提供执行过程的总结报告非常必要。

（一）完善学分制教学管理制度

根据学分制管理理论的基本要求和主要特征，结合学校实际，先后制定了《修订教学计划原则性意见》、《教学安排管理暂行办法》、《关于选课的若干规定》、《全日制学分制学生学籍管理细则》、《学生课程重考管理暂行办法》等管理制度，并在运作的过程中不断修改完善。

根据工学结合人才培养模式的需要，学校把"运行学分制教学管理制度，促进课程改革不断深入"作为服务宗旨，走开放式管理的道路。例如，为科学、合理、充分地利用教学资源，学校打破统一规定的传统教学时间安排，以保证学生修满学分为前提，在教学记录（什么时候在什么地方上什么课、由谁来任教、教学内容是什么、学生成绩评价记录等）齐备的情况下，允许教学时间灵活安排；为提高学生的学习积极性，不断扩大公共选修课程范围，对学生在参加各种知识、技能和文艺、体育等竞赛中受到的表彰和获得的奖励，按项目给予一定的学分，鼓励学生重视对自身综合素质的提高。

（二）健全院、系两级教学质量监控体系

为充分发挥院、系（部）在教学组织、管理和质量监控中的作用，学校2005年下发《浙江建设职业技术学院教学科研工作二级管理实施细则》并不断修改完善，针对学分制实施中遇到的问题进行认真分析，将教学质量监控落到实处。为保障学分制教学管理顺畅运行，教务处根据管理细则设置了一整套操作流程。

学分制管理的一个重要特征是能够提供个性化、开放式的教育环境，更好地体现以人为本的职业教育新理念。课程设置、课程选择，包括正常学分、重修学分的计算、绩点的设置与折减等，都必须采用科学的管理方式。尽管学校已实现了网上学生选课、自动排课、教室安排及网上评教和学分计算与核计等，但还是力求设置友好型的教学质量网络监控平台，及时把握教学状态、优化教学资源分配、落实各种教学手段的评价反馈,以便弄清楚实施过程中哪些工作已经圆满完成,哪些工作还需继续完善。教务处每学期都会对各系(部)的教学秘书进行短期培训,向其传达学分制教学运行主要环节的工作要求,并对日常教学检查作进一步明确规范,这不仅能提高教学工作效率,还能使部门与部门之间的配合衔接顺畅、和谐。

(三)建立以综合职业能力为核心的多元化评价体系

工学结合的培养模式,使传统的高职学业评价体系受到挑战,目前迫切需要建立以综合职业能力为核心的多元化评价体系,将学历证书与职业资格证书相结合,课堂学习与社会实践、社会考评相衔接。近几年来,尽管教务处定期对教师的教学情况、学生学习的考试情况、学生评教的反馈意见、毕业生质量及用人单位对毕业生的评价反馈意见等主要教学信息进行采集、统计和分析,但评价体系自身仍然存在一定的局限。

依托省级示范性高职院校建设项目,学院建筑工程系对学生的学业评价体系进行了彻底改革,将为期半年以上的顶岗实习过程作为学生顺利实现顶岗就业的关键,并且构建了一个量化的科学考核评价模式对学生的实践进行实时监控。学生学业成绩由实践情况、毕业论文和实践答辩三部分组成,其中实践情况包括实践报告、实践日志、实践单位评价、实践考勤表等内容,权重占40%;毕业论文包括开题报告、毕业论文等内容,权重占30%;答辩情况权重占30%。同时将学生评教、同行评教、督导评教、领导评教等结果与学校的岗位聘任制及教师教学工作业绩考核挂钩。为使考核主体实现多元化,各系正联手企业的技术骨干与专业教师共同制定考核标准,全面考察学生的职业技能。

(四)创新现代高职教育管理理念

学分制下刚性和弹性相结合的教学管理,不仅受教育资源的约束,还受到教学管理者本身对教学管理改革理念与价值取向的认同差异的制约。尽管教学管理者对学分制在人才培养上的优势已达成共识,但在院系二级管理中教学管理者考虑最多的仍然是资源的合理分配问题,而对于师生的独立性、创新性及个性的发展则还关注较少。教务处通过设立相关研究课题，对各教学管理部门在执行学分制教学管理过程中发生的冲突进行个案研究，以提高教学管理的能力。

教学管理的最终目的在于为学生的学习和教师的教学提供充足的物质资源，创造良好的人文环境和舆论氛围，以促进学生的全面发展。尽管教学管理在形式上表现为对教与学行为和关系的制约，但实质上追求的是对教与学行为和关系的支持与服从，具有强烈的服务性取向。因此，建立适应素质和创新教育要求的教学管理制度，使其既严格，又不失人性；既规范，又有一定的柔性；既明确基本要求和标准，又能为师生的创新和自我发展创造条件。在进行制度约束的同时，努力强化教师和学生的主体意识，强化教学管理的服务意识，在工学结合人才培养模式下的高职院校教学管理尤其需要这样的软环境来提高管理效能。

第四节 顶岗实习的全面质量管理方法

教育部教高〔2006〕16号文件和省教育厅浙教高教〔2007〕188号文件精神的核心，一是工学结合的实质是高职教育需与企业共同完成，与社会需求紧密结合；二是人才培养模式改革具有实践性、开放性和职业性的特点。浙江建设职业技术学院大力贯彻落实上级主管部门的要求，结合学院实际，在学生顶岗实践工作中实施了"641"全面质量管理方法，几年来的实践取得了较好的效果。

一、"641"全面质量管理方法

（一）顶岗实习的目的

省教育厅文件强调要求积极推进顶岗实践教学模式，要实现顶岗实践与工作过程相结合的学习模式，顶岗实践已成为高等职业教育的一项重要内容与环节，我们体会，它的真正目的与意义在于四个方面：

一是锻炼学生的综合能力。通过顶岗实践，让学生具备本专业必须的岗位职业能力，学以致用。

二是检验学生的学习成果。通过顶岗实践，检验学生的学习成果，检查教师的教学效果，为学院进行教材建设、课程改革、专业发展提供依据。

三是体验企业的真实岗位。通过顶岗实践，不仅要培养学生的专业技能，更要培养学生的职业道德和综合素质。

四是了解企业的用人需求。通过顶岗实践，使顶岗学生成为学院与企业沟通的纽带和桥梁，促进学院人才培养模式改革，更好地做好学生就业工作。

（二）建设类院校顶岗实习的特点

1. 工作岗位兼容性

建设类行业目前已形成一套较为成熟的政策、制度、标准和规范，职业能力已较为明确，因此工作岗位具有兼容性的特点。学生具备岗位职业能力后，要能适应大多数企业的岗位要求，这就需要在学生的培养过程中做到"三结合"。一要结合企业的特点和要求，即具备"企业标准"；二要结合我省建设行业的特点和要求，即具备"行业标准"；三要结合国家建设行业的特点和要求，即具备"国家标准"。这对我们如何更好地进行学生顶岗实践提出了更高的难度和要求。

2. 实践环境复杂性

建设类院校学生的顶岗实践大都在施工现场一线，具有工地周边环境复杂、安全隐患多、事故频发等特点，这对我们如何加强安全管理提出了更高的要求。

3. 实践项目多边性

由于工程项目分布全省各地，导致我院学生的顶岗实践大都分散在全省各地，如何抓好过程管理，提高学生顶岗实践的实效，也是学院面临的一大课题。

4. 工作过程综合性

建设工程项目具有复杂性、系统性的特点，这就决定了学生的实践工作过程具有综合性的特点，需要掌握的职业能力很多，考核的节点和环节也很多，需要建立一个科学严谨的顶岗实践考核评价体系，对学生顶岗实践成绩作出客观公正的评价。

(三) 顶岗实践的关键

1. 建好基地

建好实践基地是做好学生顶岗实践的基础和前提，学院在确定学生实践基地时全面考虑"五项原则"，即实践岗位与培养目标的一致性，实践单位的先进性，实践项目的代表性，实践企业的积极性，提供就业岗位的可能性。同时，也为实践基地企业提供服务和优惠措施，优先为实践基地企业提供优秀毕业生，优先与实践基地企业合作编写工法，进行技术开发、课题研究，优先利用学院设备为实践基地企业建立研发中心，优先提供人力资源与智力帮助。通过近几年的建设，学院目前初步建立了以紧密型合作基地为龙头，以订单式合作企业、教师挂职企业为两翼，以学生、企业双向选择为辅助的学生顶岗实践基地体系。

2. 完善机制

目前，学院开设专业共实行三种顶岗实践模式，一是直接顶岗（以"2+1"人才培养模式为基础），二是短期轮岗+全面顶岗（以"点+面"人才培养模式为基础），三是跟踪实践+岗前综合模拟+全面顶岗（以"411"人才培养模式为基础）。同时，学院积极完善各项机制，推动顶岗实践工作的顺利展开。一是构建教师激励机制；二是构建企业鼓励机制，鼓励企业参与学院教学及管理，鼓励企业参与整个实习的全部过程；三是构建交流反馈机制，加强学院与企业的沟通。

(四) "641" 全面质量管理方法的内涵

学院将全面质量管理理论运用到顶岗实践管理工作中去，抓好事先、事中、事后三大管理，大力推行"641"全面质量管理方法，即完善6种制度、落实 4 项到位、构建 1 个体系。

二、"641"全面质量管理方法的应用

（一）完善 6 种制度

1. 专业交底和安全上岗制度

安全教育是做好学生顶岗实践工作的重中之重，教育部和省教育厅领导在各类场合的讲话中多次反复强调做好学生实践安全教育的重要性。为此，学院一是给每位即将参加顶岗实践的学生发放安全手册，让学生自学安全常识；二是专业指导教师在课堂上对毕业实践任务进行交底，讲授有关安全生产知识；三是邀请企业相关负责人进行安全典型事故剖析；四是进行安全上机考试，将以上向学生教授的安全知识制成题库，学生统一参加上机考试，安全上机考试不合格不得参加顶岗实践。

2. 实习导师制度

学院给每位参加顶岗实践的学生配备了一名实践指导教师指导学生顶岗实践，指定一名工地指导师傅教授学生专业知识，通过该班辅导员加强对学生顶岗实践期间的工作管理、学习管理、生活管理。

3. 日志和周汇报结合制度

学院要求学生每天记录实践日志，简明记录每天的工作内容、劳动情况、（出现的）问题和收获体会，摘抄必要的技术资料、生产会议记录及施工关键部位的建筑结构处理方法、工程质量要求等有关记录。同时，要求学生将每周的实践情况通过电子邮件形式向实践指导教师汇报，周汇报数量未达到 80% 者，将取消其毕业答辩资格，毕业实践成绩记不合格。

4. 巡回检查制度

为加强对顶岗实践的过程控制，学院建立了巡回检查制度。实践指导教师定期走访学生实践工地，指导学生实践；对在杭州市区实践的学生做到 2 次以上走访，对不在杭州市区实践的学生，通过电话、短信、电子邮件等方式及时了解实践情况。院系两级毕业实践工作领导小组成员不定期走访实践

学生工地。

5.总结报告制度

学生顶岗实践总结报告分三阶段进行。第一阶段为初期实践总结，在顶岗实践第一个月后进行，学生返校对参与实践的项目进行概况介绍，学院对其参与实践的项目进行检查，是否与培养目标相一致。第二阶段为中期实践总结，在顶岗实践中期进行，检查学生毕业实践计划、中期实践总结、实践日志等，在此期间，指导教师能及时发现典型案例，组织相关指导教师进行参观交流，总结指导经验。第三阶段为毕业实践总结，在顶岗实践最后两周内进行，学生整理、汇报成果。

6.联合答辩制度

为进一步加强工学结合、校企合作，学生毕业答辩小组由实践指导教师、工地指导师傅组成，共同参与学生毕业答辩工作。

(二)落实4个到位

1.保障到位

为做好顶岗实践工作，学院要求各系编印了顶岗实践管理、顶岗实践任务书、顶岗实践指导书。在此基础上，我院建筑工程系开发了顶岗实践系列教材，此举在全国范围内尚属首创，具体指导实践指导教师及工地指导师傅的教学工作。

2.组织到位

学院成立院、系二级产学研合作办公室，加强学院与企业的沟通与联系；成立院、系二级顶岗实践领导小组，负责学生顶岗实践的管理、指导工作；同时，成立了三级答辩委员会，即学院答辩委员会、系答辩委员会、班级答辩委员会，负责学生顶岗实践的答辩工作。

3.人员到位

学院大力推行"三位一体"的学生顶岗实践指导队伍，即配备一名实践指导教师指导学生顶岗实践，指定一名工地指导师傅教授学生专业知识，通过该班辅导员加强对学生顶岗实践期间的工作管理、学习管理、生活管理。

同时，学院明确实践指导教师即为学生就业的第一负责人，直接将顶岗实践与学生就业挂起钩来，较之以往以辅导员或班主任作为就业工作负责人的做法，此举成效明显。

4. 保险到位

鉴于顶岗实践期间安全管理的重要性，本着对学生负责到底的态度，同时为减轻实践单位的负担和压力，学院计划在近期开展学生顶岗实践保险工作，拟由学院出资，对每位参与顶岗实践的学生进行强制保险。

（三）构建1个体系

通过为期半年以上的顶岗实践，学生能否顺利实现顶岗就业这个根本目的，关键就要看有没有达到实践的培养目标。为了使学生达到这个培养要求，这就需要有一个科学的考核评价体系对学生的实践进行实时监控。学院初步建立了一个较为完整的量化顶岗实践考核评价体系，学生顶岗实践成绩由实践情况、毕业论文和实践答辩三部分组成。其中实践情况包括实践报告、实践日志、实践单位评价、实践考勤表等内容，权重占40%；毕业论文包括开题报告、毕业论文等内容，权重占30%；答辩情况权重占30%。

本章小结

（1）高职院校要想在竞争中取胜，就必须创建竞争对手不易模仿的特色，并实施能够对多样性、多变性的社会需求随时作出迅速而有效反应的高职教育特有的一种高职管理文化，提高职业教育内涵，培养高技能且适应社会需求的人才。

（2）教学管理制度是观念与行动、目的与手段的有机统一，是理论与实践相结合的中介。时代在前进，教学环境在变化，高职教学管理制度也需要与时俱进。介绍了学院教学管理制度改革的具体内容。实践表明：将繁琐复杂的教学管理环节制成流程图，可以切实落实教学管理的科学化和规范化，提高管理水平。

(3) 基于工学结合的高职学分制教学管理改革是一项复杂的系统工程，要求高职院校必须有充分的自我认识，多方挖掘教育资源；建立一套强有力的规章制度、管理流程及教学环节质量监控体系。浙江建设职业技术学院在学分制运行实践过程中，以体现实践性、开放性和职业性为原则，整合教学设施等资源，优化师资队伍，完善学分制教学管理制度，健全院、系两级教学质量监控体系，建立以综合职业能力为核心的多元化评价体系，初步建立起基于工学结合的高职学分制运行机制。

(4) 将全面质量管理理论运用到顶岗实践管理工作中去，提出"641"的顶岗实习全面质量管理方法，即完善6种制度、落实4项到位、构建1个体系，取得了较好的效果。

第十一章 国际交流与合作

第一节 德国职业教育的启示

2009年2月有机会参加住房和城乡建设部高等职业教育院校长赴德国培训考察，对德国职业教育和建设行业职业人才培训情况进行了较系统的考察，从中有所体会和思考与同行分享。德国在战后凭借其"秘密武器"——职业教育，不断培养出大批具备高职业素质的技术工人和生产一线的技术管理员，使得德国经济在一片废墟上得以重建，创造了令世人瞩目的经济腾飞。"他山之石，可以攻玉"，德国的职业教育对我国实现全面建设小康社会，大力发展职业教育，大力推进职业教育改革与发展，具有重要的启示与借鉴作用。

一、德国职业教育的基本情况

（一）德国职业教育概况

德国教育体系分为基础教育、中等教育和高等教育三个阶段。第一阶段是基础教育，学校为小学。小学高年级进行第一次分流，学生根据兴趣爱好和特长选择中等教育的学校类型。第二阶段是中等教育，又分为初级和高级两个阶段。初级阶段包括主体中学（职业初中）、实科中学、初级文理中学（普通初中）和综合中学四种类型。初中毕业以后进行第二次分流，进入中等教育的高级阶段学习。学校类型分为"双元制"教育、职业专科学校、专科高级学校、职业高级学校、高级文理中学五种。第三阶段是高等教育，包括综合大学、理工大学、师范学院、艺术学院、神学院、专科大学、职业学院等。此外，还有一种非高等教育的专科学校，属于高中后的职业进修教育，包括技术员学校和技师（师傅）学校两类。

德国职业教育以中等职业教育为主，16～19岁年龄组的青年接受职业教育的比例超过70%，其中又以"双元制"为主要形式。高中后的职业教育，则包括非高等教育的技术员学校、技师（师傅）学校和属于高等教育范畴的职业学院，职业学院也是采取"双元制"培养模式，注重学生实践能力的培养。各级各类职业学校以及职业学校与普通学校之间上下衔接，左右互通，从而构建了立交桥式的教育体系。

（二）德国职业教育管理指导体系的构成

（1）联邦及州政府文化部主管教育（包括职业教育）；

（2）联邦及州职业教育研究所负责协助职业培训法规的起草、规划的制定、职业技术培训目录的编制与发布以及职业培训教育规划实施指导；

（3）各级工商与行业协会负责监督职业教育培训日常工作的开展，并主持职业资格的考核与考试；

（4）学校、企业和跨企业培训中心负责学生和在岗职工的职业教育与岗位资格培训。

二、德国职业教育的主要特色

（一）以培养技术工人为主要任务

德国是一个非常重视培养技能人才的国家。"蓝领"和"白领"的社会地位、工资待遇等没有明显差距，同时立交桥式的教育体系畅通了各级各类学校毕业生进入下一阶段学习的渠道，所以德国大部分青年人选择中等职业教育成为技术工人。据了解，德国大约只有12%的学生能够进入高校，而"双元制"学徒约占51%，技术员学校和技师（师傅）学校学生约占7%。加上其他类型的职业学校，学生接受职业教育的比例超过70%，毕业后成为熟练工人。

（二）注重学生就业能力的培养

"双元制"教育体系围绕培养和提高学生就业能力来组织教学和实训活动。即使是理论知识学习阶段，职业学校也要根据企业的岗位技能要求采取"行动导向"的教学方法，培养和强化学生解决实际问题的能力。在"行动导向"教学中，学生变被动接受为主动探索，学习的自主性、积极性增强，在学到专业知识的同时，实践能力、动手能力以及学习能力、自我评价能力、团队合作能力都得到了训练，就业能力大大提高。

（三）行业协会负责"双元制"教育全过程的监督管理和协调工作

"双元制"教育企业资质的认定、教育合同的备案管理、企业教学的指导监督、教育纠纷的调解仲裁、毕业考试的题目命制和组织实施、毕业证书（职业资格证书）的印制发放均由行业协会负责。这是德国职业教育的一大特色。行业协会都有稳定的经费来源，主要是企业会费、职业资格考试收费及研究咨询等收入，确保工作的顺利开展。除此之外，行业协会还可以举办非营利的跨企业培训中心，直接组织教学活动。

（四）以企业为主实施"双元制"职业教育

在德国，参与职业教育、为学生提供学徒岗位和实训师资是企业必须承担的社会责任和法律义务。在"双元制"教育中，学生的主要身份是企业学徒，而不是职业学校学生。职业教育企业不仅要承担提供实训场地、购置教学设备、原材料、支付实训教师工资等费用，还要支付学徒工资并购买保险。实际上，企业也从职业教育中获益：一是获得职业教育经费返还以及联邦和州政府的财政补贴。二是降低劳动力成本，"双元制"学徒工资仅相当于熟练工人的30%～40%。三是降低企业对新员工岗位培训的成本。四是可以选择接收适合本企业工作岗位的优秀学徒，获取高素质员工，从而在市场竞争中长期受益。

（五）跨企业培训机构成为企业教育的重要补充

如果企业不能提供足够的职业教育岗位或一些中小企业的教育条件不能满足要求，学生可以到跨企业培训机构学习。跨企业培训机构是经行业协会认证的专业培训机构，有的则是由相关行业协会直接举办的，通过模拟现场的真实场景进行教学和实训。由于其专业性、公益性和规范化，跨企业培训机构日益受到企业和学生的欢迎。德国一些州的建设类职业教育已开始出现"三元制"，学生在职业学校学习理论知识，在跨企业培训机构模拟训练，在企业生产实践。

（六）多元提供、多方管理的经费保障机制

德国职业教育经费主要来自联邦政府、州政府和企业。联邦政府资金的主要用途是向职业学校的学生提供奖学金、贷学金及建设职教设施、资助联邦职教所、开展国际交流等。州和地方政府资金主要用于资助职业教育企业及职业学校的日常经费开支，包括教师工资、养老金及校舍建设维修、教学设备购置等。"双元制"教育经费投入主要由企业承担。除此之外，德国还通过建立基金的方式募集社会资金，政府也可以通过实施税收优惠政策支持企业举办职业教育或直接对职业教育企业给予资助。

三、德国职业教育对我们的启示

启示一：培养学生认真、严谨、细致，善于解决具体实际问题的专业精神和技能。

德国人的严谨，德国人对任何工作细节的关注，是令人印象非常深刻的，也是世界闻名的。德国企业家也承认德国民族过于严谨和古板。但正是这种循规蹈矩、一丝不苟的作风，以在某一领域做专做精为发展战略，确保了德国产品的质量几乎无人非议。德国人严格的时间观念、严格执行计划的观念、细致入微的管理经验和规范运作方式都是源于这种严谨认真的态度。德国人也正是凭着这点使德国在二战后迅速成为世界第三号强国。

与研究性大学不同，职业技术教育学院更强调实践性教学，特别要提倡注重细节、把小事做细，每一个操作规范、步骤都需要不折不扣地去完成。说到底，这些问题里体现的是劳动者的职业素质和专业精神的问题。作为职业技术学院，一定要重视对学生这方面素质的培养。

启示二：与政府、行业、企业、社会、个人广泛沟通，密切合作，确立"在为市场和行业服务中壮大"的办学思路，学会吸收资源、整合资源的本事。

德国职业教育有个特点，职业教育属于政府、社会、学校、企业和个人的共同参与行为。从投资资助办学、制定教育大纲规范、进行职业资质考试

到发放毕业证书，都是在这个大框架下进行的。学校主要通过提供面向市场、面向企业的优质服务，不断扩大服务对象范围，促进了自身与企业之间的服务与支持的互动关系，形成了学校为企业服务、企业支持学校的良性循环，赢得了生存发展空间。

所以，我们的职业教育办学思路一定要开阔，要努力与政府、与社会、与行业、与相关企业广泛沟通、交流、密切合作，要确立"在为市场和行业服务中壮大"的办学思路，无论在中国还是德国，毕竟政府的财政支持是有限的，真正发展壮大还要靠市场机制，通过高质量的培训服务和教学质量来占领市场。

启示三：面向就业目标，统筹处理理论教学与实践教学的关系，培养适合企业需求的应用型人才。

德国高等专科学校以重视实践教学而著称，他们在处理理论教学与实践教学的关系上值得我们借鉴。首先，要求学生入学时有实践经历，学生入学时需要提供由企业出具的学生已参加相关实习的证明。其次，要求任课教师有参与社会企业实践的经验。高专教授受聘要求有5年以上相关领域的实践经历，其中3年必须是高校外领域的经历。第三，学生实习时间长，在校技能训练时间一般占总学时的60%或以上。第四，学生实习的功能多。德国高等专科学校的实习是以就业为取向的，其实习目标不仅包括知识性、技能性的学习，而且还包括社会性的学习。第五，专业教育意识强。在德国高专的课程计划里只有科学基础课程、专业基础课程和专业课程三部分。第六，采用"双元制"教学模式。

启示四：制定有针对性的跨行业、企业的职业教育标准和统一的考核、考试要求，是保证职业教育的高质量并促进终身学习的保障。

在德国，职业教育的考试由代表经济界利益的行业协会主持，其试题也由行业协会拟定。试题内容既有专业理论知识，更有职业技能；既重视结果的考试，更重视过程的考试。特别是考试从内容到形式正逐步从针对教育结构转向针对就业结构，把职业资格作为考试的基本准则。

而在我国，职业教育考试制度不够规范，着重一纸文凭，看轻能力培养，偏离教学宗旨。有不少由在培的职业教育学校组织进行、核发证明，使严把质量关成了一句空话。所以，改革考核方式，制定有针对性的跨行业、企业的职业教育标准和统一的考核、考试要求，是保证职业教育的高质量并促进终身学习的保障。

启示五：注重市场社会、行业企业对劳动力与职业教育需求的调查研究，使职业教育发展和技术与经济社会进步保持同步。

德国职业教育的专业被称为培训职业，它不是学科体系的产物，而是通过科学的职业分析获得能覆盖相当数量社会职业的培训职业。每一培训职业的名称都要经过联邦职教所的审定，然后以"国家承认的培训职业"公布于众。

而我国长期以来，职业教育是以政府开办的各种职业学校为主体进行的，职业学校是教育单位不是用人单位，所以很难准确把握社会的技术需求与就业状况。要适应现代化社会的经济发展，使职业教育发展和技术与经济社会进步保持同步，就需要注重对社会、市场、行业企业，对劳动力与职业教育需求的调查研究，根据市场的变化、行业与区域经济的需要作出相应调整。

启示六：保证教师队伍与企业培训师资队伍的专业化水平持续提升，以确保职业教育的质量。

在德国，教师的准入制度极其严格，尤其注重教师的实践经验。如在职业学校教授专业理论课的教师，其受聘必须在高等教育毕业后，参加2年以上的生产一线工作实践，再加上一年的师资培训，最后经国家统一考试合格后，才有任职资格。大学教授必须有博士学位，必须有本专业实际工作的成功资历，必须有从事过本专业5年以上实践的经历。并且要求所有的教师，必须不断地参加继续教育，掌握本专业的最新技术和理论，为此，联邦政府文化教育部会定期对在岗教师进行执教适应程度考核，以确保高质量的教师队伍，有效保证教学质量。因此，对于具有实践性特点的高等职业教育，应该建立教师再教育与严格的考核制度，加快专兼职"双师型"师资队伍的建设，提升教师队伍的专业化水平，确保教育教学质量。

第二节 中德合作项目——楼宇智能专业

随着建筑行业的发展，楼宇智能化技术也得到了快速的发展，在建筑总造价上所占有的份额在不断扩大，涉及面也越来越广。楼宇智能技术的发展和产业队伍的不断扩张，使得楼宇智能化专业人才需要大量急剧增加，尤其是能够适应第一线工作的设计、施工、维护、计价和管理的高技能型人才极为缺乏。人才的缺乏已成为我国楼宇智能行业发展的一个瓶颈。为解决这一问题和适应中国建设事业飞速发展的需要，我院开始学习借鉴德国先进的职业教育模式来培养学生，并且于2004年6月承办了中德合作试点工作启动会议。2006年1月中国建设教育协会与德国汉斯·赛德尔基金会确定第一批六所院校为试点学校，浙江建设职业技术学院楼宇智能化专业为试点学校之一，并被确定为牵头学校。同时我院与德国汉斯·赛德尔基金会达成合作意向，就楼宇智能化工程技术专业进行联合办学，2006年10月正式与德国汉斯·赛德尔基金签订联合办学协议，德方为本专提供教学计划等教学文件，并对师资队伍进行了必要的培训，协助学院对学生进行职业技能培养，培训后还将组织学生参加德国行业协会举办的资格认证考试等。

本专业在引进德国楼宇智能新技术、新工艺的同时，也引进了德国先进的高职职业教育人才培养模式——"行动导向教学模式"。并在德国专家指导下，确定了本专业建设的6大目标：架构培养方案、师资队伍建设、资料室建设、行为导向教学模式建设、项目教学质量体系建设、学风建设。通过楼宇智能化工程技术专业人才培养模式的理论研究，将使我院成为我省楼宇智能化高等应用型人才的培养基地，通过专业建设，将使本专业的人才质量、办学水平、办学效益提高一个层次，将明显提高浙江省建筑业企业的市场竞争能力。浙江建设职业技术学院的办学规模、师资力量、教育管理水平和硬件设施在浙江省建设类高职中是领先的，在全国建设类高职学院中也是名列前茅的。

楼宇智能化工程技术专业中德合作试点班共培养了 5 届 297 名学生，已有 3 届学生毕业。从学院对学生的跟踪调查及企业反馈来看，企业对本专业学生在建筑智能化工程方面的工作能力及素养均表示满意，能在毕业后的短时间内胜任建筑智能化工程施工、设计、监理等相关岗位的工作，大部分同学在毕业前就考取了智能楼宇管理师职业资格证书。这些学生的专业素养得到社会的广泛认可。2008 届智能专业毕业生张旭东，目前是浙江中控研究院有限公司华南地区技术负责人，获得"2009 年度中控优秀员工"称号；2009 届毕业生张侠武在浙江灵汇科技有限公司获得公司 2009 年度优秀员工称号。智能专业 2008 级学生在浙江省第二届挑战杯中获得一个一等奖、一个三等奖的好成绩；智能专业 2008 级学生在 2010 年浙江省楼宇智能化系统安装与调试大赛中取得一个二等奖、一个三等奖的好成绩。

目前，现有专业基础课及专业课教师 12 名，其中拥有高级职称者 6 名，中级职称者 6 名，双师型教师 10 名。我院与浙大中控信息技术有限公司、中程科技有限公司等 10 家浙江省甲级智能系统集成公司建立了紧密型校外联合共建楼宇智能专业实训基地，与浙江省建筑安装总公司等 9 家大型施工安装企业建立了长期合作的专业实训基地。同时学院还为本专业设置了楼宇智能专业实训车间、楼宇智能专业实验室等必要的教学实践场所，为培养学生的实践技能创造了良好的条件。

楼宇智能化工程技术专业自 2004 年成立以来，不断探索职业教育的规律，积极学习吸收德国职业教育的先进理念，不断探索工学结合的人才培养模式，走工学结合、校企合作的人才培养之路。为结合国情和自身的实际条件，强化智能专业的实践教学，楼宇智能专业还与省内多家行业知名企业签订了校企合作协议，如浙江中控电子技术有限公司、浙大网新科技股份有限公司、杭州鸿雁电器有限公司等。在专业的办学和人才培养过程中，还与行业内许多智能化企业有了各种形式的合作，并签订了合作协议。智能专业的校外实训基地得到了极大的发展，有力地促进了专业的建设与发展。校外实训基地的培育，极大地促进了"学习领域"课程体系的建设与教学，找到了提高学生综合素质的有效途径；使我院智能专业的毕业生成为行业企业的"抢手货"，并很快成为企业的骨干力量，深受企业欢迎。

智能专业在校企合作的过程中，重视校企合作的形式、内容以及合作层次的探索，以有利于专业的发展与教学为目标，以有利于企业发展与业务经营需要为目标。在校企合作中，学校想企业所需，为合作单位输送工程各类技术人才，满足企业业务发展需要；专业教师为企业员工进行技术培训；专业教师与企业合作科研开发并提供技术服务；企业工程技术人员参与专业教学和专业改革，为专业教学与发展注入活力；企业为专业教师提供进修与锻炼机会，等等。多种形式、多层次的校企合作，充分发挥了专业和企业的特长，赢得了双赢的局面。

第三节 国际交流、多元发展

一、中美交流

2009年10月23日，美国华盛顿湖科技学院（Lake Washington Technical College）院长沙伦·麦克奎克（Sharon Mcgauick）女士、美国GEG教育集团（USA GEG Education Group）副董事长贾茜（Juliana Ka）等一行八人来学院考察交流。

我方介绍了浙江省经济形势、浙江省高等教育事业发展情况、浙江省建设行业发展情况，以及我院的办学情况，并希望学院与华盛顿湖科技学院能在办学理念、教学改革、师资队伍培养、课程建设、学生互访等领域开展合作，

图 11-1 中美交流一

使我院能学习到先进的美国高等职业教育模式，推动我院进一步的发展。

美方介绍了华盛顿湖科技学院的办学规模、专业设置情况、学制情况及与韩国等国家院校进行交流的成功经验，提出两所学院在专业设置上具有较高的共同性，例如市政建设、汽车维修、园林园艺、财会等可以就资格认证、"1+1"或"1+2"共同培养、专本连读等三种合作模式进一步探讨合作的可能性与可行性，并期望双方可以从教师互派及管理层面的交流开始合作。

双方还就学生入学费用、学习周期等问题与对方进行了探讨，并期望双方能就所探讨的问题开展更深层面的交流与合作（图11-1）。

2010年3月25日，美国蒙特爱达学院（Mount Ida College）院长凯洛·麦特森博士（Dr.Carol Matteson）一行四人到我院交流考察，参观了我院建筑系实训室和校史展览馆，并表达了与我院开展合作交流的意愿（图11-2）。

图 11-2　中美交流二

二、中德交流

（一）依托行业，合作双赢——学院主要领导接受德国柏林媒体实业公司采访

在学院和德国萨克森州建筑促进会合作两周年之际，2009 年 11 月 8 日至 13 日，德国柏林媒体实业公司受德国联邦教育部委托来我院拍摄合作办学情况宣传片。11 月 11 日，院党委书记徐公芳和院长丁夏君分别接受了德方记者采访。

徐公芳在采访中首先向柏林媒体实业公司托歇女士一行表示欢迎，在介绍学院情况时他说，浙江建设职业技术学院是一所具有 51 年办学史的高等职业院校，在长期的办学过程中形成了"以建设行业为依托，以工学结合为途径，以能力培养为重点，以素质提高为根本"的办学理念，2008 年被确定为省级示范性高职院校建设单位。在回答托歇女士提出的一所示范性大学最重要的是什么和我院又是如何保证实现这一重点的问题时，徐公芳认为最重要的是为社会培养优秀毕业生。他指出,我院在人才培养中始终围绕如何养成和提高学生职业能力,在不断优化学生专业能力培养的同时,重视人文素质、心理健康和以"鲁班文化"为核心的职业道德教育,不仅培养学生如何做事,更加注重教会学生如何做人。近年来,我院按照行业标准和人才需求,培养出大批具有较高素质的技能型毕业生,初次就业率连续三年达到98%以上,考生投档和录取比率连年保持较高水平,这也是社会、行业对我院人才培养工作的一种认可。

在回答托歇女士有关节能环保方面的问题时,徐公芳介绍了我院在专业教学和课程设置中融入节能环保教育的情况,以及全面在全院师生中开展普及教育的情况。他说,多年来,我们从倡导"节约一滴水、一张纸"做起,引导师生树立节能环保意识,到合理使用办学资源、逐步改善办学环境,将节能环保意识内化到每个人和每个部门的行动中去。近年来,我们还响应政府号召,把节能指标量化到部门工作中去,可以预见,此项工作将会得到进一步推动。托歇女士感谢徐公芳书记接受采访,并对我院的办学思路、办学成果和对节能环保的积极态度表示肯定。

下午,丁夏君院长接受采访时着重就学院在中德合作中取得的成果和未来期望等问题与媒体朋友进行了交流。丁院长首先向托歇女士一行表示欢迎和感谢,简单介绍后,托歇女士就学院如何能成为具有引领意义的示范性院校,中国的建筑行业需要什么样的人才,以及对学院与德国合作的意义的看法等进行了提问。丁院长一一作答,他首先讲到,建立示范性院校,需要具备三方面的条件:①学院办学条件、基础设备等可以实现现代教育的办学要求;②必须从教学理念上进行突破;③必须具有学院服务社会的意识,创新管理机制。

在谈到对中德合作的看法时,丁院长指出,学院无论是在与德国汉斯·赛德尔基金会合作创办楼宇智能化专业,还是与德国萨克森州建筑促进会企业资源如伊通、保密特、Xella 等公司在节能环保、先进工艺、技术等方面的交流合作都取得了较为满意的成果。在这种合作中,学院方可以将德方企业、行业的先进技术与工艺及经验与做法融入教学中，培养出优秀的建筑人才；德方也可以借助新技术、工艺的传播向中国建筑业推广德国先进的节能环保技术，这是有利于双方发展的，是双赢的。因此，学院有意在未来进一步加强与德国企业、行业就双方所持资源进行交流和合作，不仅为学院教师提供培训机会，在条件成熟的情况下，也可以为学生进一步深造创造条件。最后，托歇女士对丁院长的回答表示了肯定，并感谢接受采访。

与此同时，记者还采访了与学院合作的德方企业代表、德国工商行会驻上海办事处代表以及我院参加节能技术师资培训学习的教师代表。对学生在校内进行实训及理论授课进行了观摩摄像，参观了我院的实验实训设施，并对学院南大门、体育馆、商业街等反映我院教学生活场景的设施条件进行了摄影。

此次采访活动将对学院与德方行业、企业在行业标准认知等理念上加深理解、达成共识起到推动作用，也必将扩大学院在德国建筑类企业、建筑行业及教育领域中的影响力。

（二）2008 中德城乡发展与生态节能建筑研讨会暨新技术、新产品展示会在我院举行

2008 年 11 月 6 日，由浙江省建筑业行业协会和德国萨克森州建筑业促进会共同主办的 2008 "中德合作" 城乡发展与生态节能建筑研讨会暨新技术、新产品展示会在我院举行（图 11-3）。研讨会为期 2 天，来自中德两国企业界、教育界、学术界的 20 多位专家围绕 "统筹城乡发展、发展生态建筑、开展教育合作" 作了专题发言，与会人员就 "发展循环经济——浙江的做法与成效"、"中国的建筑节能促进战略"、"浙江和上海地区的节能建筑设计"、"新形势下城乡统筹规划与土地利用分类研究" 等议题，阐述了各自的观点与立场，并进行了深入探讨。

同期举办的展示会吸引了国内外近 30 家节能产品生产商参展，产品涉及绿色建筑设计与施工、建筑加固、地面系统、供暖供冷技术、合成材料、能源效率、能耗监测、外墙保温、节能改造、再生能源利用、家居环境集成、

图 11-3　丁夏君院长主持会议

太阳能幕墙、废水管道修复、能耗计量等。来自浙江省发改委、省住房和城乡建设厅、省行业协会、科研机构、规划、设计、施工行业的代表，以及来自全国建设类高职院校的 200 余名代表参加了本次活动。

三、中英交流

2007 年 3 月 29 日，英国林肯学院校长 John Allen 一行到我院进行了考察访问。随行的有林肯学院建筑系主任 Kevin Williamson、开发部主任 Robin Peak、国际市场部经理赵玉梅女士以及中国建设教育协会科技部邵华主任。John Allen 一行参观了校园，重点对学院实验实训场所进行了参观考察（图 11-4）。

四、两岸交流

在省委副书记、省长吕祖善率团开展的 2010 浙江—台湾经贸与文化合

图 11-4　英国林肯学院校长一行访问我院

作交流活动中，我院院长丁夏君参加了浙江高等职业教育考察分团的合作交流活动，并于 6 月 15 日专访台湾中国科技大学，经双方协商，正式与台湾中国科技大学校长谷家恒在台北签署了学术交流合作备忘录，标志着我院与台湾中国科技大学拉开了交流合作序幕（图 11-5）。

根据此次签订的备忘录，在互惠的基础上，双方今后将开展教学与研究成果信息交流，学生互访、教师短期教学与培训学习交流，教育、训练、实习和技术咨询服务等活动。我院历来重视开放办学，本着"优势互补、资源共享、共同发展"的原则，我院与多家国内外院校、相关企业和科研院所建立了合作关系，并与其中部分院校及企业开展了合作办学。

五、国际学术交流

2010 Third International Conference on Education Technology and Training（2010 年第三届教育技术与培训国际学术会议）于 2010 年

图 11-5　丁夏君院长与台湾中国科技大学谷家恒校长签订校际合作协议

11月27日至28日在武汉召开。会议由湖北工业大学和美国IEEE合作主办，来自中国、美国、日本、德国、瑞典、韩国等国家的200多名学者专家和高校教师参加了会议。

院长丁夏君在会上作了"A Student Development Oriented Three Stage Vocational Talent Training Model"（育人为本的专项—综合—顶岗3阶段人才培养模式）的主题报告（图11-6）。丁院长首先介绍了中国职业教育的背景；其次，介绍了我院"依托行业、企业、校友3种社会力量实施开放合作办学，构建育人为本的'专项—综合—顶岗'3阶段人才培养模式，打造教学、技术、培训和对口支援4个服务社会平台"的334发展理念；然后，系统阐述了3阶段人才培养模式的内涵和3个体系，包括"应用"为主旨的理论教学体系、"能力"为主旨的实践教学体系和"全面发展"为主旨的素质教育体系以及三者之间的关系，重点论述了3阶段模式为什么要育人为本以及怎样育人；最后，介绍了3阶段人才培养模式的应用和成效。

图11-6 丁夏君院长在ETT 2010国际学术会议上作主题报告

丁院长的报告受到国内外参会学者的高度关注和好评，为学院未来在国际上产生一定影响开创了良好局面。

本章小结

（1）德国的职业教育，为二战后德国的经济腾飞作出了巨大贡献，被誉为德国经济起飞和持续繁荣的"秘密武器"。这种以培养技术工人为己任、重学生就业能力培养、政府、社会、学校、企业和个人共同参与的职业教育对我国现阶段的职业教育具有重要的启示与借鉴作用。

（2）要建设一流的示范性高职院校，必须加强国际合作，学习和借鉴国外职业教育的先进办学理念和经验，开展形式多样的合作办学模式，实现多元发展。

参考文献

[1] 丁夏君.建设类高职院校工学结合、产学结合管理平台的构建[J].管理观察,2009(9):98-99.

[2] 丁夏君.产学研结合建设行业人才培养的必由之路[J].中国职业技术教育,2007(5):58-59.

[3] 丁夏君.建设类高职院校校企合作、工学结合人才培养模式探索与实践[J].中国职业技术教育,2009(5):73-75.

[4] 周建松.国家示范性院校建设的真谛:机制创新和文化引领[J].中国高教研究,2008(9):69-71.

[5] 左家奇."三重融合"下开放式办学模式的思考与实践[J].中国高教研究,2008(2):52-54.

[6] 彭时代.地方院校应树立开放办学的观念[J].中国高教研究,2006(3):50-51.

[7] 木易.改革开放30年:职业教育教学改革不断深化 教育质量和办学效益明显提高[J].中国职业技术教育,2009(1):22.

[8] 陈庆合.论能力本位教育与职业能力的形成[J].职教论坛,2003(16).

[9] 董强,汪晶.高职校本专业课程的开发[J].中国高等职业技术,2004(2).

[10] 刘玉娟.论高职教育实践教学与理论教学的关系[J].河北职业技术学院学报,2004(3).

[11] 路勇.高职电子类专业毕业实习全程管理的实践与探索[J].职教论坛,2005(7).

[12] 潘菊素,傅琼.高职教育实践教学体系研究[J].职业技术教育,2006(7).

[13] 彭纯宪.中等职业学校顶岗实习精细化管理[J].中国职业技术教育,2007(4).

[14] 彭欣.仿真模拟实训应用于高职职业能力的实践研究[J].广西商业高等专科学校学报,

2005 (3).

[15] 首珩. 高职人才培养模式 [J]. 教育与职业，2003 (7).

[16] 王进鑫. 适应知识经济挑战，变革高校人才培养规格 [J]. 中国高教研究，2001 (3).

[17] 晓坛. 试论高等职业技术教育的实践性教学 [J]. 中南民族大学学报（人文社会科学版），2006（51）.

[18] 谢明荣，邢邦圣. 高职教育的培养目标和人才规格 [J]. 职业技术教育，2001 (7).

[19] 徐公芳. 以就业顶岗能力为重点改革高职人才培养模式 [J]. 中国高等教育，2006 (22).

[20] 徐挺，张碧辉. 高职人才培养模式的特征再探 [J]. 职业技术教育，2003 (22).

[21] 杨昌鹏. 试论新时期高职人才的培养规格 [J]. 高教论坛，2005 (4).

[22] 杨黎明. 学分制度条件下的职业教育课程改革 [J]. 职教论坛，2005 (2).

[23] 杨忠华. 对高职人才培养规格的思考 [J]. 江西农业大学学报（社会科学版），2002 (4).

[24] 余向平. 高职教育以就业为导向的人才培养模式探讨 [J]. 职业技术教育，2005 (4).

[25] 张杭明. 关于高职校本课程开发的思考 [J]. 中国高等职业技术，2003 (4).

[26] 张绍明，戴兴安. 核外实习基地选择标准与实习管理 [J]. 中国职业技术教育，2006 (9).

[27] 钟忻. 职业院校学生顶岗实习的探索与实践 [J]. 中国职业技术教育，2007 (3).

[28] 周耀华. 关于高职实践性教学若干问题的思考 [J]. 当代教育论坛，2004 (10).

[29] 杨凤翔. 六种产学合作模式，培养高技能人才 [J]. 中国职业技术教育，2007 (14).

[30] 孙佩石，刘峰. 构建产学研结合培养高技能人才的模式 [J]. 合肥学院学报（社会科学版），2007 (4).

[31] 孟蕴华. 高职院校实行校企合作应注意的几个问题 [J]. 宁波职业技术学院学报，2006 (1).

[32] 徐丽华. 校企合作中企业参与的制约因素与保障措施 [J]. 职教论坛，2007 (12).

[33] 查爱萍，王锡麟. 订单式教育模式的三大利益相关者 [J]. 上海商学院报，2006 (2).

[34] 天津城市职业学院. 工学结合模式下完善人才培养多元评价的思考与对策 [EB/OL]. 2008-06-25[2009-02-13].http://www.022net.com/2008/6-25/49652935276761.html.

[35] 王晓江等.高职工科院校实施学分制管理的探索与实践[J].职教论坛,2007（6）：21-23.

[36] 毛行标.基于工作过程的生产性实训基地建设研究与探索[J].中国现代教育装备,2008（11）：98-99.

[37] 赵晓林.学分制教学管理改革的理念与价值取向探析[J].国家教育行政学院学报,2007（3）：53-55.

[38] 卢晓春,姜远文."双师型"师资队伍建设面临的问题和对策[J].机械职业教育,2001（10）.

[39] 朱雪梅.高职师资队伍建设研究现状与特点分析[J].职业技术教育（教科版）,2006（4）.

[40] 教育部关于学习贯彻《国务院关于大力发展职业教育的决定》和全国职业教育工作会议精神的通知[Z],2005.

[41] 科林·N·鲍维尔.联合国教科文组织（UNESCO）21世纪第一个10年的技术和职业教育计划[Z].黄仕琦,译,1999.

[42] 赖明谷.内涵式发展与高校管理文化[J].江西社会科学,2004（11）.

[43] 毋国光.我对大学教育的理解[J].中国高等教育,2000（4）.

[44] 解飞厚.高等学校定位的问题辨析[J].高等教育研究,2005（3）.

[45] 王世伟.全球一体化时代高校品牌的内涵特征与打造策略[J].辽宁教育研究,2004（2）.

[46] 郭庆松.领导人才素质及其测评[M].北京：经济管理出版社,2003.

[47] 中共中央、国务院关于进一步加强和改进大学生思想政治教育的意见（中发〔2004〕16号）[Z].

[48] 毛雪非主编.艺术院校德育工作的思考与实践[M].北京：中国美术学院出版社,2004.

[49] 德育为先[M].北京：高等教育出版社,2006.

[50] 邢静南.高职院校心理健康教育模式的实践与探索[J].学校党建与思想教育,2009（7）：64-70.